社区矫正系列教材

社区矫正
对象教育矫正

SHEQUJIAOZHENG

DUIXIANG JIAOYU JIAOZHENG

主　编◎吴艳华

副主编◎刘　燕　张　凯

撰稿人◎（以撰写内容先后为序）

刘　燕　张　凯　曹　宇

吴艳华　侯映宇

中国政法大学出版社

2023·北京

图书在版编目（ＣＩＰ）数据

社区矫正对象教育矫正/吴艳华主编.—北京：中国政法大学出版社，2023.8
ISBN 978-7-5764-1045-7

Ⅰ.①社…　Ⅱ.①吴…　Ⅲ.①社区－监督改造－研究－中国　Ⅳ.①D926.7

中国国家版本馆CIP数据核字(2023)第150527号

出 版 者	中国政法大学出版社
地　　址	北京市海淀区西土城路 25 号
邮寄地址	北京 100088 信箱 8034 分箱　邮编 100088
网　　址	http://www.cuplpress.com (网络实名：中国政法大学出版社)
电　　话	010-58908435(第一编辑部) 58908334(邮购部)
承　　印	固安华明印业有限公司
开　　本	720mm×960mm　1/16
印　　张	17.75
字　　数	272 千字
版　　次	2023 年 8 月第 1 版
印　　次	2023 年 8 月第 1 次印刷
印　　数	1～4000 册
定　　价	55.00 元

进入新时代以来，我国社区矫正工作取得了举世瞩目的成绩，到 2019 年底，全国累计接收社区矫正对象 478 万人，解除 411 万人，每年列管 120 多万人，每年新接收 50 余万人，在册 70 多万人，重新犯罪率一直保持在 0.2% 的较低水平。社区矫正工作不仅取得了良好的法律效果和社会效果——为维护社会和谐稳定，推进平安中国、法治中国建设，促进司法文明进步发挥了重要作用，而且走上了科学立法、严格执法、公正司法的轨道。2019 年 12 月 28 日第十三届全国人民代表大会常务委员会第十五次会议通过了《中华人民共和国社区矫正法》（以下简称《社区矫正法》），国家主席习近平签署第四十号主席令公布，《社区矫正法》正式出台，自 2020 年 7 月 1 日起施行。

《社区矫正法》是我国第一部全面规范社区矫正工作的法律，标志着社区矫正工作进入了新的发展阶段。在完善中国特色社会主义刑事执行制度，推进国家治理体系和治理能力现代化方面发挥着重要作用。

《社区矫正法》的出台，充分体现了罪犯矫正综合治理的方针，在中国乃至全人类刑事执行法治史上具有里程碑式，甚至是划时代的意义。《社区矫正法》开启了我国社区矫正工作法治化的新时代，进一步确立了社区矫正制度的法律地位和基本框架，对于推动社区矫正工作的法治化、制度化、规范化具有十分重要的意义。

然而，"徒法不足以自行"，必须把《社区矫正法》贯彻、落实到司法行政工作实践中，才能充分发挥其法律保障的作用，才能促进社会治理工作迈上新的台阶。

为更好地贯彻、落实《社区矫正法》的实施，使社区矫正工作尽快走向专业化、职业化的发展道路，必须培养具有专业知识的人才。为此，河北司法警官职业学院联合河北省司法厅社区矫正管理局、河北省法学会社区矫正研究会、中央司法警官学院、湖南司法警官职业学院、安徽警官职业学院、新疆政法学院、河北省邯郸市司法局、河北省邯郸市磁县司法局、河北省邯郸市复兴区司法局、河北省邯郸市复兴区人民检察院、河北省邯郸市邯山区司法局、河北省沧州市东光县司法局、河北省沧州市沧县司法局、河北省保定市涞源县司法局等单位的专家、学者和实务工作者，共同编写了社区矫正系列教材：《社区矫正基础理论》《社区矫正监管执法实务》《社区矫正对象教育矫正》《社区矫正对象心理矫治》《社区矫正文书制作》《社区矫正信息化技术应用与维护》。该系列教材也是社区矫正专业的核心课程教材。

该系列教材以习近平新时代中国特色社会主义思想和习近平法治思想为指导，贯彻落实二十大报告精神，始终以"立德树人"为根本任务，对接社区矫正专业教学标准和《社区矫正法》《中华人民共和国社区矫正法实施办法》，采取校行（企）双元合作开发的模式，在撰写之前进行了大量的调研、论证工作，注重教材的实用性、可操作性，并为我国社区矫正工作培养高素质复合型法律人才而服务。

该系列教材既可作为学历教育的教材使用，又可作为基层社区矫正工作人员培训的教材使用，还可作为自学辅导用书。

该系列教材在编写过程中得到了实务部门和中国政法大学出版社的大力支持和帮助，对于他们提出的宝贵的意见和建议，在此诚挚地表示感谢！

在教材编写过程中，由于时间仓促和编者水平有限，难免出现各种疏漏和不足，敬请各位同仁批评指正。

系列教材总主编：吴贵玉、李明宝

系列教材执行总主编：吴艳华

编审委员会成员：

吴贵玉（河北司法警官职业学院党委副书记、院长；河北省法学会社区矫正研究会会长）

王淑光（河北省司法厅社区矫正管理局局长）

李明宝（河北司法警官职业学院党委委员、教务处处长、教授）

次江华、李曼（河北省司法厅社区矫正管理局副局长）

吴艳华（河北司法警官职业学院科研处副处长、二级教授）

张凯（中央司法警官学院矫正教育系副主任、副教授、博士）

王敬（河北司法警官职业学院刑事执行系综合实训教研室主任、副教授）

焦晓强（河北司法警官职业学院教务处教务秘书、讲师）

刘倍贝（河北司法警官职业学院科研处学会管理科科长、讲师）

刘燕（河北司法警官职业学院刑事执行系刑事执行教研室主任、讲师）

董媛（河北司法警官职业学院刑事执行系办公室副主任、讲师）

张淼（河北司法警官职业学院刑事执行系讲师）

编　者

2023 年 5 月 30 日

　　教育矫正，是指社区矫正机构为转变社区矫正对象的不良心理和行为恶习，促进其再社会化的系统性影响活动。教育矫正是社区矫正的基本内容和重要任务之一。

　　教育矫正是近代教育刑论的产物。德国著名的刑法学家冯·李斯特认为：“刑罚的任务是将罪犯改造成为一个对社会有用之才（非自然的、人工的对社会的适应）。”他强调，“再社会化刑罚执行应注重社会教育”。教育刑论认为，刑罚的本质是教育，刑罚的目的不是报应而是矫正，刑罚的对象不是行为而是行为人。

　　随着法治文明的发展和教育刑论的推动，教育矫正已成为世界各国矫正制度的重要内容。我国 1994 年颁布施行的《中华人民共和国监狱法》规定，监狱对罪犯应当依法监管，根据改造罪犯的需要，组织罪犯从事生产劳动，对罪犯进行思想教育、文化教育、技术教育。社区矫正是一种非监禁刑事执行制度，教育矫正是其重要内容。2019 年 12 月 28 日，第十三届全国人大常委会第十五次会议表决通过了“为保障刑事判决、刑事裁定和暂予监外执行决定的正确执行，提高教育矫正质量，促进社区矫正对象顺利融入社会，预防和减少犯罪”的《中华人民共和国社区矫正法》，并于 2020 年 7 月 1 日起施行。《中华人民共和国社区矫正法》第 2 条第 2 款规定：“对社区矫正对象的监督管理、教育帮扶等活动，适用本法。”第 36 条规定：“社区矫正机构根据需要，对社区矫正对象进行法治、道德等教育，增强其法治观念，提高其道德素质和悔罪意识。对社区矫正对象的教育应当根据其个体特征、日常表现等实际情况，充分考虑其工作和生活情况，因人施教。”据此，教育矫正是实现社区矫正对象再社会化的重要举措。我国自开展社区矫正工作以来，通过监督管理和教育矫正实现了社区矫正工作质量和效益的双丰收，取得了良好的法律效果和社会效果。为做好《中华人民共和国社区矫正法》的贯彻实施，进一步推进和规范社区矫正工作，最高人民法院、最高人民检察院、公安部、司法部又联合制定了《中华人民共和国社区矫正法实施办法》，亦于 2020 年 7 月 1 日起施行。

在《中华人民共和国社区矫正法》和《中华人民共和国社区矫正法实施办法》实施后，对社区矫正对象的教育矫正逐步走上了规范化、制度化、专业化和职业化的轨道，走上了"自信自强、守正创新、踔厉奋发、勇毅前行"并具有中国特色的社区矫正对象教育矫正道路，它正在为世界社区矫正工作提供中国模式、中国智慧。

为了更好地贯彻和落实"全面依法治国和推进法治中国建设"，为社区矫正工作培养专业化人才，由河北司法警官职业学院牵头，联合河北省司法厅社区矫正管理局、河北省法学会社区矫正研究会、河北省邯郸市司法局、河北省邯郸市磁县司法局、河北省沧州市司法局、河北省保定市涞源县司法局以及中央司法警官学院、安徽警官职业学院、湖南司法警官职业学院等单位的专家、学者和实务工作者，共同编写了本教材。

本教材具有以下特点：

第一，本教材以二十大报告精神、习近平新时代中国特色社会主义思想为指导，将思政元素贯穿始终，以培养学习者较高的政治素质、职业道德和敬业精神。

第二，本教材始终遵循《中华人民共和国社区矫正法》和《中华人民共和国社区矫正法实施办法》的规定，注重教育矫正的制度化、规范化、职业化的要求。

第三，本教材是校企合作开发的教材，在编写之前既进行了大量的调研，又进行了专家、学者与实务工作者的多次论证；既将司法实践中可推广、可复制的制度、经验、做法全部吸收进来，供学习者借鉴、学习，又在实践经验的基础上进行了总结、提炼、升华，将实践经验理论化。

第四，本教材注重实用性和可操作性，注重培养学习者的教育矫正技能。

第五，本教材的体例采纳了项目式、任务式的学习理论，在每个学习项目前都明确了学习目标，并将整个项目的知识点以知识树的方式提炼出来，让学习者能够在学习之前就对该项目的知识点一目了然，学习起来更加容易，也为自学者提供了便利条件。

在每个学习项目之前都放了一个导入案例（或叫引入案例），通过生动的案例引入本项目的学习，同时，通过案例也可以让学习者明确本项目所要学习的内容。

在每个学习项目的结尾部分都放入了课堂活动案例供学习者讨论。这样做的目的：一是培养学习者深入思考的能力；二是培养学习者发散性思维能力；三是培养学习者增强理论联系实际的能力；四是培养学习者的核心职业能力。

在每个学习项目之后都加入了拓展学习的内容，以拓宽学习者的知识面，培养其创新思维能力和既专又博的学习能力。

总之，本教材在编写过程中，无论是从体例上还是内容上，更贴近基层社区矫正职业岗位的需要，也更有利于培养学生的职业能力。但因时间仓促和编者水平所限，本教材存在疏漏乃至错误之处在所难免，敬请全体同仁批评指正。

本教材编写分工为（以撰写项目先后为序）：

刘燕（河北司法警官职业学院　讲师）：项目一、项目二

张凯（中央司法警官学院　副教授）：项目三

曹宇（安徽警官职业学院　助理讲师）：项目四、项目八

吴艳华（河北司法警官职业学院　教授）：项目五

侯映宇（湖南司法警官职业学院　讲师）：项目六、项目七

参与本教材编写的实务专家有：

河北省法学会社区矫正研究会会长　吴贵玉

河北省司法厅社区矫正管理局副局长　李曼

河北省司法厅社区矫正管理局干部　乔伟建

河北省邯郸市磁县司法局社区矫正科　贾强

河北省沧州市东光县司法局社区矫正科　唐旭

河北省保定市涞源县司法局社区矫正科　于德海

本教材在编写过程中得到了基层社区矫正机构实务专家的大力支持，他们结合实际提出了很多宝贵的意见和建议，在此表示感谢！

吴艳华

2022 年 10 月 30 日

目　录

社区矫正对象教育矫正的基本理论

学习目标

知识目标：掌握社区矫正对象教育矫正的基本理论和基本知识。

能力目标：具备运用教育矫正的基本理论对社区矫正对象进行教育矫正的基本能力。

思政目标：具备忠诚敬业、履职尽责的职业道德；具备以人为本、认真负责、耐心细致的职业精神。

知识树

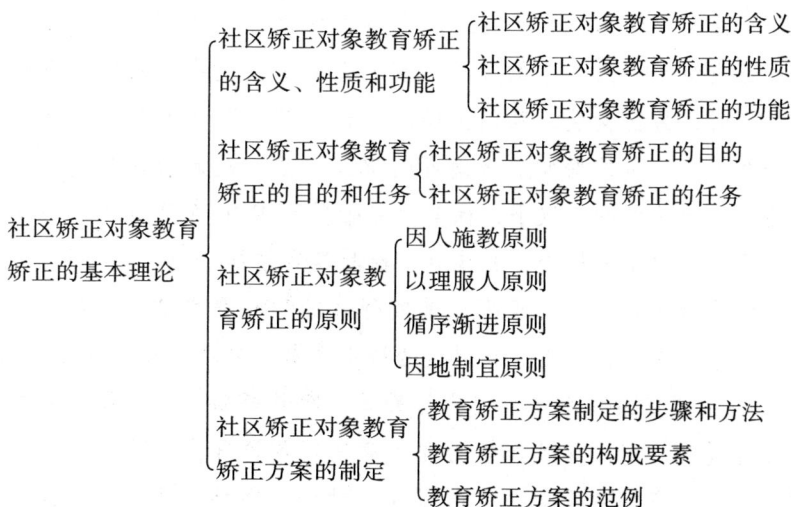

		社区矫正对象教育矫正的含义
社区矫正对象教育矫正的含义、性质和功能		社区矫正对象教育矫正的性质
		社区矫正对象教育矫正的功能

社区矫正对象教育矫正的基本理论
- 社区矫正对象教育矫正的含义、性质和功能
  - 社区矫正对象教育矫正的含义
  - 社区矫正对象教育矫正的性质
  - 社区矫正对象教育矫正的功能
- 社区矫正对象教育矫正的目的和任务
  - 社区矫正对象教育矫正的目的
  - 社区矫正对象教育矫正的任务
- 社区矫正对象教育矫正的原则
  - 因人施教原则
  - 以理服人原则
  - 循序渐进原则
  - 因地制宜原则
- 社区矫正对象教育矫正方案的制定
  - 教育矫正方案制定的步骤和方法
  - 教育矫正方案的构成要素
  - 教育矫正方案的范例

案例 1 - 1

社区矫正对象徐某，男，1996 年 5 月出生，户籍地、居住地均为北京市西城区。2017 年 9 月 20 日因犯放火罪被北京市西城区人民法院判处有期徒刑 3 年，缓刑 4 年，社区矫正期限自 2018 年 1 月 30 日起至 2022 年 1 月 29 日止。

徐某成长在一个特殊的家庭环境，其父母在他成长过程中始终处于缺失状态，在他不到 1 岁时，就把他独自交由爷爷奶奶抚养。徐某和母亲的来往仅限于每年他的母亲会给他送一两次零食和简单衣物，徐某与母亲也基本没有过任何沟通交流。徐某爷爷年岁已高，出于自身原因安全感缺乏，平时基本不让其外出与他人交往，爷孙之间年龄相差 60 多岁，在情感交流和成长教育方面存在着很深的代沟和隔阂。在这种特殊家庭环境长大的徐某，基本不懂如何与他人正常交流和交往，就读于北京市某职业院校后，没有等到毕业便辍学在家，进入社会后多次应聘工作都没有成功。求学和找工作的失败经历、异常的家庭关系以及畸形成长环境，使正处于青春期的徐某开始仇视社会，产生了强烈的报复心理。2016 年 9 月再次求职失败后，徐某用路上捡拾的打火机将北京市西城区某高档写字楼的厕所厕纸点燃，造成直接经济损失 2950 元。

徐某由于过去特殊的家庭氛围和成长环境，根本不知道如何与他人正常交往，存在着比较严重的社交恐惧症。在司法所工作人员第一次找其开展接收谈话时，徐某神情木讷，存在着非常强的抵触戒备心理，对工作人员的询问爱搭不理或给予一两个字的简单回复。尤其是徐某在一次例行到司法所进行当面报到时，男扮女装，脑门上贴着"进口商品"四个字，行为怪异，引起了司法所工作人员的警觉。针对此情况，司法所及时与徐某的爷爷进行了情况沟通，在司法所的建议下，徐某爷爷带其到 B 市 A 医院进行精神方面病情检查，医院通过全面检查，初步判定徐某具有精神问题。

司法所经过认真分析，根据徐某实际情况从心理咨询、疾病治疗、就业保障、开展教育等方面制定了针对性的矫正方案，对其开展教育帮扶工作：

1. 开展心理健康和病情治疗指导教育，助其塑造健全人格。针对徐某个人成长环境缺乏关爱，导致产生心理问题的现实情况，司法所与阳光中途之家取得了联系，安排专业心理咨询师每周对徐某进行心理辅导。通过近一年连续的心理咨询与辅导，徐某的病态心理问题得到了很大缓解，不再把自己封闭起来，能够主动与司法所工作人员进行谈话交流。另外，司法所还与社区卫生防疫中心取得了联系，将精神病防治医生纳入社区矫正小组当中，协助司法所做好教育帮扶工作，对徐某进行专业的精神病防治指导教育，促使其本人和家里端正认知态度，放下思想包袱，主动配合医院积极进行精神病药物治疗和康复训练。经过一段时间的治疗，徐某的病情得到了很好的医治，情绪表现和行为状态逐渐恢复了正常。

2. 以助其就业保障生活为切入点，进行社会适应性帮扶教育。针对徐某生活在完全封闭的家庭环境，长期与社会外界无交流的情况，司法所经过研判认为，当务之急是帮助其走出封闭的生长生活环境，使其逐步融入和适应社会。为此，司法所与街道居委会、社保所等部门进行了沟通和协调，在街道社区动漫室给徐某安排了一份做模型的工作，使其每月可以领到800元补贴，生活上有了基本保障。刚开始徐某防备心较强，与他人没有任何交流，在司法所的鼓励和引导下，他从与人见面打招呼、简单的问候开始，逐步与周边环境接触，直到与他人正常交谈，徐某的精神状态一天天好转起来，工作态度也越来越认真。徐某的邻居们也对其评价道："我们都感觉这小伙子最近说话、做事变得越来越踏实了，精神头也足了，真的像变了一个人。"

3. 对其针对性地开展认罪服法及法治、道德、警示等教育。针对徐某的实际情况，司法所在日常管理教育中采用"阅读法"，有针对性地对其开展思想教育工作，通过引导其阅读人生励志、名人名言、红色经典等相关书籍让其逐渐对自己的人生方向、家庭责任、社会道德有了清楚的认知；另外，针对徐某法律知识缺乏、法律意识淡薄的情况，司法所工作人员采用"影视教学法"，向其播放法治进行时、以案说法等节目，开展认罪服法及法治、道德、政策、警示等教育，促使其能够清楚地认识到自己的犯罪行为给自己和社会带来的危害。通过开展工作使徐某能够在思想上认罪悔罪，消除其融入社会的心理障碍，帮助其树立正确心态，提高守法观念。

随着教育矫正工作的不断开展，徐某的言谈举止、人际交往逐步恢复了正常，内心也不再封闭，与司法所工作人员建立了信任关系，并能够按照司法所的监督管理要求，遵守各项矫正规定，定期向司法所进行电话和当面报告，主动汇报自己的思想状况。徐某在与司法所工作人员交谈中说道："司法所的教育和引导，让我明白了很多人生道理，让我真实感受到了家人般的关怀和温暖，今后我一定会好好把握人生，做一个对自己负责、对社会有用的人，绝不辜负大家对我的期望。"

依据《社区矫正法》[1]第24条规定："社区矫正机构应当根据裁判内容和社区矫正对象的性别、年龄、心理特点、健康状况、犯罪原因、犯罪类型、犯罪情节、悔罪表现等情况，制定有针对性的矫正方案，实现分类管理、个别化矫正……"第36条第2款规定，"对社区矫正对象的教育应当根据其个体特征、日常表现等实际情况，充分考虑其工作和生活情况，因人施教。"

在社区矫正工作中，社区矫正对象的犯罪类型不同，犯罪原因也不同，他们大多存在各种各样的问题，如心理问题、生活困难问题、工作就业问题等，这些问题都会对社区矫正对象产生不同程度的影响，甚至可能成为导致重新犯罪的根源。本案中，社区矫正对象自我封闭，找不到工作，对社会仇视，有严重的心理问题。工作人员根据其家庭环境和成长经历，积极动员社会力量参与，制定有针对性的矫正方案，对其开展多方位的教育帮扶，帮助其正确面对社会、面对自己，树立正确的人生观和价值观，重塑健全的人格，促进其顺利融入社会。[2]

任务1　社区矫正对象教育矫正的含义、性质和功能

党的二十大报告指出，要"提高全社会文明程度"。"推动明大德、守公德、严私德，提高人民道德水准和文明素养。"对社区矫正对象开展教育矫正工作，是对特殊领域特殊人员开展的公民道德建设工程，目的就是"提高全社会文明程度"。

任务1.1　社区矫正对象教育矫正的含义

一、教育的含义

教育是培养人的一种社会活动，是传递生产经验和社会生活经验的必要

---

〔1〕　即《中华人民共和国社区矫正法》，为表述方便，本书涉及我国法律均省去"中华人民共和国"字样。

〔2〕　案例来源：中国法律服务网，http://alk.12348.gov.cn/，最后访问时间：2022年8月10日。

手段。教育对人的发展起主导作用，它既可以发挥个体遗传上的优势，又可以利用和发挥环境中积极因素的作用，限制和排除环境中消极因素的影响，以确保个体发展的正确方向。

教育有广义和狭义之分。广义的教育，是指一切能增进人的知识和技能，影响人的思想品德的活动，包括家庭教育、社会教育和学校教育。狭义的教育，是指教育者根据一定社会的要求，有目的、有计划、有组织地对受教育者的身心施加影响，把他们培养成为社会所需要的人的活动，主要是指学校教育。教育作为一种专门培养人的社会实践活动，与其他社会活动的不同表现在：①教育必须由教育者、受教育者、教育影响三个方面的要素构成；②它对人的影响具有目的性、全面性和系统性；③教育者对受教育者所施加的影响既要反映社会的要求，又要适应受教育者身心发展的规律，经过教育影响使受教育者身心发生预期的变化。

二、社区矫正对象教育矫正的含义

"教育是民族振兴、社会进步的重要基石，是全面建设社会主义现代化国家的基础性、战略性支撑。"习近平总书记强调，"我们的教育绝不能培养社会主义破坏者和掘墓人，绝不能培养出一些'长着中国脸，不是中国心，没有中国情，缺少中国味'的人！""浇花浇根，育人育心。"

社区矫正对象的教育矫正工作是针对特殊人进行的一种特殊教育，但教育的目的和教育的意义与普通教育具有异曲同工之处，同样要贯彻落实习近平总书记的重要指示精神。

社区矫正对象教育矫正又可以称为社区矫正对象矫正教育，是指由司法行政机关在相关社会团体、民间组织以及社会志愿者的协助下，依法对被判处刑罚进入社区矫正领域的罪犯所实施的，以强制其转变或消除犯罪心理和行为恶习、顺利实现再社会化为目的的一种系统而专门的教育活动。

社区矫正对象教育矫正是教育活动的一种特殊形式，与普通教育在目的上有很大区别。普通教育是以整理、传承和创新知识为主要目的的一种教育活动，是社会个体实现社会化的主要途径；而社区矫正对象教育矫正则是以矫正社区矫正对象的犯罪心理和行为恶习为主要目的的一种特殊教育活动，是实现个体再社会化的一种形式。从某种意义上说，服刑的过程就是一个转化的过程，是一个从罪犯向守法公民的转化过程，在这个过程中，矫正教育起到了至关重要的作用。

对社区矫正对象的教育矫正包括主体、对象和内容三个要素。

社区矫正教育的主体，是指在社区矫正过程中，对社区矫正对象实施教育活动的机关、组织和个人。在我国，社区矫正教育的主体不仅包括司法行政机关，而且包括社会工作者、社区志愿者、有关部门、村（居）民委员会、社区矫正对象所在单位、就读学校、家庭成员或者监护人、保证人等社区资源。

社区矫正教育的对象，是指在社区矫正活动中接受教育的社区矫正对象，具体包括被判处管制、被宣告缓刑、被裁定假释、被决定或批准暂予监外执行，因而依法需要进行社区矫正的罪犯。

社区矫正教育的内容，是指社区矫正教育主体对社区矫正教育对象实施矫正教育活动的具体内容及方式、方法。社区矫正教育的内容是否符合教育对象的实际情况，是决定整个矫正教育活动成败的关键。

综上所述，社区矫正对象教育矫正是指在社区场所内针对社区矫正对象实施的一系列教育改造活动的总称。

任务1.2　社区矫正对象教育矫正的性质

社区矫正教育是教育活动的一种特殊形式，它与普通教育不同。普通教育是以整理、传承和创新知识为主要目的的活动，也是个体社会化的最主要方式；而社区矫正教育则是以矫正犯罪心理和行为恶习为主要目的的教育活动，是实现个体再社会化的一种形式。

社区矫正对象教育矫正也不同于一般的矫正教育。矫正教育既包括对普通违法行为人的矫正教育，在监禁场所对罪犯的矫正教育，对行为或心理异常人的矫正教育，也包括对社区矫正对象的社区矫正教育。

社区矫正对象教育矫正的性质主要体现在以下几个方面：

一、强制性

社区矫正对象的教育矫正是一种强制性的教育活动，具有强制性的特点。社区矫正对象必须接受社区矫正教育，不以其意志为转移。社区矫正对象教育矫正的强制性是由社区矫正本身具有的刑事执行性质所决定的。社区矫正对象是因犯罪而被判处一定刑罚，并在社区服刑的人，不仅其犯罪行为给社会和他人造成了损害，而且其本人具有一定的人身危险性。只有强制其接受教育改造，才能逐步消除其犯罪心理和行为恶习，保证其顺利回归社会，并保障社区的安全。社区矫正对象教育矫正由社区矫正机构组织实施，对教育的形式、社区矫正对象的权利和义务等都有明确规定。如果社区矫正对象拒绝接受教育，将产生相应的法律后果，甚至会取消其社区矫正并收监执行。

相比之下，普通教育活动和仅对一般行为或心理异常人的教育活动都不具有如此的强制性。

二、广泛参与性

党的二十大报告指出，"完善社会治理体系。健全共建共治共享的社会治理制度"，对社区矫正对象进行教育矫正同样需要社会力量广泛参与。社区矫正就是为了避免监禁矫正的缺陷，而对罪行轻微或者经过了一定时期的监禁改造，人身危险性较小的犯罪分子，在社区中进行的一种矫正活动。

社区矫正对象教育矫正与监禁矫正教育相比，最大优势就是有社区组织、社区志愿者及社区矫正对象亲属的广泛参与。在监禁条件下，服刑人员对监管人员的抵触情绪较大，其教育效果大打折扣；而在社区矫正条件下，矫正对象与社区组织、社区志愿者，尤其是与其亲属存在千丝万缕的联系，亲和力较强，抵触情绪较小，教育和感化效果较好。同时，社会力量的广泛参与使社区矫正教育活动的官方性成分减小，非官方性成分增大。

三、综合性

社区矫正对象教育矫正是一种教育人、改造人、培养人的社会化综合实践活动。矫正教育对象是在社会化方面有问题和缺陷的人。从观念角度看，他们已经形成了反社会、违法、悖德的错误观念；从智力和能力的角度看，他们的社会化程度和水平低，集中表现为认知能力偏低，情感与意志结构有缺陷，个性及适应社会的能力有缺陷等。所以，社区矫正教育就是一种教育人、改造人、培养人的社会化综合实践活动，是对社区矫正对象进行再社会化的过程。

任务 1.3 社区矫正对象教育矫正的功能

社区矫正对象教育矫正的功能，是指通过社区矫正教育活动，对社区矫正对象转化和改造可能发挥的积极作用。其功能主要表现在以下几个方面：

一、矫正功能

每个人的犯罪都是多方面因素共同作用的结果，并且原因各不相同，但是，犯罪人的犯罪心理和行为恶习无疑是实施犯罪的重要因素之一。犯罪心理和行为恶习是犯罪人在较长时期的社会生活中，在多种因素的作用下逐渐形成的，一旦形成就具有相对的稳定性和顽固性。社区矫正机构采用培训、讲座、参观、参加社会活动等多种形式，对社区矫正对象进行形势政策教育、法治教育、公民道德教育以及其他方面的教育。这些教育活动可以逐渐矫正社区矫正对象的犯罪心理和行为恶习，促使其形成健康的心理和养成良好的行为习惯。

二、感化功能

对社区矫正对象的教育矫正与监禁矫正教育相比，更体现了对犯罪人的关爱和宽容。社区矫正对象尽管实施了犯罪行为，但是，国家和社会让他们继续留在社区接受矫正，对其进行教育活动，最大限度地满足了他们保持健全的家庭生活和正常工作的需求，为他们顺利回归社会打下良好的基础。社区矫正机构通过组织社会团体和社会志愿者，对社区矫正对象开展经常性的帮教活动，并通过社区矫正对象的亲属加强对社区矫正对象的教育。由于这些社会力量有天然的亲和力，因此，更容易发挥感化作用。社区矫正机构及社会力量经常采取个别谈话的方式对社区矫正对象进行经常性的个别教育，并及时对社区矫正对象的思想动态进行分析。遇有重大事件，随时收集分析，并根据分析的情况进行有针对性的教育。这些教育措施都有助于加强对社区矫正对象的感化。

三、治疗功能

许多犯罪人的犯罪心理和行为恶习形成后具有相当大的顽固性，通过一般性的矫正措施难以根除。社区矫正机构聘请社会专业人员，定期为社区矫正对象提供心理咨询服务，开展心理健康教育，对特殊人员辅之以必要的药物治疗，最大限度地根治其顽疾，为其回归社会打下良好的基础。

任务2　社区矫正对象教育矫正的目的和任务

任务2.1　社区矫正对象教育矫正的目的

社区矫正是一种刑事执行活动，需要服从于国家执行刑罚的目的，它也是矫正的最终目的。所谓刑罚目的是指国家通过制定、适用、执行刑罚所期望达到的结果。[1]贝卡利亚早就说过："刑罚的目的既不是要摧残折磨一个感知者，也不是要消除业已犯下的罪行。""刑罚的目的仅仅在于：阻止罪犯再重新侵害公民，并规诫其他人不要重蹈覆辙。"[2]我国刑罚则以"惩罚犯罪，保卫人民"为目的。

社区矫正的目的即社区矫正追求的目标与结果。从矫正工作目的看，社区矫正与监狱矫正一样，都是以"改造人为宗旨"，将罪犯教育改造成为遵纪守法的公民，维护社会稳定，实现刑罚的最终目的——预防犯罪。但是，社区矫正将社区矫正对象放在开放的社区，充分利用社会力量和资源对社区矫正对象进行教育矫正，最大限度地消除社区矫正对象再社会化的心理障碍和行为障碍，更多的是为了追求刑法的个别预防目的，正如《联合国非拘禁措施最低限度标准规则》的规定，非拘禁措施执行监督的目的是"减少再度犯罪和协助罪犯重返社会，尽量使其不致重新犯罪"。[3]监狱矫正强调刑罚的特殊目的和一般目的的兼顾，尤其强调特殊目的，对刑罚的一般预防的追求是由于其威慑、警戒效果更为显著。

党的二十大报告指出，要"引导全体人民做社会主义法治的忠实崇尚者、自觉遵守者、坚定捍卫者""努力使尊法学法守法用法在全社会蔚然成风"。

---

〔1〕 杨春洗、杨敦先主编：《中国刑法论》，北京大学出版社1994年版，第168页。

〔2〕 ［意］贝卡里亚：《论犯罪与刑罚》，黄风译，中国大百科全书出版社1993年版，第42页。

〔3〕 程味秋、［加］杨诚、杨宇冠主编：《联合国人权公约和刑事司法文献汇编》，中国法制出版社2000年版，第278页。

社区矫正对象教育矫正的目的就是通过教育，使社区矫正对象提高对所犯罪的认识，认罪服法，接受矫正机构的教育矫正，矫正他们的不良心理和行为，逐步养成良好的行为习惯，使他们在思想上、素质上、行为习惯和道德习惯上都能适应社会的需要，实现人格的重新社会化，顺利回归社会。

专栏1-1 世界主要国家社区矫正目的[1]	
国家	社区矫正目的
美国	1. 惩罚；2. 节约花费；3. 帮助罪犯重新与社会结合；4. 减少犯罪。
英国	1. 保护公众；2. 有效地监管罪犯；3. 康复、矫正罪犯；4. 减少犯罪和重新犯罪率。
加拿大	1. 促进维持一个公正、和平和安全的社会；2. 帮助罪犯自新并作为守法公民回归社会；3. 恢复性执行赔偿被害人。
澳大利亚	1. 降低矫正成本；2. 促进罪犯重新社会化；3. 赔偿被害人；4. 预防和控制犯罪。
法国	1. 缓解监狱压力；2. 促使犯罪人重返社会；3. 确保社会安全。
日本	1. 预防犯罪；2. 谋求改善与更生，顺利复归社会；3. 增强个人和公共安全。

任务2.2　社区矫正对象教育矫正的任务

社区矫正对象教育矫正任务是指社区矫正机构根据有关规定，为实现教育矫正目的而确定的矫正教育的步骤、手段和措施的总和。在社区矫正中通过加强社区矫正对象的思想道德教育、文化教育和职业技能教育，使他们在接受教育的过程中明辨是非，知罪悔罪，努力向善，提高社区矫正对象的理性水平，提高社区矫正对象生存与发展能力，促进社区矫正对象人格向善的方向发展。

一、促使社区矫正对象认清犯罪的危害，知罪悔罪

犯罪影响了社会安定，扰乱了正常的社会秩序，给被害人及其家庭造成

---

〔1〕　王顺安：《社区矫正研究》，山东人民出版社2008年版，第162页。

了长期的痛苦，加强社区矫正对象的教育矫正必须让社区矫正对象认清自己的犯罪行为所产生的危害，深挖自己的犯罪根源。社区矫正对象与监狱大墙内的罪犯相比，有着较大的人身自由，在很多方面与普通公民没有区别，一些社区矫正对象由此缺乏应有的服刑意识，对自身犯罪行为发生原因和危害的认知存在偏差，无法面对法院的判决，总觉得"我的问题有那么严重吗？不就是干了这么点小事吗？"往往感觉"冤枉"，从而不认罪服法，抱着抗拒或无所谓的态度，不能遵守相关社区矫正的规定甚至重新违法犯罪。

社区矫正对象的教育矫正，就是要让社区矫正工作人员通过各种不同形式的教育，促使社区矫正对象客观、全面、正确地正视自己的犯罪事实，认清自身犯罪的危害性，认真剖析自己犯罪行为发生的深层次原因。应当让社区矫正对象充分认识到正是因为他们主观恶性不大，没有造成严重后果，或认真接受改造，才得到了司法机关的从宽处理，能够以非监禁的方式承担刑事责任，不用在高墙内度过服刑期间。让社区矫正对象学会换位思考，设身处地、将心比心，以实际行动弥补所犯的过错，承担起对社会、自己、家人应有的责任。

二、促使社区矫正对象增长知识和技能，适应社会生活

知识是人类社会进步和文明的成果，从社区矫正对象知识结构看，他们与监狱内罪犯一样，具有文化程度低、无技术特长、缺乏谋生手段等共同特征，他们很难找到合适的工作、拥有稳定的经济收入。因此，有必要对社区矫正对象进行知识的传授和技能的教育，使社区矫正对象掌握文化知识，提高认识能力和理解能力，为技能和其他方面的学习打下基础。文化知识水平与技能水平提高了，社区矫正对象适应社会的能力才会增强，参与社会竞争的能力才会提高，社区矫正的效果才能得到巩固。

社会转型、社会变迁给人们带来的价值观念、思维方式、行为习惯、心理、情感等方面的变化，一部分假释、保外就医的社区矫正对象对急剧变化的社会环境因无所适从而显得茫然无助。如有的假释人员因犯罪，户口被依法注销，假释回到社区后因原先居住的房屋已经出售，无处落户。有的服刑人员保外就医出监回到社区，因与家人关系恶化，无法取得户口簿原件恢复户口等。社区矫正机构可通过组织文化知识比较匮乏的社区矫正对象参加文化补习、社区课堂培训等，增加他们的文化知识技能，提高其文化素养，逐渐让他们掌握正确的价值观念和行为准则，促进其今后的进一步发展。社区矫正机构可积极协调各级人力资源社会保障部门加强对有自主创业意愿的社区矫正对象进行创业培训、创业见习、创业指导咨询；亦需要金融机构提供创业融资、小额贷款和政府机关提供各项补贴，为创业过程中遇到困难的社区矫正对象提供保障政策，"消除影响平等就业的不合理限制和就业歧视，使人人都有通过勤奋劳动实现自身发展的机会"。

三、促进社区矫正对象的身心健康发展

社区矫正是一种非监禁刑事执行活动。相对于普通人群而言，面临的心理问题会更多，如有的社区矫正对象对生活缺乏信心，内心焦虑、恐慌；有的社区矫正对象因就业、择业的艰难而抑郁、悲观；有的社区矫正对象甚至心怀怨恨、消极冷漠等。这些消极情绪，不仅使人的认识和行为受到不良影响，不利于社区矫正对象顺利回归社会，而且可能造成生理机能的紊乱，导致各种疾病的产生。社区矫正对象的特殊社会身份也可能影响他们的人际关系，产生人际紧张、失调，原有社会关系网断裂等人际关系问题。

在社区矫正中应关注社区矫正对象各种心理问题，通过心理健康教育、心理咨询、心理矫正等手段，改变社区矫正对象的认知，矫正社区矫正对象不良的行为；学会调节、控制自己的情绪，减轻、消除异常心理；掌握人际沟通的技巧，建立起正常的社会交往关系，促进身心的健康发展。

任务3 社区矫正对象教育矫正的原则

党的二十大报告指出，"高质量发展是全面建设社会主义现代化国家的首要任务"。作为全面建设社会主义现代化国家的重要一环——非监禁刑事执行工作的社区矫正，高质量发展也是其首要任务。为实现高质量发展，作为其核心工作的社区矫正对象教育矫正工作就必须遵循一定的原则，规范有序而高效地开展。

原则是我们观察问题、处理问题和做人的基本准则，它是从自然界和人类社会实践中抽象出来的。每个人在社会实践活动中都会受到一定原则的影响，正确反映事物本质的原则，能够对我们的社会实践活动起到积极促进作用；反之，则会起到消极阻碍作用。

社区矫正对象教育矫正的原则，是指社区矫正机构对社区矫正对象进行教育矫正时必须遵循的基本行为准则和要求。

对社区矫正对象的教育矫正实践虽然尚在摸索之中，缺乏经验，但我们可以借鉴国外的成熟经验和我国监狱机关在长期的罪犯教育过程中所积累起来的丰富经验。监狱机关及相关人员通过罪犯教育矫正实践和对相关教育理论的借鉴，总结出了一系列教育矫正的基本原则。将这些原则与我国社区矫正教育相关法律规定和实践需要相结合，可以总结出社区矫正教育的基本原则。中华人民共和国成立后，监狱机关在教育矫正罪犯实践中所形成的罪犯教育原则，有的以法律、法规的形式确定下来，如《监狱法》第 61 条规定："教育改造罪犯，实行因人施教、分类教育、以理服人的原则，采取集体教育与个别教育相结合、狱内教育与社会教育相结合的方法。"《监狱教育改造工作规定》第 4 条规定："监狱教育改造工作，应当根据罪犯的犯罪类型、犯罪原因、恶性程度及其思想、行为、心理特征，坚持因人施教、以理服人、循序渐进、注重实效的原则。"《教育改造罪犯纲要》中规定教育矫正罪犯的基本原则为"以人为本，重在矫正""标本兼治，注重实效""因人施教，突出重点""循序渐进，以理服人"。结合我国社区矫正相关法律规定和矫正实践的需要，我们总结出社区矫正教育的基本原则有：因人施教原则、以理服人原则、循序渐进原则和因地制宜原则。因此，自觉学习、贯彻和落实这些教育矫正原则，既是司法行政机关依法教育矫正社区矫正对象的基本要求，也是社区矫正工作人员做好社区矫正对象教育矫正工作、提高教育矫正质量的客观要求，同时，也是新时期司法行政机关开展社区矫正对象教育矫正工作的行为准则和工作规范。

任务 3.1　因人施教原则

一、因人施教原则的含义

因人施教原则又称因材施教原则，是指在对社区矫正对象的教育矫正过程中，应当根据社区矫正对象个体的情况和特点，有针对性地开展教育的原则。

因人施教原则，是中国教育文化中的一条重要的教育原则。春秋时期的大教育家孔子的教育活动中处处体现着这一原则。《论语》中记载了这样一则故事：

子路问："闻斯行诸？"子曰："有父兄在，如之何其闻斯行之！"冉有问："闻斯行诸？"子曰："闻斯行之。"公西华曰："由也问：'闻斯行诸？'子曰：'有父兄在。'求也问：'闻斯行诸？'子曰：'闻斯行之。'赤也惑，敢问。"子曰："求也退，故进之；由也兼人，故退之。"[1]

在这则故事中，孔子因人施教的风范表现得淋漓尽致。朱熹评论孔子时曾经说过："圣贤施教，各因其材。小以小成，大以大成，无弃人也。"现代心理学研究也为因人施教原则提供了科学依据，因人施教原则已经成为重要的教育思想与理念。[2]

从社区矫正对象的实际情况来看，其年龄、社会经历、受教育程度、职业、身心特点、违法犯罪经历、刑种、刑期、服刑表现等各不相同，如果在矫正过程中不分具体情况，采用同样的教育内容与教育方法搞"一刀切"，就难以获得好的教育效果。因此，在教育过程中，必须因人而异，对症下药，"一把钥匙开一把锁"，针对不同的社区矫正对象采取不同的教育内容和方法。

实践证明，只有认真贯彻因人施教原则，才能真正教育好每一个社区矫正对象，提高教育矫正质量。

二、贯彻因人施教原则的基本要求

（一）深入调查研究，掌握社区矫正对象的情况

"知己知彼，百战不殆"，了解和掌握每一个社区矫正对象的具体情况，是因人施教的前提条件。社区矫正工作人员和志愿者要通过查阅档案、与社区矫正对象谈话、家访、集体教育、组织公益劳动等途径和机会来全面了解掌握社区矫正对象的基本情况。要注意观察和研究社区矫正对象，掌握他们的年龄、民族、家庭情况、知识状况、犯罪原因、刑种、刑期、主观恶性、

---

[1]《论语·先进第十一》。

[2] 魏荣艳主编：《罪犯教育学》，法律出版社 2015 年版，第 23 页。

性格特点、矫正心理、矫正表现等，从而增强教育矫正的针对性和实效性。

社区矫正对象的上述情况，有些是相对固定不变的，如社区矫正对象的姓名、年龄、籍贯等；有些是随时会发生变化的，如社区矫正对象的心理状况、矫正表现、家庭成员的情况等，这就需要我们随时观察社区矫正对象的各种变化，及时把握社区矫正对象的各种变化信息。

（二）针对社区矫正对象的不同情况，制定个性化的教育矫正方案

在了解掌握某一社区矫正对象的全面情况的前提下，应该对社区矫正对象的违法犯罪原因等情况进行分析，根据其矫正表现、兴趣爱好、需要等个性特点，制定详细的、有针对性的个性化方案，确定教育重点，选择相应的教育内容与方式、方法，对症下药地开展个别教育。例如，对法律知识缺乏、法律观念淡薄的社区矫正对象，应当加强法律知识、法律观念教育；对自控能力差、行为习惯不良的未成年社区矫正对象，应当与在读学校相配合，强化日常行为养成教育；对邪教犯罪分子，除了要通过政策教育，引导其正确认识邪教的危害外，还可以进行宗教知识、心理学知识教育，使其正确认识宗教；对性格倔强者，不宜简单说教，应多摆事实、耐心疏导，使其认罪悔过；对自尊心强的社区矫正对象，多表扬少批评并尽量不在公开场所批评，以调动、利用其自尊心促使其自觉矫正；对老年犯、病残犯及生活有困难的，多关心他们的生活，在帮助他们办理养老保险、低保、就医等相关手续上多下功夫。

（三）区别情况，妥善处理各种问题

社区矫正对象在社区矫正过程中经常会有不以为意、抗拒教育、情绪低落等现象产生。遇到这些问题时，我们应该认真调查，在了解实际情况后，采取相应的措施。例如，有的社区矫正对象被判处缓刑进入社区矫正后，以为自己不算犯罪，对自己的罪责认识不到位，对社区矫正机构的相关要求不以为意，因而不按要求提交教育心得，不按时参加集体教育，对公益活动持抗拒心理。对此，社区矫正机构应当着重对其进行法律法规教育和认罪服法教育，使其真正认识到自己行为的社会危害性和犯罪性质，明确自己"罪犯"的角色定位。有的社区矫正对象抗拒教育矫正，则可能是因为家庭问题、就业艰难、经济窘困等原因，导致他们对前途悲观绝望，对生活丧失信心，这就需要我们根据其不同的原因开展思想教育和帮扶，既要关心他们的矫正心理、思想变化，又要关心他们的身体、家庭、生活上的问题和困难。另外，在不同的矫正阶段或时间，因思想反复或其他原因，同一社区矫正对象往往也会表现出不同的行为，这需要社区矫正工作人员深入了解情况，并采取不同的教育措施。

在社区矫正对象教育矫正过程中出现问题时，我们不仅仅要从社区矫正对象方面来分析原因，还要善于联系社会环境的变化和国家政策的变化及时改进工作方法、补充新的教育内容。

任务3.2　以理服人原则

一、以理服人原则的含义

以理服人原则，是指在社区矫正对象教育矫正过程中，社区矫正工作人员要坚持通过摆事实、讲道理的方式，对社区矫正对象做耐心细致的疏导和说服工作，从而使其心悦诚服地接受教育矫正的原则。

在社区矫正对象教育矫正过程中坚持以理服人原则，既是社区矫正对象教育矫正法律、法规和政策的要求，也是切实提高社区矫正对象教育矫正效果的现实要求。社区矫正对象的教育矫正，是指通过教育、参加公益活动等手段，使社区矫正对象逐渐提高认识、改变不良思想与行为习惯。因为人的认识与思想的转变，只能通过认识真理，服从真理，内心自觉地否定旧我、塑造新我来完成，所以对社区矫正对象的教育，只能通过说服，而不能靠压服，压服往往会使其口服心不服，产生抵触情绪，甚至会恶化司法行政机关与社区矫正对象的关系，从而影响教育效果，甚至引发其他不利后果。

二、贯彻以理服人原则的基本要求

（一）教育者要加强学习，提高个人素质和政策水平

要运用以理服人原则对社区矫正对象进行教育，用正确的观点引导人，以充分的理由说服人，提高说服教育的实效性。首先，教育者要善良正直，品格高尚，具有人格魅力和威信，让人从心里信服。其次，教育者要熟悉掌握国家的法律、法规和政策，了解我国的大政方针，有较高的理论素养和政

策水平。再次，教育者要学习、掌握相关的教育知识和理论，并具有一定的教育学、心理学、法学基本知识作支撑，业务能力强。最后，教育者要掌握一定的谈话艺术和方法技巧，让人听了之后易于接受。

（二）要始终坚持摆事实、讲道理

客观事实中蕴涵着道理，道理来源于具体的客观事实。在教育过程中，通过摆事实、讲道理，能够使社区矫正对象直观地掌握道理，也更能够充分地证明道理的合理性。要把摆事实和讲道理结合起来，以理攻心，以理服人，言之有据，让社区矫正对象心悦诚服。

1. 坚持摆事实。摆事实，一方面会使理论教育更充分；另一方面，会增加教育工作的趣味性。事实胜于雄辩，在事实面前，社区矫正对象无法为其错误观念、思想、行为进行辩护，也更容易认识到其错误所在，从而有利于社区矫正对象思想观念的转化。

2. 坚持讲道理，并对各种事实进行归纳概括。首先，我们要对社区矫正对象讲真理而不是讲歪理，更不能强词夺理，我们讲的道理，要符合国家法律、法规的要求，要符合社会主义道德的基本要求。其次，社区矫正工作人员不仅要知理，而且还要行理。在日常工作中，社区矫正工作人员要勇于坚持原则、坚持真理，在工作中出现失误时，要勇于承担责任、承认并改正自己思想与工作中的不足。在对社区矫正对象日常管理、教育过程中，应该严格按照法律、法规、道德规范的要求来做，不因社区矫正对象法律地位的不同，而采取歧视、虐待或其他不文明的行为。要善于通过言传身教对社区矫正对象产生潜移默化的影响。最后，摆事实，是为了讲道理。掌握了抽象的道理之后，社区矫正对象就可以根据外界具体条件的变化，自由地运用所学的相关理论来矫正自己的思想与行为。如果在教育中仅仅停留于摆事实，而不对零散的事实进行抽象与归纳，社区矫正对象往往只会就事论事，难以将学到的知识进行迁移应用。

（三）坚持疏通、引导

疏通、引导是指社区矫正工作人员与社区矫正对象之间进行思想、情感方面的交流，帮助社区矫正对象解决其思想、情感困扰，并将其不良思想和行为引导到正确的轨道上来。对社区矫正对象进行疏通引导，要做到以下几点：

1. 要注意情感交流。俗话说"亲其师，信其道"[1]，通过与社区矫正对象进行情感交流，建立起亦师亦友般的情感联系，有利于提高社区矫正工作人员在社区矫正对象心目中的威信，从而增强社区矫正对象教育效果。在日常教育管理活动中，社区矫正工作人员应该注意尊重社区矫正对象的人格，关心社区矫正对象的学习、生活，切实保证社区矫正对象的各种合法权利和满足社区矫正对象的正常需要，这样才有利于在社区矫正工作人员与社区矫正对象之间建立良好的关系。社区矫正对象只有在消除了与社区矫正工作人员之间的心理隔膜、在情感方面接纳社区矫正工作人员后，才能切身体会到社区矫正工作人员的真情实意，才能对社区矫正工作人员产生情感上的依赖和信任，进而自觉地按照社区矫正工作人员的教育和要求去做。

2. 要注意思想和行为上的引导。对待社区矫正对象思想方面的"疙瘩"，不能用强制的方式来解决，只能通过耐心引导来逐步解决，做到"道而弗牵，强而弗抑，开而弗达。道而弗牵则和，强而弗抑则易，开而弗达则思"。[2]通过启发诱导，来让社区矫正对象自觉、主动地发生改变。为达到这一要求，可以通过变换教育方式的方法来开展具体的教育活动。例如，变单纯的课堂讲授、说理教育为讨论、辩论、游戏、竞赛等，通过这些活动，提高社区矫正对象的主动性，使其在活动中不知不觉地发生变化。除了指导社区矫正对象学习外，还要引导社区矫正对象将所学的理论运用到日常生活中，在社区矫正对象学习、生活、家庭中遇到问题的关键时机，要及时对其进行思想和行为上的引导。

3. 要耐心细致，注重正面引导。对社区矫正对象教育矫正要剔除其思想当中的消极因素，启发其积极的因素，激励其发扬优点，克服缺点，不断进步。在教育中要将心比心，和风细雨，以诚恳的态度，合理运用语气、情绪等把自己的观点、态度适时表现清楚。要注重在细节处以自己的真诚之心去关心、影响、感染社区矫正对象，使他们真切地感受到社会的关怀与温暖，

---

[1] 出自《礼记·学记第十八》。

[2] 出自《礼记·学记第十八》。

鼓励他们有问题、有困难主动找执法人员商量，真心实意地与"旧我"决裂。在教育矫正中，要注重正面引导，应当启发社区矫正对象积极认罪悔罪，主动按时向司法所报告自己的思想、活动情况，剔除社区矫正对象思想中的消极因素，启发其积极的因素，激励其发扬优点，克服缺点，不断进步。

4. 要变单向的说教为双向的沟通交流。以理服人原则背后的教育理念是要培养社区矫正对象的理性思维习惯和能力。因此，在实践当中，要允许社区矫正对象对社区矫正工作人员的工作及矫正中的某些问题表达自己的真实看法，允许他们为自己的言行作出申辩，不要以力服人、以势压人，而要把教育过程变成轻松的交流过程。只有允许社区矫正对象表达自己的想法，社区矫正对象才能向社区矫正工作人员汇报真实情况，社区矫正工作人员才能真正了解社区矫正对象的需要，从而根据其需要对社区矫正对象教育内容与方式作出调整或及时处理社区矫正对象反映的实际问题。社区矫正工作人员不仅要允许社区矫正对象表达他们的意见，还要善于引导和鼓励社区矫正对象讲真话、讲心里话。在教育过程中，对社区矫正对象暂时不能接受的观点和问题，要允许他们保留不同意见，不能强制其接受。

任务3.3 循序渐进原则

一、循序渐进原则的含义

循序渐进原则，是指应当遵循人的认识能力发展的客观规律，有计划、有步骤地对社区矫正对象开展教育活动的原则。[1]人的身心发展，具有一定的顺序性、阶段性，不同年龄阶段在生理、心理方面往往会表现出不同的发展水平。人们对客观事物的认识，也有一个由简单到复杂，由低级到高级，由直观到抽象的过程。人的动作、技能及行为习惯的形成或改变，也具有由简单到复杂、由生疏到熟练的渐进过程。

早在几千年前，中国的教育家就提出并在教育实践中应用了循序渐进这一教育原则。老子讲："上士闻道，勤而行之；中士闻道，若存若亡；下士闻

---

〔1〕 吴宗宪主编：《社区矫正导论》，中国人民大学出版社2011年版，第303页。

道,大笑之。不笑不足以为道!"[1]孔子认为:"中人以上,可以语上也。中人以下,不可以语上也。"[2]世界上最早的一篇教育专著《学记》提到:教育者要根据受教育者的水平"不陵节而施",否则就会"杂施而不孙,则坏乱而不修"。

社区矫正对象从进入社区矫正领域接受教育矫正,到解矫结束教育矫正,其思想和行为变化具有一定的发展规律。社区矫正工作人员在对社区矫正对象教育过程中,要考虑到教育对象某一具体时期的实际情况和发展水平,从而采取适应这一水平的教育。否则,只能是揠苗助长或对牛弹琴,既不可能矫正社区矫正对象,也容易使社区矫正对象产生厌烦、抵触情绪,既浪费教育资源,又带来消极后果。

二、贯彻循序渐进原则的基本要求

(一) 制订明确、科学、系统的教育计划

根据社区矫正对象的实际情况、社区矫正对象教育内容及社会要求,制订明确、科学、系统的教育计划,是具体开展社区矫正对象教育活动的前提条件。首先,要根据不同的教育对象,明确具体的教育目标和要求,安排具体的教育内容和任务。其次,目标的确定和要求的提出要实事求是,既要符合相应的教育学、心理学、社会学规律,又要符合社区矫正对象的实际水平与发展倾向,不能好高骛远。在内容的安排上要注意循序渐进、前后衔接。再次,教育计划还要体现教育的一致性,要使教育内容与教育目的相一致,各阶段的教育内容之间既有差别,又相互衔接、层层递进。最后,在实施教育计划的过程中,我们还要随时发现问题,根据社区矫正对象实际情况的变化及社会形势的变化,来调整教育计划,使教育计划更符合实际情况。

(二) 要注意一般教育与重点教育相结合、个别教育与集体教育相结合

在教育活动过程中,我们既要开展面向全体社区矫正对象的一般教育,使全体社区矫正对象得到教育和矫正,同时也要根据不同社区矫正对象的实际认识、思想和行为水平,来开展个别教育,通过个别教育,使每一个社区

---

[1] 老子:《道德经》,徐澍、刘浩注译,安徽人民出版社1990年版,第115页。

[2] 《论语·雍也第六》。

矫正对象得到矫正。要了解社区矫正对象的个体情况，明确对每个社区矫正对象开展教育的侧重点和难点。教育中要突出重点，对重点问题和难点问题要反复开展教育，讲清讲透，追求教育的实效性。针对社区矫正对象居住分散、难以集中的特点，要充分利用入矫接收、职业技术培训和社区服务的机会开展集中教育，平时则更多地开展有针对性的、非课堂化的个别教育。

（三）坚持不懈，逐步提高

社区矫正对象的不良思想与行为，是在长期的社会影响和主观意志的作用下形成的。要矫正这些不良思想和行为，需要长期的、大量的、连续的正面教育，不可能一蹴而就。因此，改变社区矫正对象的不良思想与行为，将是一项长期的工作，不可能通过突击式的教育活动来完成。只有一步一个脚印，坚持不懈，不断影响社区矫正对象的情感和思想，不断矫正社区矫正对象的行为，才能使社区矫正对象的思想与行为得到矫正，最终达到矫正教育的目的。

同时，要正确对待教育对象在矫正过程中的反复性，把握思想教育效果的螺旋式上升、波浪式前进的规律，坚持不懈，持之以恒，防止教育工作流于形式，逐步筑牢社区矫正对象的思想防线，提高教育矫正效果。

任务3.4 因地制宜原则

一、因地制宜原则的含义

因地制宜的原则，是指在教育矫正过程中，教育工作者应当根据所处的具体环境采取适宜的办法，实施矫正教育的原则。贯彻因地制宜的原则，应当区分社区矫正对象所属组织类型、所处的生活环境居住条件、经济状况等，依靠不同的力量，采取不同的教育矫正措施和手段。

二、贯彻因地制宜原则的基本要求

（一）依靠不同的社会力量开展教育矫正

在比较发达的城市和小城镇社区，往往可以利用较为完善的社会组织管理机构、师资、文化娱乐设施来开展法治教育、道德教育、职业技术教育培训和心理矫治。而在农村，则应当利用亲戚、邻里、村委会等个体和组织开

展教育，因此教育的形式、手段和方法必然会有别于城镇。故而，应当利用不同场所的优势进行矫正教育。

（二）根据不同的区域选择不同的教育内容和重点

在比较发达的城市和小城镇社区，文化教育方面可以利用较为发达的教育资源，组织层次相对较高的专科、本科成人自学考试，而在偏远的地区和部分较落后的农村，则可能连开展扫盲教育都存在困难。在比较发达的城市和小城镇社区，职业技术培训可以利用政府社会保障部门、职业教育中心、职业中学等社会资源开展汽修、电子等技术要求相对较高的职业培训，甚至直接与大型企业联合开展职业技能培训以解决就业问题。而在农村，职业技术培训则更多地要结合当地区域环境，联合农科站等技术部门开展与当地区域环境相适应的农业技术、栽培种植技术、养殖技术等培训。在比较发达的城市，可以利用社会资源适当开展心理咨询教育，而在相对较落后的农村和小城镇，司法行政机关没有相关的社会资源可利用，因此，心理咨询教育基本无法开展。

（三）根据不同的条件选择不同的教育方法与手段

在发达地区，由于交通便利，社区矫正对象居住较为集中，可以利用的社会资源较为丰富，社区矫正的设施也较为完备，因此开展集中的法治教育、道德教育、社区服务等相对较容易一些，教育的内容和形式也可以多样化。而在相对较落后的农村，由于社区矫正对象居住较为分散，交通不便，社区矫正对象家庭条件较差，司法所设施不足，可供利用的社会资源较少，因此集中教育难以开展，更多的只能靠社区矫正工作人员进行家访，利用农村邻里关系比较密切的优势进行教育。

任务4 社区矫正对象教育矫正方案的制定

对社区矫正对象开展的教育矫正是保证社区矫正工作高质量发展的重要举措，在实施之前必须按照规范化、专业化的要求提前制定好教育矫正方案，有目的、有计划地开展。下面以集体教育矫正方案的制定为例加以说明。

任务 4.1　集体教育矫正方案的制定

集体教育活动是相对于个别教育活动而言的，是把社区矫正对象按照一定的组织形式结合起来开展教育的活动，以解决他们共同存在的普遍性问题的教育方法。集体教育活动涉及面广，投入大，在组织实施集体教育活动前，制定科学、严密的集体教育矫正方案不仅能保障集体教育矫正效果的实现，更是避免出现不良后果的基本要求。

一、集体教育矫正方案的要素

集体教育矫正方案的要素主要包括以下方面：

（一）活动的题目（名称）

集体教育矫正方案的题目是对主题的高度概括，也可以说是主题的关键词，是集体教育活动最精练、最集中的显示，如：某县社区矫正对象"学法律、爱祖国、奔新生"主题教育活动实施方案。

（二）活动的目的、意义

主要说明这次集体教育矫正活动开展的背景，言简意赅地交代此次集体教育矫正活动开展的目的或意义，这是方案生成的基础，不可或缺，否则就失去了方案制定的意义和依据。

（三）活动的内容、方式、步骤

集体教育矫正方案活动的内容、方式、步骤，要详细、具体，可操作。

（四）活动的时间、地点、参加人

集体教育矫正的时间、地点、参加人、主持人要明确。

（五）注意事项和要求

方案中应注明组织集体教育矫正活动时的注意事项和要求。

（六）活动效果预测

对即将开展的活动全过程进行虚拟描述，要用文字语言对活动的特定气氛、内容、方式、效果等进行叙述。

二、制定集体教育方案的步骤

（一）确定集体教育主题

社区矫正机构要根据当前社区矫正教育工作的需要，确定集体教育的主题。主题要鲜明单一，一个活动中不能有多个主题。

（二）制定活动草案

根据确立的主题，社区矫正机构工作人员认真分析社区矫正对象的情况和教育资源情况，列出集体教育活动方案大纲，形成集体教育活动草案。草案中要确定集体教育的内容、方法、步骤、时间安排以及活动中应注意的问题等。

集体教育的活动内容具体包括法治教育、思想道德教育、形势政策教育、心理健康教育、文化素质教育等。

集体教育可以采取授课、座谈、讨论、咨询、参观、讲评等多种形式。

集体教育活动没有固定的教育组织网络，为了保障活动的顺利进行，在方案中应构建具体的教育组织。必须根据工作需要形成多层次、多部门参与的网络组织。人员应以专职人员为主，同时吸收其他部门人员参加。

（三）修改完善方案

社区矫正机构召集相关人员召开专题会议，集体讨论集体教育活动方案草案，根据讨论结果修改完善方案。

三、制定集体教育矫正方案的注意事项

（一）必须依法、依规

集体教育矫正方案必须符合国家的法律、法规和相关政策，贯彻落实上级文件精神，严格依照上级要求制定方案。

（二）要素要齐备

集体教育矫正方案所包含的主要内容即方案的要素，要完整、齐备、不能缺项，否则会影响方案的具体实施。

（三）简明扼要

方案对每一项内容的阐述要简明扼要，不可繁冗或用过多的华丽辞藻修饰，更不可模棱两可、用含糊不清的词语表达，要便于参与人员理解，清楚阐述集体教育活动的开展过程。

（四）格式规范

要按照规范的格式撰写，做到美观大方，让人一目了然。

任务4.2 集体教育方案的范例

案例1-2

社区矫正对象缓刑比例高，绝大多数没有监禁刑经历，为使他们身临其境体验监禁刑的惩罚性、严肃性、约束性，感受自由的可贵，某市拟组织33名社区矫正矫正对象到某监狱开展"震撼警示教育"活动，身临其境体验"高墙内的生活"，强化罪犯身份意识和遵纪守法意识，自觉接受改造。

请制定本次集体教育矫正的方案。

参观监狱开展震撼警示教育活动方案

一、活动的目的和意义

为增强社区矫正对象的在刑意识，珍惜和把握在社区服刑改造的难得机会，告诫社区矫正对象要认真遵纪守法，严守管理规定，珍惜生命、珍惜自由，从而改过自新。

二、参观时间： ×年×月×日

三、参观地点： ××监狱

四、参加人员：

1. 经各司法所甄别排摸，参加警示教育社区矫正对象约33人。

2. 各司法所安排一名带队工作人员，司法局分管领导、社区矫正机构负责人、监狱"互帮共建"民警及社区矫正中心工作人员，约11人。

五、活动流程：

1. 上午8：00 社区矫正中心集合，统一坐大巴赴某监狱。

2. 8：30—9：00 参观某监狱罪犯生活、劳动场所，让社区矫正对象现场感受监禁刑罪犯改造情况。

3. 9：00—11：30 某监狱副监狱长给社区矫正对象授课（罪犯改造一日规范、社区矫正心理调适）。

4. 11：30—12：00分管领导讲话，对本次教育活动进行小结。

六、参观注意事项和要求:

1. 队列整齐,服从指挥。在参观过程中禁止大声喧哗,禁止擅自离开参观队伍;

2. 严禁携带背包、矿泉水、摄录器材、手机等违禁物品进入监狱;

3. 参观过程中,禁止私自与服刑人员接触、传递物品;

4. 禁止在参观现场吸烟;

5. 组织参加警示教育活动的社区矫正对象活动结束后,向司法所递交一份心得体会,以巩固和深化警示教育活动效果。

七.预期效果:

通过参观监狱,社区矫正对象切实体验了监狱服刑生活,对监禁服刑有了更直观的了解,深刻体会到"高墙"内外服刑的巨大差异,促使他们牢固树立服刑意识、感恩意识和纪律意识,在思想和行动上自觉认罪悔罪,自觉接受改造。

任务5 实训项目:社区矫正对象集体教育方案 制定技能训练

案例 1-3

德育教育是对社区矫正对象开展教育的主要内容之一,为了更好地强化社区矫正对象的教育管理,增强社区矫正对象的道德意识、社会主义核心价值观和社会责任感,培养其爱国、敬业、诚信、友善的公民价值观。某县司法局拟对 20 名社区矫正对象开展一次集体教育活动,以提高他们的道德水平。

请根据案例提供的资料,完成以下实训任务:

1. 明确集体教育矫正方案的构成要素

2. 制定本次集体教育矫正的方案

附：实训任务书和实训考核表

实训任务书

实训项目	1. 明确集体教育矫正方案的构成要素 2. 制定集体教育矫正方案
实训课时	2 课时
实训目的	学生通过实训，具备制定社区矫正对象集体教育矫正方案的核心职业能力。
实训任务	1. 掌握集体教育矫正方案的构成要素 2. 掌握集体教育矫正方案的制作步骤和方法，并学会制定
实训要求	1. 学生应提前掌握集体教育矫正方案制定的相关知识 2. 根据实训需要将学生分成若干小组，以小组为单位完成实训任务 3. 学生要积极配合指导教师的指导完成实训 4. 制定的方案内容要具体可行，格式规范 5. 指导教师点评总结后，对方案存在的问题要及时修改
实训成果形式	1. 集体教育矫正方案 2. 实训总结
实训地点	理实一体化教室
实训进程	1. 根据实训需要将学生分成若干组 2. 根据提供的材料，学生进行讨论分析，明确集体教育矫正方案的构成要素 3. 制定有针对性的集体教育方案 4. 指导教师进行点评总结，每组学生根据教师的点评总结对方案进行修改

实训考核表

班级＿＿＿＿＿＿＿＿＿＿　　姓名＿＿＿＿＿＿＿＿＿＿　　学号＿＿＿＿＿＿＿＿＿＿

任务描述：通过实训，掌握集体教育矫正方案的构成要素和制定的步骤、内容和方法，具备制定集体教育矫正方案的能力。

项目总分：100 分

完成时间：100 分钟（2 课时）

考核内容	评分细则	等级评定
一、实训过程与要求 1. 学生应提前掌握集体教育方案制定的相关知识 2. 根据实训需要将学生分成若干小组,以小组为单位完成实训任务 3. 学生要积极配合指导教师的指导完成实训 4. 制定的方案内容要具体可行,格式规范 5. 指导教师点评总结后,对方案存在的问题要及时修改	分值:50分 1. 实训过程与小组成员合作良好(15分) 2. 实训演练认真、表现积极(15分) 3. 能成功完成所有实训任务(20分)	实训成绩评定为四等: 1. 优(100分~85分) 2. 良(84分~70分) 3. 及格(69分~60分) 4. 不及格(59分~0分) 注意事项: 1. 实训期间做与实训无关的操作,不能评定为"优" 2. 有旷课现象,不能评为"优、良" 3. 旷课××节及以上,评为"不及格" 4. 实训内容没有完成,评为"不及格" 5. 两份实训总结雷同,评为"不及格"
二、实训表现与态度	分值:20分 1. 无迟到(1分) 2. 无早退(1分) 3. 无旷课(3分) 4. 实训预习、听讲认真(2分) 5. 实训态度认真(5分) 6. 实训中不大声喧哗(1分) 7. 能爱护实训场所、设备,保持环境整洁(2分) 8. 能完全遵守实训各项规定(1分) 9. 实训效果好,基本掌握集体教育矫正方案制定的步骤、内容与方法,具备制定集体教育矫正方案的职业技能(4分)	

续表

| 三、实训总结
1. 实训中出现的问题及解决办法（对遇到的问题、问题产生的原因进行分析判断，把解决过程写出来。）
2. 实训效果（本次实训有哪些收获，掌握了哪些知识、技能，哪些不明白，有什么疑问，等等。） | 分值：30 分
1. 按规定时间上交（5 分）
2. 格式规范（5 分）
3. 字迹清楚（5 分）
4. 内容详尽、完整，实训分析总结正确（5 分）
5. 无抄袭现象（5 分）
6. 能提出合理化建议或有创新见解（5 分） | |
| 合计 | | |

评分人：　　　　　　　　　　　　　　　　　日期：　　年　月　日

【课堂活动 1 -1】

　　郑某，男，1992 年 1 月出生，户籍地和居住地均为杭州市富阳区万市镇××村。2021 年×月××日，因犯盗窃罪被杭州市富阳区人民法院判处拘役 5 个月，缓刑 6 个月。缓刑考验期自 2021 年×月××日起至 2021 年×月××日止。2021 年×月××日，郑某到富阳区司法局报到，由万市司法所负责对其社区矫正期间日常管理。

　　郑某父亲在家养猪养鸡售卖，母亲镇上企业打工，姐姐已嫁宁波。家庭经济条件一般。郑某本人性格内向，朋友仅游戏网友；工作上经常跳槽；半夜玩网游，爱睡懒觉，精神面貌差；因不愿上班、经常睡懒觉，与其父亲关系紧张，一家人平日里不怎么沟通。

　　针对郑某的情况，我们如何做到因人施教、灵活管理呢？

【课堂活动 1 -2】

　　李某（化名），男，1983 年 6 月出生，汉族，初中学历，农民，现住河南省焦作市中站区府城。焦作市中站区人民法院以李某犯故意伤害罪判处其管制 2 年，刑期自 2019 年 4 月 27 日起至 2021 年 4 月 26 日止。李某家有妻子和一双儿女，共 4 口人，2018 年 4 月 25 日 23 时许，李某与其妻张某在家发生争吵，李某打了张某两个耳光致张某跑到大街上，李某至街上用手打向张某的头部、耳根部和肚子后，致张某右耳轻伤。李某判刑后二人现已离婚，2岁男孩判由李某抚养，13岁女儿由其前妻抚养。李某入矫后一蹶不振，害怕社交，郁郁寡欢，认为自己因家庭矛盾而导致张某轻伤不足以被判刑，法院认定其犯罪是司法不公、老天不公，对社区矫正有抵触情绪，认为社区矫正机构的管理是小题大做，限制了自己的自由，对于矫正机关要求的电话汇报、思想汇报也表现出应付、拖拉。

针对李某的情况，我们该如何对其开展教育矫正？在教育矫正过程中如何做到以理服人？

【思考题】

1. 对社区矫正对象开展教育有哪些功能？如何实现？

2. 社区矫正对象教育矫正的目的和任务是什么？

3. 什么是因人施教原则？贯彻该原则的基本要求是什么？

4. 什么是以理服人原则？贯彻该原则的基本要求是什么？

5. 集体教育矫正方案的要素包括什么？

拓展 **学习**

矫正教育理念

1. 矫正教育的基本理念是建立在人是可以改造的马克思主义哲学基础上的。

2. 矫正教育应该以社会为基础，通过积极的、系统的文化促进活动实现改造。

3. 矫正教育系统除了进行必要的文化和职业培训活动外，还应特别注意进行基本价值观念的教育。

4. 矫正教育的目标应致力于促使受教育者个性、身心、才能等方面的素质得到良好的培养和健康的发展。

5. 被矫正教育者应作为教育过程积极而有效的参与者，而不仅是作为教育的对象，交流比强制性灌输更重要。

6. 矫正教育的社会制约性，影响着矫正教育的性质、方向和内容；矫正教育对象的身心制约性，影响着教育方案和方法的选择。

7. 应尽可能地在考虑到受教育者个别的、特殊的差异基础上，制定适合不同需求的矫正教育计划。

8. 矫正教育是一项社会系统工程，应高度重视专门机构、社会（社区）、家庭之间的联系与合作，充分发挥各种教育因素的积极作用。

9. 矫正教育是一个专业性很强的领域，教育者应该接受必要的专业训练，使其具备适于担任这种工作的素质与能力。

人是可以被改造的

人作为一种社会存在，除了有动物本能之外，更重要的还是人的社会性，每个人都具有在社会实践中不断学习和改造自己的能力。这种能力因个人的情况、成长环境的不同而有所差异，但是毫无疑问的是，每个人都是可塑造的。中国传统的儒家学说中，不论是孟子"人性本善"论，还是荀子"人性本恶"论，都充分地肯定了人的可塑性，强调通过教化可以使得人格得以塑造，完成对"善行"的张扬和对"恶行"的抑制。美国教育学家杜威在谈及人的可塑性条件时说："可塑性乃是以从前经验的结果为基础，改变自己的力量。"可见，人并非既定环境与习惯作用下的产物，而是外部环境、教育影响与主体的社会实践相互作用的结果。马克思指出："人的本质并不是单个人所固有的抽象物。在其现实性上，它是一切社会关系的总和。"因此，任何人的存在和发展都不是孤立的，而是要受到社会环境和教育的影响。人的可塑性，决定了人的可改造性；人性中都具有向善的一面，也使得在一定条件之下将罪犯改造好是可能的。由于被矫正者具有可矫正性，只要方法得当，采取针对性的措施，社区矫正对象接受教育矫正是现实可行的，并会取得很好的效果。[1]

---

〔1〕 欧渊华：《社区服刑人员教育矫正理论与实务》，中国法制出版社 2016 年版，第 37 页。

社区矫正对象教育矫正工作者

知识目标：掌握教育矫正工作者的岗位职责、工作特点以及必须具备的素质能力条件。

能力目标：具备一个优秀社区矫正教育工作者的基本素质能力。

思政目标：具有较高的政治素质、良好的业务素质、心理素质和健康的身体素质。

知识树

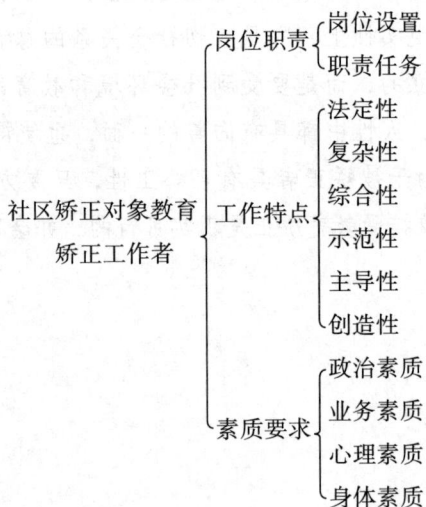

🔍 **案例 2-1**

崔建农，漳县司法局社区矫正股股长。2015 年工作调动到司法局负责社区矫正工作，他貌不惊人，语不豪迈，用对党和人民的忠诚，对社区矫正这个神圣职业的无比热爱和满腔热血，书写着自己无悔的人生！2016 年以来连续 5 年被评为优秀公务员。

社区矫正对象虽然有过错，犯了罪，但也是社会上的一员，所以崔建农在工作中没有歧视他们，怀着一颗挽救博爱之心，坚持惩罚与矫正相结合，以矫正人为宗旨，依法依规做好监督管理和教育帮扶工作，帮助他们树立回归社会的信心和勇气，让他们重新做人。社区矫正对象王某因属于青少年犯罪，他的父母不愿意自己的孩子被别人歧视，每次司法所工作人员去家里走访，王某的母亲便又哭又闹，王某的父亲为了让司法所工作人员放宽对王某的管理，便托人说情，还给崔建农送烟送酒，这些都被他回绝了。崔建农和司法所工作人员一次又一次上门同王某的父母谈心交流，告诉他们如果不服从管理就对他采取报请撤销缓刑的措施，最后家属终于懂得了缓刑的教育意义，也劝解王某积极配合司法所矫正工作，争取做一个服从矫正、服从管理、服从帮扶的社区矫正对象。2016 年 4 月，在他帮助下，王某在漳县人民公园附近开办了一家绝味鸭脖店，并落实了过渡性安置帮教补助经费 5000 元，现在王某的生意红火，收入稳定，2017 年娶妻结婚，有了幸福美满的家。

在短短的六个年头里，崔建农凭着对社区矫正工作的满腔热忱，毫不懈怠，快速成长为社区矫正工作的一把好手，指导每个司法所建立起了一个和谐、温暖、真情的社区矫正"心灵驿站"，维护了一方和谐稳定，受到各界的一致好评。他在自己平凡的岗位上挥洒着热情与梦想，一如既往地奉献自己的热血和力量，谱写漳县社区矫正工作新篇章。[1]

党的二十大报告指出，"教育、科技、人才是全面建设社会主义现代化国家的基础性、战略性支撑。必须坚持科技是第一生产力、人才是第一资源、

---

〔1〕　案例来源：定西市司法局网，http://dingxi.gov.cn/art/2021/3/17/art_8120_1394087.html，最后访问时间：2022 年 11 月 20 日。

创新是第一动力"。对社区矫正对象开展教育矫正工作，最关键的因素就是教育矫正工作者，这个因素决定着社区矫正对象教育矫正工作的成败。

任务 1　教育矫正工作者的岗位职责

任务 1.1　岗位设置

教育矫正作为非监禁刑事执行活动的关键环节，是社区矫正工作的核心内容之一。目前我国涉及社区矫正教育的管理机构大致分为五级，即司法部社区矫正管理局、省（自治区、直辖市）司法厅（局）社区矫正管理处[1]、地市级司法局社区矫正管理处[2]、县级司法局社区矫正管理科[3]、乡镇或街道司法所。其中，司法所是最基层的社区矫正执行机构，具体负责社区矫正对象的监督管理、教育帮扶等工作。为了确保社区矫正教育工作的全面落实，部分地市级司法局在社区矫正管理科之下增设了社区矫正管理教育服务中心。社区矫正管理教育服务中心的主要职能包括组织开展社区矫正对象的入矫宣告和解矫宣告、组织或指导司法所开展风险评估工作、负责审核批准对社区矫正对象的监管等级措施和教育矫正工作方案、指导和督促司法所落实对社区矫正对象的日常监督管理和个别教育措施、组织或指导司法所开展社区矫正对象集中学习教育和组织公益活动等活动、组织或指导司法所开展心理矫治工作并及时提供心理健康知识教育和心理疏导、协调有关部门和单位对确有就业需求的社区矫正对象开展职业技能培训和就业指导等。

社区矫正教育工作队伍由社区矫正机构工作人员和社区矫正辅助人员两大类组成。前者属于专职的社区矫正教育者，担负着具体的教育帮扶等执法职能；后者主要包括社会工作者、志愿者，分别属于专兼结合、完全兼职的

---

〔1〕　除了"社区矫正管理处"以外，部分省（自治区、直辖市）司法厅（局）称之为"社区矫正处""社区矫正管理局""社区矫正管理总队"等。

〔2〕　除了"社区矫正管理处"以外，部分地市级司法局称之为"社区矫正处""社区矫正管理科""社区矫正科""社区矫正管理办公室""社区矫正办公室"等。

〔3〕　除了"社区矫正管理科"以外，部分县级司法局称之为"社区矫正科""社区矫正执法大队""社区矫正警察大队""社区矫正中心""社区矫正股"等。

社区矫正教育者，共同协助前者开展相关工作。

任务1.2　职责任务

社区矫正机构教育矫正工作者的基本职责在于，坚持监督管理与教育帮扶相结合，采取分类管理、个别化矫正，有针对性地消除导致社区矫正对象可能重新犯罪的因素，帮助其转化为守法公民。具体而言，社区矫正机构工作人员、社会工作者、志愿者承担着各自不同的矫正教育职责和任务安排。

一、社区矫正机构工作人员承担的矫正教育职责任务

主要包括但不限于：①依照法律规定和县级司法行政机关的指派，接收社区矫正对象，确定社区矫正小组，制定矫正方案；②对社区矫正对象开展入矫教育、日常监督管理、日常教育帮扶、解矫教育；③对社区矫正对象开展个别教育、集中学习教育；④对社区矫正对象进行法治、道德等教育，增强其法治观念，提高其道德素质和悔罪意识；⑤对社区矫正对象开展心理矫治工作并及时提供心理健康知识教育和心理疏导；⑥协调有关部门和单位对确有就业需求的社区矫正对象开展职业技能培训和就业指导；⑦根据社区矫正对象的个人特长，组织其参加公益活动，修复社会关系，培养社会责任感；⑧组织或指导社会工作者、志愿者，对社区矫正对象开展教育帮扶工作；⑨做好社区矫正教育工作的业务平台建设、运行与维护；⑩建立社区矫正教育工作档案，完善各项社区矫正教育工作台账；⑪完成上级司法行政机关交办的其他工作。

二、社会工作者承担的矫正教育职责任务

主要包括但不限于：①在社区矫正机构工作人员的组织、领导或指导下，对社区矫正对象配合开展有关工作；②通过政府购买服务、项目委托、合同聘用等方式，运用专业社会工作的理念和方法，依法对社区矫正对象在教育、心理辅导、职业技能培训、社会关系改善等方面提供必要的帮扶；③根据社区矫正机构的需要，跨地区开展帮扶交流和示范活动；④建立社区矫正教育工作档案，完善各项社区矫正教育工作台账；⑤参加社区矫正教育工作理论学习与实务培训，不断提高社会帮教服务能力；⑥根据政府购买服务、项目委托、合同聘用等内容要求，完成社区矫正教育的相关工作。

三、志愿者承担的矫正教育职责任务

主要包括但不限于：①在社区矫正机构工作人员的组织、领导或指导下，对社区矫正对象配合开展有关工作；②利用社区资源，采取多种形式，对有特殊困难的社区矫正对象进行必要的矫正教育；③给予社区矫正对象必要的社会救助、法律援助；④建立社区矫正教育工作档案，完善各项社区矫正教育工作台账。

任务2　教育矫正工作者的工作特点

教育矫正工作者作为特殊的园丁，肩负着教育、感化、挽救违法犯罪人员的特殊使命，承担着把这些特殊人群改造成守法公民的特殊重任。因此，教育矫正工作者的工作既有司法矫正的法定性、复杂性、综合性等特殊之处，也有普通教育的示范性、主导性和创造性等共同特点。

任务2.1　法定性

"全面依法治国是国家治理的一场深刻革命，关系党执政兴国，关系人民幸福安康，关系党和国家长治久安。"教育矫正工作者的工作对象是社区矫正对象，他们是违反社会规范和法律准则的人员，对他们进行的教育矫正是国家法律赋予社区矫正机构的一项重要职能，必须依法进行，具有鲜明的法定性。

一、工作职责的法定性

我国对社区矫正机构中教育矫正工作者职责有明确的法律规定和文件要求。自2020年7月1日起施行的《社区矫正法》第10、11、38条规定，"社区矫正机构应当配备具有法律等专业知识的专门国家工作人员（以下称社区矫正机构工作人员），履行监督管理、教育帮扶等执法职责"，而"社区矫正机构根据需要，组织具有法律、教育、心理、社会工作等专业知识或者实践经验的社会工作者开展社区矫正相关工作"，同时"居民委员会、村民委员会可以引导志愿者和社区群众，利用社区资源，采取多种形式，对有特殊困难的社区矫正对象进行必要的教育帮扶"。

二、工作依据的法定性

依法依规办事是司法行政工作的突出表现，依法执教、依法施教更是矫正教育工作的必然要求，矫正教育工作的所有过程和所有措施都必须依法实施。目前，我国社区矫正教育工作的法律依据主要是《社区矫正法》以及《社区矫正法实施办法》，其中规定了社区矫正机构矫正教育者的工作性质、原则、目标、主体、内容、方法等。

矫正教育工作具有法定性的特点，一方面，要求矫正教育者必须严格遵守法律的规定，依法履行国家赋予其开展矫正教育的职责；另一方面，要求社区矫正对象必须依法履行其接受矫正教育的义务，并在矫正教育者的教导下树立学法、遵法、守法、用法的观念，逐渐从内心深处真正理解和认同法律的正义性、权威性，进一步强化规则意识、遵守法律规范。

任务2.2　复杂性

矫正教育是一项复杂而艰巨的工作，其复杂性主要体现在工作对象、工作任务、活动意向三个方面。

一、工作对象的复杂性

首先，矫正教育者的工作对象在年龄、性别、个性、人生观、世界观、价值观、家庭出身等方面各不相同，反映出其复杂性的第一个方面。其次，矫正教育者的工作对象违法犯罪类型不同、主观恶性程度不同、认罪悔罪状况不同、个人成长经历不同、人际交往情况不同，也反映出其复杂性的第二个方面。最后，矫正教育者的工作对象存在不同程度的消极意识，例如有的思想偏激，有的人格缺陷，还有的有心理疾病，这就给矫正教育工作增加了第三个方面的复杂性。

二、工作任务的复杂性

矫正教育者既要向社区矫正对象传授文化知识，又要进行法律常识教育、思想道德教育，还要开展职业技术教育。对于特殊的社区矫正对象，更要采取及时的心理咨询乃至心理治疗、行为矫正的方法。另外，矫正教育工作既要促进社区矫正对象的发展，又要转变其思想、矫正其恶习，这种破立结合、先破后立的双重任务使矫正教育工作更具复杂性。

三、活动意向的复杂性

教育是一种具有目的的、意向性的活动，即教育者和教育对象对于教育活动的目的与方向都有一个认识，且教育活动的效果决定于教育者和教育对象双方的目的意向。在普通教育领域中，教育者和教育对象的目的意向是一致的。换言之，双方的意向是基本统一在共同的教育目的上的。但在矫正教育领域中，矫正教育者的意向代表着党和政府对教育、感化、挽救违法犯罪人员的期望以及人民群众对社会安全稳定的期盼，而矫正教育对象的意向则代表着他们自己的利益。这两种意向常常是相背离或相抵触的。这就决定了矫正教育工作要比普通教育工作更为复杂而艰巨。[1]

任务 2.3 综合性

矫正教育是矫正教育者遵循多元的矫正教育原则，设置多项矫正教育内容，运用多种矫正教育方法，来实现矫正教育对象再社会化目的的综合性工作。[2]其综合性主要表现在，既主张以人为本、标本兼治、因人施教、循序渐进等诸多原则相结合，又强调法律常识教育、思想道德教育、文化知识教育、职业技术教育等诸多内容相结合，还注重集体教育、个别教育、分类教育等诸多方法相结合。

一、工作原则的综合性

矫正教育者的工作原则是指矫正教育者在开展工作时所必须遵循的行为准则和基本要求。它不仅是矫正教育工作本质属性的具体体现，而且是矫正教育工作实践经验的科学总结，还是矫正教育者选择矫正教育内容、矫正教育方式的理论依据和行动指南。在对社区矫正对象的教育矫正过程中我们要遵循因人施教、以理服人、循序渐进、因地制宜等原则。矫正教育者只有全面而深刻地理解各项原则的内涵及其内在关系，并在实践活动中将其有机结合、综合应用，才能取得教育矫正工作的良好效果。

---

〔1〕 参见高莹主编：《矫正教育学》，教育科学出版社 2007 年版，第 70 页。
〔2〕 参见胡配军主编：《社区矫正教育理论与实务》，法律出版社 2007 年版，第 50 页。

二、工作内容的综合性

矫正教育者的工作内容涵盖法律常识教育、思想道德教育、文化知识教育、职业技术教育等内容，并根据实际需要和具体情况而有所侧重、删减或增补。根据《社区矫正法》的相关规定，社区矫正教育内容应包括法治教育、认罪悔罪教育、道德教育、心理健康教育、职业技能培训、就业指导。矫正教育者综合运用上述矫正教育内容，努力把矫正教育对象转化成为守法公民，使之顺利回归社会，降低重新违法犯罪率，从而最大限度地减少不和谐因素、最大限度地增加和谐稳定因素。

三、工作方法的综合性

矫正教育者工作方法的最大特点就是综合性强，尤其突出集体教育与个别教育相结合，课堂教育与辅助教育相结合。矫正教育者在工作中综合运用集体教育、个别教育、分类教育、辅助教育等多种方法，最大限度地发挥不同矫正教育方法的优点，进而提高矫正教育效果。

任务 2.4　示范性

尽管矫正教育与普通教育在工作目标、对象、主体、内容、方法、手段、场所等方面各不相同，但共通之处在于"教育"。而教育作为一种培养人的社会实践活动，决定了矫正教育者、普通教育者的工作均具有一定的示范性。[1]

一、教育者言行的示范性

汉代杨雄《法言·学行》云："师者，人之模范也。"示范性是教师（教育者）的重要特征，也是矫正教育者的工作特点之一。示范性的含义是，矫正教育者在工作过程中不仅以执法者和管理者的身份出现，而且以教师或者教育者的身份出现，要以自身的言行率先垂范，利用言传身教的方式潜移默化地影响矫正教育对象。事实上，任何一位矫正教育者，无论他能否意识到表率的作用，也无论他是否自觉以身作则，都在为矫正教育对象进行示范，从而使其个人言行具有一定的教育意义。

---

〔1〕　参见夏宗素主编：《矫正教育学》，法律出版社 2014 年版，第 150 页。

二、教育者品德的示范性

矫正教育者的工作示范性除了外在的、可以直接感知的言行，还有内在的、需要理性判断的品德。在矫正教育过程中，矫正教育者自身的个性心理品质、伦理德性、职业操守对于矫正教育对象具有重要的教育作用。这种示范作用尤其在开展思想道德教育活动中，成为最现实、最典型、最有力的教育手段，能够强化矫正教育对象在道德感知中所重塑的价值观念，进而提高理性认识和情感水平。

任务2.5　主导性

矫正教育者工作主导性是教育者在教育活动中主导作用的一般规律，在矫正教育领域中的具体表现，即教育角色的主导性和教育活动的主导性。

一、教育角色的主导性

矫正教育者作为"灵魂工程师""人生领航者"，担负着重新塑造矫正教育对象心灵的重要任务。矫正教育者受国家和社会的委托，要把矫正教育对象从一条与矫正教育目的相反的发展道路上引领回来，使矫正教育对象的身心发展、思想状态与矫正教育要求相一致。如果缺少了矫正教育者的导向性、权威性和制约性，矫正教育对象就会在人生的道路上继续迷失方向。

二、教育活动的主导性

正规的教育活动是在一定的教育组织中进行的教育过程，其特征在于计划性和组织性，教育者则是教育活动的组织者和计划者，决定着教育对象的学习内容、进程和方法。而矫正教育活动与普通教育活动的区别在于法制性强。因此，矫正教育者在依法执教、依法施教的过程中，既是执法者又是教育者，其开展的教育活动本身就是执法活动的一部分，其主导性是毋容置疑的。只有坚持矫正教育者是矫正教育活动的主导者，才能确保矫正教育活动沿着社会主义法治的路线发展，才能在实践中促进矫正教育对象顺利回归社会。

任务2.6　创造性

矫正教育者的工作是一种以人为对象的工作，而人是千差万别的，且由于时代的发展和社会的进步，矫正教育背景与形势也会有所变化。矫正教育者必须根据现实的情况不断创新、与时俱进，"不断提出真正解决问题的新理念新思路新办法"，以便取得良好的矫正教育效果。通常而言，矫正教育者的工作创造性表现在教育方案的创造性和教育机智的创造性。

一、教育方案的创造性

正如前文所述，矫正教育对象具有复杂性，因此矫正教育者必须注意到矫正教育对象在性别、年龄、文化程度、主观态度、犯因需要、心理特征、职业技能、就业观念、婚姻状态、家庭结构、社会支持等诸多方面的差异，对他们提出具体的矫正教育目标，制订个性化的矫正教育方案，精选适合的矫正教育内容，运用恰当的矫正教育方法。矫正教育者在设计、制订教育方案时，应充分发挥创造性思维，对教育情境、教育内容、教育方式方法具有探索的态度和能力，努力做到有的放矢而非纸上谈兵、对症下药而非千篇一律，以期取得良好的矫正教育效果。

二、教育机智的创造性

教育机智是指教育者在意外或突发情况下正确而迅速地做出判断，并采取适当措施处理问题的能力。作为个人智慧和创造性的有机统一，教育机智是衡量矫正教育者专业素养高低、职业成熟与否的重要指标。在矫正教育实践中，矫正教育者经常遇到一些突发事件。在这种情况下，如果原先计划、预设的教育方案都无法顺利实施，就需要矫正教育者根据专业知识和工作经验快速做出反应，巧妙地、创造性地化解矛盾。

任务 3　教育矫正工作者的素质要求

教育矫正工作者依法开展刑事执行活动，肩负着社区矫正对象监督管理、教育帮扶的艰巨而繁重的任务。他们的素质如何，直接影响着矫正对象教育矫正的效果与质量。

任务 3.1　政治素质

一、品德优良

党的二十大报告指出，"坚持德才兼备、以德为先""树立选人用人正确导向，选拔忠诚干净担当的高素质专业化干部"。面对具有各种不正确、不健康甚至腐朽的世界观、人生观、价值观的形形色色的社区矫正对象，矫正教育者必须有坚定的立场、信念和理想。必须坚决拥护中国共产党的领导，拥护社会主义制度，具备坚定的共产主义理想信念；必须坚持不懈地学习习近平新时代中国特色社会主义思想，认清社会发展规律，坚定"四个自信"，即道路自信、理论自信、制度自信和文化自信；必须牢固树立"四个意识"，即政治意识、大局意识、核心意识和看齐意识；必须以社会主义核心价值观为指导，始终坚守"忠诚、为民、公正、廉洁"的价值观，抵御各种不正确的思想观念的冲击；必须牢固树立忠诚、干净、担当、敬业的品质，严守政治纪律和政治规矩，"牢记党的宗旨，自觉做共产主义远大理想和中国特色社会主义共同理想的坚定信仰者和忠实实践者"，切实履行刑事执行职能。

二、爱岗敬业

社区矫正教育工作是挽救人、造就人的工作，使命神圣，责任重大。没有艰苦奋斗、默默奉献的敬业精神，难以担当这个重任和履行这个神圣使命。因此，矫正教育者要正确处理个人利益和集体利益以及国家利益之间的关系，要热爱社区矫正教育事业，甘于奉献，不计得失，忠于职守，爱岗敬业，要确立一种强烈的社会责任感和事业心，以极大的热情投入社区矫正教育工作中。

任务3.2　业务素质

一、专业知识

社区矫正教育工作具有较强的专业性，要求矫正教育者必须具有相应的专业知识，其中专业知识包括犯罪学、社会学、管理学、监狱学、法学、教育学、心理学等方面的知识。犯罪学是研究犯罪现象及其规律的科学；监狱学是研究对罪犯进行惩罚和改造的原则、规律和方法的科学；法学是研究用法即强制手段来调整、规范有关社会关系的科学。这几方面的知识有助于把握社区矫正教育工作的原则和方向。教育学主要研究对教育对象实行教育所遵循的原则、规律和方法、手段问题；心理学主要研究人的心理结构、心理变化规律等问题。对教育学、心理学等知识的掌握，有助于解决社区矫正教育工作中的方法性、技术性问题。同时，矫正教育者还要掌握社区矫正执法的基本内容。社区矫正执法与监狱执法相比，更具有复杂性，所以，矫正教育者要认真学习研究有关法律法规和相关条款，正确把握其内容实质，真正做到执法公正、准确和严明。

二、专业能力

矫正教育者的专业能力是指观察、认识、分析和处理问题的能力以及语言表达能力。观察能力即指对社区矫正对象行为举止、神情姿态等细微之处的注意力和觉察力。特别应注意从细微之处察觉出变化和问题，从而及时予以了解、核实、解决。认识能力即指透过某些现象认识其本质或规律的能力，主要是指能够透过社区矫正对象某些貌似悔改的假象认识其背后所隐藏的消极改造的欺骗性的真实意图的能力。分析能力即指对某一现象所进行的有理有据的逻辑严密的剖析能力，即要求对矫正对象在矫正过程中的消极表现和突发问题能够及时予以解决或拿出较妥善的解决方案。观察、认识、分析和解决问题能力的增强，都有赖于多实践、勤思考和善学习。语言表达能力，主要指面对社区矫正对象的谈话能力、讲话能力、授课能力以及某些公文，应用文书，如计划、总结、报告和执法文书的写作能力等。

任务3.3 心理素质

在社区矫正教育工作过程中，社区矫正对象具有的违法心理、犯罪心理以及存在的一些心理问题可能会以各种形式表现出来，有时会以激烈的形式表现出来，如不服从社区矫正管理、抵制社区矫正、拒绝接受社区矫正等，尤其在社区矫正工作的前期更是如此。由于一些社区矫正对象的违法、犯罪意识较强，恶习较深，所以在社区矫正教育过程中，不仅难以取得理想的成效，而且一些已经取得的成效也会反复。对社区矫正对象的矫正过程就是一个在前进中反复、反复中前进的过程。社区矫正教育工作的艰巨性、反复性、复杂性等，要求矫正教育者有较好的心理素质。主要包括：

一、稳定的情绪

情绪是人们的一种精神状态。在社区矫正教育工作过程中，由于各种情况的发生将直接影响矫正教育者的情绪。社区矫正教育工作的艰巨性、反复性、复杂性将可能导致矫正教育者负面情绪的产生，这些负面情绪将直接影响社区矫正教育工作的顺利进行。为此，矫正教育者必须具有稳定的情绪，做到"猝然临之而不惊，无故加之而不怒"。对待工作中出现的一些问题能够做到冷静地思考处理。

二、顽强的意志

在矫正工作实践中，社区矫正对象的思想转化不是一蹴而就的，要经过一个较长的时间。因此，对矫正教育者来说就有一个意志力的问题。在教育矫正工作中要树立必胜的信念，努力克服困难，取得工作胜利。

三、较强的自我调节、自我控制能力

由于每个社区矫正对象的情况均不完全相同，在接受社区矫正时的态度也不同。有的消极应付，有的抵制抗拒、还有的颠倒黑白，这些都会引起矫正教育者产生心理危机，即极度焦虑、愤怒、沮丧等。因此矫正教育者要能够不断地分析自我心理状态，调控自己的精神状态，遇到一些不良情绪和不健康心理时能进行自我矫正，努力使自己锻炼成为一个合格的社区矫正工作人员。

任务3.4　身体素质

身体素质是个体道德和智慧的载体，是个体成功的物质基础。没有健康的体魄，一切都变得毫无意义。社区矫正教育工作的繁重性、艰巨性和重大责任性，决定矫正教育者必须有强健的身体和充沛的精力。加强身体素质的训练和培养，对应对处理工作中遇到的突发事件很有必要。

任务4　实训项目：设计一个调研问卷，了解河北省社区矫正工作队伍建设现状

附：实训任务书和实训考核表

实训任务书

实训项目	1. 设计调研问卷，了解河北省社区矫正工作队伍建设现状 2. 撰写调研报告
实训课时	10 课时
实训目的	学生通过模拟实训：1. 学会制定调研问卷；2. 学会撰写调研报告

续表

实训任务	1. 了解掌握制定调研问卷的方法 2. 学会制定调研问卷 3. 学会撰写调研报告
实训要求	1. 上网查阅设计调研问卷的方法与要求 2. 上网查阅撰写调研报告的方法与要求 3. 指导教师熟悉设计调研问卷的理论知识与实践技能，能指导学生设计调研问卷和撰写调研报告 4. 学生要积极配合指导教师的指导完成实训 5. 根据实训需要将学生分成若干小组，合作完成实训任务 6. 指导教师进行点评总结，每组学生根据教师的点评总结找出不足
实训成果形式	实训总结或实训报告
实训地点	理实一体化教室
实训进程	1. 根据实训需要将学生分成若干小组 2. 要求学生将提前安排的上网查阅的资料与小组其他成员进行分享 3. 小组讨论如何设计调研问卷，会从哪些方面进行调研，采取何种方式进行调研 4. 完成"河北省社区矫正工作队伍现状"的调研问卷的设计 5. 运用讨论确定的方法开展调研 6. 调研结束后，根据所调研的材料，撰写调研报告 7. 指导教师进行点评总结，每组学生根据教师的点评总结找出不足

实训考核表

班级_____ 姓名_____ 学号_____

任务描述：通过模拟实训，掌握调研问卷设计的方法和要求；掌握撰写调研报告的方法和要求。初步具备设计调研问卷和撰写调研报告的能力。

项目总分：100 分

完成时间：10 个课时（利用课后时间完成）

考核内容	评分细则	等级评定
一、实训过程与要求 1. 根据实训需要学生分成若干小组 2. 小组成员自行分配好分工 3. 小组讨论如何设计调研问卷，会从哪些方面进行调研，采取何种方式进行调研 4. 根据讨论的结果，设计调研问卷，并开展调研，最后形成调研报告上交 5. 指导教师进行点评总结，每组学生根据教师的点评总结找出不足	分值：50分 1. 实训过程与小组成员合作良好（15分） 2. 积极参与到调研问卷的设计和调研报告的撰写任务中（15分） 3. 能成功完成所有实训任务（20分）	实训成绩评定为四等： 1. 优（100分~85分） 2. 良（84分~70分） 3. 及格（69分~60分） 4. 不及格（59分~0分） 注意事项： 1. 有旷课现象，不能评为"优、良" 2. 旷课××节及以上，评为"不及格" 3. 实训内容没有完成，评为"不及格" 4. 两份实训总结或实训报告雷同，评为"不及格"
二、实训表现与态度	分值：20分 1. 实训演练认真、表现积极（5分） 2. 调研问卷设计得科学、合理（5分） 3. 能运用现代化信息技术完成调研任务（5分） 4. 完成了高质量的调研报告（5分）	
四、实训总结 1. 实训中出现的问题及解决办法（对遇到的问题、问题产生的原因进行分析判断，把解决过程写出来） 2. 实训效果（本次实训有哪些收获，掌握了哪些知识、技能，哪些不明白，有什么疑问，等等）	分值：30分 1. 按规定时间上交实训总结或实训报告（5分） 2. 格式规范（5分） 3. 字迹清楚（5分） 4. 内容详尽、完整，实训分析总结正确（5分） 5. 无抄袭现象（5分） 6. 能提出合理化建议或有创新见解（5分）	
合计		

评分人：　　　　　　　　　　　　　　　日期：　　　年　月　日

【课堂活动 2 – 1】

社区矫正，是对社区矫正对象依法实施监督管理和教育帮扶，有针对性地消除其可能重新犯罪的因素、帮助其成为守法公民的刑事执行制度。2010年，邹小华牵头在长沙市开福区建成全省首个社区矫正中心。因工作出色，成果显著，2019年邹小华被司法部评为"全国社区矫正机构先进个人"。

几年前，年仅17岁的小张因寻衅滋事成为社区矫正对象。邹小华了解情况后，决定好好改造这名少女。"她成长于单亲家庭，缺乏家庭关爱和正确引导，但她的本质并不坏，我有责任有义务挽救她。"邹小华一边对小张进行法治、道德、思想教育，一边带领团队对小张开展个案矫正。为了帮助小张打开心扉，重新树立正确的价值观，邹小华决定联系心理咨询师，对小张开展心理辅导和心理干预。通过邹小华及其团队的不懈努力，小张的心理有了转变，从入矫时抵触社区矫正、被动接受矫正，逐步变为积极接受社区矫正，再也没有违规现象。2019年9月，小张因在矫正期间表现突出，且符合特赦的条件而被依法予以特赦。解矫之后，小张还积极参与社区矫正法律宣传，重新融入社会，成长为守法公民。

十年磨一剑，砺得梅花香。经过邹小华及其团队十年来的辛勤工作，开福区连续10年无矫正对象脱管、漏管，未发生一起因工作失职造成社区矫正对象重大违法犯罪案件。

结合案例材料，谈一谈，社区矫正机构工作人员承担的矫正教育职责任务是什么？

【课堂活动 2 – 2】

"虽然我工作的对象是一个特殊群体，但我坚持因人施'矫'，逐个扶'正'，用情矫正他们的行为，用心扶正他们的心灵。更要把学习王金福，争做'王公正'落实在具体行动中。"这位清秀文静的80后女大学生张彤的话虽不多，如穿法库小城而过的辽河水般平静而平淡，却悠悠诉说着她从事社区矫正工作八年多来扎根辽北这片热土平凡而辛苦的故事……

当梦想遇到了现实

大学毕业后张彤到法库从事社区矫正工作，对张彤来说多少有些意外。

她自幼生活在法库县秀水河子镇外婆家，上小学后才回到出生地沈阳市，儿时的生活经历使她与法库有了不解之缘，在报考公务员填报志愿时，她没太多想就写上了"法库"两个字，从此法库真正成为她工作生活的第二故乡。可当如愿地考上了公务员、穿上了制服，梦想得以实现，她在现实工作中又遇到了许多小波折。

刚参加工作，社区矫正对于一个刚从校门步入社会的她来说是一个全新的、未知的领域，但性格外柔内刚的张彤，在困难面前没有退缩，而是选择了面对。尽快到最基层、最一线、社区矫正对象家中掌握情况，在当时交通不是很便利的条件下，她在很短的时间内就走了一遍、熟悉了一遍，工作日记也记得仔仔细细、密密麻麻。

平时，她虚心向领导和身边同志学习和请教业务。遇有上级组织的专业知识和心理咨询等培训，她总是积极报名，即使是怀孕期间和冬天大雪封路也克服困难参加。一次，孩子正处在哺乳期，上级的业务培训刚好是她急需"恶补"的方面，孩子放家里？可两个小时左右就得吃一顿母乳；带上孩子？给自己照看孩子的母亲又不放心。思前想后，她带上襁褓中的孩子，一手提着学习袋、一手提着装满孩子吃奶用具的大包，母亲一路在后边跟随保障来到了会场，课间休息时，她赶忙跑到另一个房间去抱孩子。她这种学习带孩子两不误的招法，也成了那次培训会的一道独特风景，至今同事们还在津津乐道！

还有一次是在孕后期，因为胎盘低处于保胎状态，八个月时候张彤需要参加市局省平台信息录入培训，又赶上下雪路滑，丈夫不放心她大肚子一个人去，便请假陪同，成为唯一的旁听生。

当初心与使命对接

张彤在大学学的是法学专业，自认为有一定法律专业基础的她，没想到在解决实际问题时，现实却给她上了一堂生动的教育课。

那是参加工作的第二天，她遇到了两位特别的社区矫正对象。村民齐某和朱某是对夫妻，女方父母因与邻居有小矛盾，一时解不开总是吵闹不休，最终两家人还厮打在一起，此时正巧前来串门的夫妻俩看到父母被人欺负的这一幕，二人不问缘由就上去帮忙打架，还将另一方张某打伤，事后经鉴定张某为轻伤。因此，二人被判缓刑，成为社区矫正对象。但来到司法所后，夫妻二人仍然没有悔意，还理直气壮地跟张彤喊："别看我把人打伤了，赔了钱、判了刑，再欺负我爹娘我还打他。"

遇到这样的社区矫正对象，张彤一时有些不知所措，只是呆呆地站在那听对方喊个不停，或是一味地往本子上记着，还好有领导和同事的及时解围。刚参加工作的兴奋劲儿还没过，当初的理想那么美好，很快工作就给她上了一堂很现实的课。不及时解决这对夫妻思想认识问题，他俩重新犯罪的可能性会不会很大？怎样才能尽快转变夫妻俩的思想？"我当时向老所长请教，又翻阅以前的一些资料，最后决定去齐某家走访。"张彤回忆说，"几次走访、聊天，齐某也是孩子的母亲，我俩关于家庭和孩子的话题也很多，一来二去就跟齐某成了无话不说的朋友，她也终于认识到自己的错误，齐某一边擦着眼泪一边承诺回家后一定好好说服丈夫，并保证一定服从司法所管理，认真服刑，绝不再犯法。"

在之后的矫正期限里，夫妻俩表现一直很好，集中教育时还会主动与其他矫正对象沟通，义务做起了法律宣传员。回到村里，她还向村民"现身说法"。看到这样的结果，张彤心中有着说不出的成就感，也是这件事让她认识到社区矫正工作绝不是收发文件、做好档案那么简单，用心的日常管理才能深入人心，自己的初心也只有与使命紧紧对接，才能够让使命更加神圣和光荣。

当暖心遇到冷冰冰

"我从小在农村生活了几年，对田间地头的事情和村民的想法比较了解，只要设身处地为社区矫正对象着想，凡事用心和用情，就没有做不了、做不好的工作"，向来表里如一的她，说到就始终坚持要做到。

矫正对象刘某，由于家里经济状况差，又没有一技之长，一直都没有找到合适的工作，长此以往，便开始自暴自弃，对张彤的帮助也不领情，总是一副冷冰冰的面孔和态度，矫正期间，一度思想消极，矫正态度不端正。张彤了解到这一情况后，就上门和刘某谈心，用通俗易懂的语言晓之以理、动之以情地为社区矫正对象讲解法律知识，使他们充分认识到自己不知法不懂法不用法的危害性，以及社区矫正的必要性和重要性。同时，张彤又利用下班时间及双休日，与秀水河子司法所进行协调，通过多方沟通，为刘某联系用工单位，磨尽了嘴巴，说尽了好话，终于在某汽车修理部为刘某找到了一份合适的工作。有了工作的刘某经常说："自己一时糊涂犯了罪，给受害人及自己的家属造成极大的伤害，司法局工作人员并没有抛弃我、嫌弃我，而是把他当作亲人教育我、帮助我，真正把我给感动啦，把我这颗心给温暖啦！"如今刘某已经服刑期满，解除了社区矫正，但还会时常和张彤联系说说心里话。

张彤在平时工作中注意以心对待，注重从温暖人心入手，焐热了一个又一个冷冰冰的心，这些解矫人员回归社会后，仍怀着一颗感恩的心，出于一种信任把自己所遇到的问题找她倾诉，寻求温暖和帮助。

当心灵扶正了心灵

"心理疏导和法律心理教育，能有效帮助社区矫正对象化解负面情绪、排解心理焦虑，有效提升社区矫正质量，预防和减少重新犯罪的机率。"这是张彤在工作日记上写下的心得。

村民薛某在监狱服刑三年半，刑满释放后，因无儿无女无家可归，张彤做好心理安慰的同时，积极与司法所同事共同协调民政部门，将其及时安置到当地养老院；刑满释放人员陈某，释放时监狱工作人员一再强调其思想不稳定。通过与陈某沟通，张彤了解到其因未成家，父母过世，回来之后不知道如何开展生活。这样的人更需要心灵上的安慰，她多次找他谈心，后经过与乡镇司法所人员共同努力，协调民政部门给予了临时救济金；村民梁某在监狱服刑了多年，释放后回到家乡，却发现自己的房子早已荒废，责任田又归于离了婚的前妻，早年就没有亲人的他不知该如何生存下去。张彤得知此事后与司法所一同主动找他谈心，了解情况，鼓励他要坚强地生活，一切都会好起来。张彤与镇党委、村委会研究后，共同努力为其建了两间瓦房。与其前妻沟通后，取回了属于他的5.4亩确权地使用权。张彤又积极与民政部门沟通，帮助梁某申请了低保。梁某流着眼泪激动地说："感谢政府和司法局的同志，又给了我一次重生的机会，一定洗涤心灵、悔过自新、回报社会！"

结合案例材料，谈一谈，如何成为一名优秀的社区矫正教育工作者？

【思考题】

1. 社区矫正机构工作人员承担的矫正教育职责任务是什么？
2. 社区矫正教育工作者的工作特点是什么？
3. 作为一名社区矫正教育工作者应该具备哪些素质？

拓展 学习

一、江苏盐城市大丰区率先在全省体系化建立社区矫正和安置帮教警务辅助人员队伍[1]

2021 年 9 月 2 日，盐城市大丰区人民政府正式批准了大丰区司法局上报的《关于申请建立大丰区社区矫正和安置帮教警务辅助人员队伍的请示》，同意大丰区司法局招录 55 名社区矫正和安置帮教警务辅助人员，新争取人员经费 78 万元，增加后经费达 264 万元。人均每月经费提升 1252 元，从 3518 元/月提升到 4770 元/月。这意味着长期困扰基层司法行政部门特殊人群管控队伍建设的经费保障难、队伍管理难的脉络"堵点"被打通。新制度的实施必将对稳定全区社区矫正和安置帮教队伍，提升全区社区矫正和安置帮教工作水平产生积极而深远的影响。

大丰区司法局将以警务辅助人员队伍建设为新的起点，立足实际，积极推进全省社区矫正"一三三模式"在大丰取得硕果。

高标准组建警辅队伍。按照精简、高效、节约、稳定的原则，采取在现有社工队伍中遴选一定数量与面向社会公开招聘相结合的方式组建，择优从现有"社工"中录用一批专业能力过硬、综合素质突出的工作人员，同时按照《社区矫正法》关于社区矫正机构工作人员要求，面向社会公开招聘具有法律、教育、心理、社会工作等专业知识和实践经验的社会人员，不断优化、提升警辅队伍能力素质。

高水平完善待遇保障。对招录的社区矫正和安置帮教警务辅助人员实行层级管理，层级与薪酬挂钩，按工龄工资和最低工资标准以及保险基数的调

---

〔1〕　资料来源于：社区矫正宣传网，最后访问时间：2021 年 10 月 10 日。

整建立增长机制。区政府为警辅人员提供经费落实保障，经费保障纳入年度预算。招录的社区矫正和安置帮教警辅人员同时享受本地区公安机关警务辅助人员同等各类保障，并配发具有统一标识的工作证、服装。

高要求落实工作考核。对招录的警辅人员由区司法局统一管理使用和考核评价。区司法局依据《社区矫正法》和《江苏省公安机关警务辅助人员管理条例》，制定《大丰区司法行政警务辅助人员管理办法（试行）》和《大丰区司法行政警务辅助人员考核管理办法》，严格落实平时工作考核和年度绩效考核，并严格实行末位淘汰制，确保队伍建设活力。制定能力建设培训大纲，开展警辅人员业务能力培训，明确其职责边界。警辅人员将配合社区矫正执法人员开展调查评估、入户走访、电子巡查、监管教育以及刑满释放人员的必接必送、后续照管人员走访排查等日常工作。

二、五莲县组建社区矫正执法大队、中队、分队，以"队建制"推动社区矫正规范化[1]

日照市五莲县在社区矫正工作中，通过落实"队建制"专业管理，组建五莲县社区矫正执法大队、执法中队、执法分队，整合现有社区矫正工作人员力量，理顺工作机制，不断提升社区矫正工作的规范化、标准化。

1. **加强组织领导，完善工作机制。**中共五莲县委全面依法治县委员会办公室和五莲县社区矫正管理局相继出台《关于明确社区矫正执法机构设置及职责的通知》《五莲县加强社区矫正执法队伍和机制建设的实施意见》《关于完善社区矫正"队建制"工作职责进一步加强社区矫正执法队伍建设的通知》，成立社区矫正执法队伍建设工作领导小组，将工作职能和保障机制明确划分。

2. **整合矫正力量，夯实评估队伍。**组建五莲县社区矫正执法大队，在县社区矫正管理局刑罚执行科加挂社区矫正执法大队牌子；依托四个片区，成立4个社区矫正执法中队，分片负责辖区内社区矫正对象的日常执法工作，执法中队长由中心乡镇（街道）司法所所长担任；组建社区矫正执法分队，

---

〔1〕 资料来源于：社区矫正宣传网，www.chjzxc.com/index/index/page.html？id＝17134，最后访问时间：2021年10月10日。

依托13处基层司法所建立13支执法分队，每个基层司法所是一个分队，社区矫正执法分队长由基层司法所所长担任。

3. **队建制齐参与，群策群力评估**。通过"队建制"的施行，在调查评估工作中，执法中队抽调精干力量，成立联合调查组，开展调查评估，彻底改变了原来司法所各自为战的状况，解决了制约基层社区矫正工作的瓶颈问题。

4. **调查对象全面，信息了解充分**。改变原来调查评估重视对家庭、村（居）干部调查了解、疏于对犯罪行为被害人调查了解的局限性，不仅全方位向调查评估对象的家人及户籍地村干部调查了解其家庭基本情况、工作学习经历、犯罪前行为表现等，也对犯罪行为受害人同样进行走访调查，保证调查评估资料的全面性、客观性。

5. **中队集体商议，提升评估水平**。在调查走访的基础上，执法中队集中召开调查评估会议，针对调查评估的情况，各成员提出意见，在充分讨论、酝酿的基础上形成会议记录。调查组将调查笔录、调查评估表、调查组会议记录等相关材料整理并提交县社区矫正管理局。

社区矫正"队建制"智慧管理，保障了刑事判决、刑事裁定和暂予监外执行决定的正确执行，提高了专业化、专职化和规范化水平，不断增强执法权威性和严肃性，切实维护社会稳定。

三、黑龙江省司法厅探索建立招录司法辅助人员充实
社区矫正工作队伍新机制[1]

今年，黑龙江省司法厅印发《关于开展县级司法行政机关招录司法辅助人员协助社区矫正工作试点的通知》，确定黑河市为全省首批试点单位，在黑河市选择2～3个具备条件的县区司法局先行试点。黑河市司法局将试点工作纳入重要议事日程，积极争取当地党委政府的重视和支持，协调召开黑河市社区矫正委员会全体会议，就加强社区矫正工作队伍建设问题进行研究谋划。在编制、人力资源和社会保障、财政等部门的协作配合下，制定下发了《关

---

〔1〕　"黑龙江省司法厅探索建立招录司法辅助人员充实社区矫正工作队伍新机制"，载社区矫正宣传网，https://www.chjzxc.com/index/index/page.html? id = 18357，最后访问时间：2022 年 10 月 21 日。

于加强社区矫正工作人员配备工作的通知》，明确目标任务，强化工作措施，落实主体责任。截至目前，黑河市辖区内的爱辉区、北安市、嫩江市等司法局通过政府发布招录司法辅助人员公告，已经招录司法辅助人员47名，均上岗依法协助受委托司法所开展社区矫正工作。并按照省司法厅的部署要求，制定司法辅助人员协助开展社区矫正工作的权责清单，建立管理、教育、培训、考核和职业保障等工作机制，营造事业留人、待遇留人的浓厚氛围，增强了队伍的稳定性和向心力。

探索建立招录司法辅助人员充实社区矫正工作队伍新机制，是深入贯彻执行《中华人民共和国社区矫正法》，大力推进社区矫正工作队伍建设，不断提高社区矫正工作规范化、专业化水平的内在要求，也是严格贯彻落实省委开展"能力作风建设年"活动的部署要求，攻坚破难解决长期以来严重影响和制约全省社区矫正发展难点问题的重要举措。

黑龙江省司法厅坚持问题导向，立足省情，精准施策，在具备条件的地区先行开展招录司法辅助人员试点工作，积累经验，改进措施，健全制度，逐步实现每个受委托司法所至少有2名以上社区矫正工作者的目标，着力建设一支信念坚定、业务过硬、清正廉洁且充足稳定的社区矫正工作队伍，依法推进和规范全省社区矫正工作，切实维护刑事执行活动的严肃性和权威性，持续维护社区矫正安全，为建设"六个龙江"提供安全稳定保障。

四、滁州市全面推开社区矫正"队建制"改革[1]

一是科学设置社区矫正机构。结合乡镇地域特点、社区矫正工作形势等因素，每个县（市、区）划分为若干个社区矫正工作片区。县（市、区）社区矫正大队突出实体实战要求，下设若干个中队，分片区承担社区矫正具体任务，实现"大队+中队"模式"全覆盖"。

二是合理配备专职工作人员。社区矫正大队专职工作人员不少于5人；社区矫正中队配备不少于2名政法专项编制公务员，按照不低于1：20的社

---

[1] "滁州市全面推开社区矫正'队建制'改革"，载安徽省司法厅网，https://sft.ah.gov.cn/zhzx/sxdt/56202931.html，最后访问时间：2022年10月21日。

矫工作人员配比率配齐专职工作人员。

三是全面加强综合保障。社区矫正分中心建筑面积原则上不少于180平方米，功能区域设置满足工作人员办公、指挥调度、社区矫正业务等基本功能要求，信息化建设同步实施。为社区矫正大队、各中队分别配备执法执勤用车。县（市、区）将社区矫正经费纳入本级财政预算，落实经费保障并建立动态调整机制。

四是健全完善运行机制。进一步理顺县级社区矫正机构与司法所的委托关系，厘清社区矫正大队、中队、司法所以及工作人员职责任务，建立工作制度，实行专人、专岗、专职，构建清单化、闭环式的执法管理机制，实现社区矫正工作精准化、精细化。

五、湖南省东安县司法局社区矫正工作人员管理规定（暂行）[1]

第一条　为进一步推动全县社区矫正工作，加强社区矫正队伍教育管理，严格社区矫正"六不准"工作纪律，打造一支政治过硬、业务过硬、责任过硬、纪律过硬、作风过硬的社区矫正队伍。根据《中华人民共和国公务员法》《社区矫正法》《中国共产党党员领导干部廉洁从政若干准则》《关于严禁党政机关工作人员违规收送礼金礼券购物卡的若干规定》等有关规定，结合本县社区矫正工作实际，制定本规定。

第二条　本规定所称社区矫正工作人员，是指县社区矫正中心工作人员、司法所工作人员、司法协理员、矫正社工等从事社区矫正工作的人员。

第三条　严格依照国家法律、法规和党的政策，对社区矫正对象实施监督管理、教育帮扶，自觉接受社会和人民群众监督。

第四条　严格履行法定职责，恪尽职守。遇有特殊情况、问题或重大事宜，及时反映和上报，不得瞒报、迟报；对矫正对象提出、反映的问题及时解答和处理，不得推诿、懈怠。

第五条　提高执法意识，公正、严明执法。不得滥用职权，弄虚作假；

---

[1]　《湖南省东安县司法局社区矫正工作人员管理规定（暂行）》，载东安县人民政府网，https://www.dagov.cn/dasfj/0500/2021110/47c42f6be9da4957b8be4e8788bf2408.shtml，最后访问时间：2022年10月21日。

不得隐瞒案情，包庇、纵容矫正对象违法犯罪；不得刑讯逼供或者体罚、虐待矫正对象；不得玩忽职守，泄露社区矫正工作秘密；不得有其他违法行为。

第六条 依法保障矫正对象的基本权利。不得非法侵害矫正对象身体；不得侮辱矫正对象的人格；不得非法剥夺矫正对象的人身自由；不得非法搜查矫正对象的身体、物品或住所；不得利用公益劳动实施变相体罚；不得殴打或者纵容他人殴打矫正对象；不得有其他违法行为。

第七条 坚持原则、廉洁自律。不得利用矫正对象从事营利性的活动或者牟取其他私利；不得向矫正对象及其亲属索取财物，谋取私利；不得收受矫正对象及其亲属的贿赂和馈赠；不得非法将矫正对象的监管权交予他人行使；不得接受矫正对象的宴请及其他各种形式的旅游、休闲、健身等娱乐活动；不得向矫正对象借钱借物，索要、收受或变相收受各种好处。不得有其他违法行为。

第八条 社区矫正工作人员违反本规定的，一律进行纪律处分处理，属于党员的根据规定给予相应的党纪处理；属于公务员的根据规定给予相应的政纪处理；属于矫正社工等其他人员的根据相关管理权限和程序，给予解聘、辞退等组织处理。涉嫌犯罪的，移送司法机关处理。

社区矫正对象教育矫正的内容

知识目标：掌握法治、道德、文化、职业技术和心理健康教育的概念、内容和要求。

能力目标：具备组织实施法治、道德、文化、职业技术和心理健康教育的能力。

思政目标：具备法治与德治相结合的理念，具备忠诚、敬业、奉献、服务的职业道德。

知识树

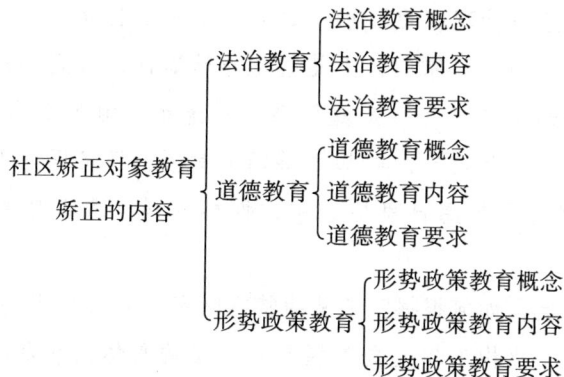

社区矫正对象教育矫正的内容
- 法治教育
  - 法治教育概念
  - 法治教育内容
  - 法治教育要求
- 道德教育
  - 道德教育概念
  - 道德教育内容
  - 道德教育要求
- 形势政策教育
  - 形势政策教育概念
  - 形势政策教育内容
  - 形势政策教育要求

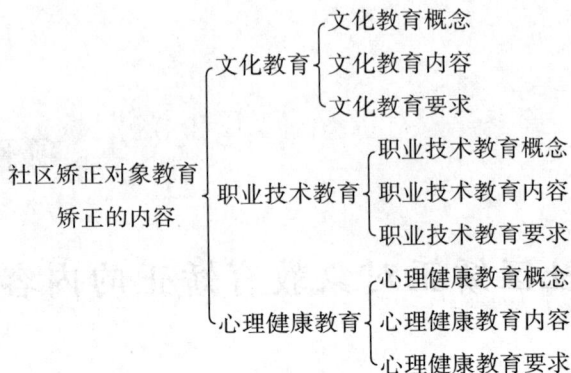

社区矫正对象教育矫正的内容
- 文化教育
  - 文化教育概念
  - 文化教育内容
  - 文化教育要求
- 职业技术教育
  - 职业技术教育概念
  - 职业技术教育内容
  - 职业技术教育要求
- 心理健康教育
  - 心理健康教育概念
  - 心理健康教育内容
  - 心理健康教育要求

案例 3-1

江苏省淮安市清江浦区对聚众斗殴罪社区矫正对象王某某教育帮扶案例

王某某，男，1992 年 12 月出生，离异，户籍地、居住地均为江苏省淮安市清江浦区。2020 年 11 月 2 日，王某某因犯聚众斗殴罪被常州市武进区人民法院判处有期徒刑 1 年，缓刑 1 年 6 个月。缓刑考验期自 2020 年 11 月 16 日起至 2022 年 5 月 15 日止。2020 年 11 月 18 日，王某某到淮安市清江浦区社区矫正中心报到，由执行地司法所负责对其社区矫正期间日常管理。

王某某家庭经济比较困难，其父去世并留下高额债务，其母年纪大，无稳定收入。王某某与前妻离婚后独自抚养两个女儿，加之其本人患病需长期服药，整个家庭经济状况捉襟见肘。之前，王某某长期在外地工作，与家人相处时间较少。后因家庭原因，王某某从外地返回，找到一份工作。王某某与母亲、女儿沟通交流不多，家庭关系相对疏远。由于工作环境鱼龙混杂，社会交往多为社会闲散人员，再加之婚姻不幸福、经济压力大等多方因素影响，王某某长期处于焦虑自卑情绪中，性格急躁，遇事易冲动，最终构成犯罪。

根据上述情况，如何根据王某某的特殊情况，安排恰当的教育矫正内容？这就要求社区矫正机构工作人员掌握教育矫正的具体内容及相应要求，并结合王某某的实际情况，进行有针对性的教育矫正，转化其不良心理及行为恶习，帮助其顺利回归社会。

任务 1 社区矫正对象的法治教育

任务1.1 法治教育概念

法治教育是指为了让社区矫正对象学习法律知识和增强法律意识而进行的教育。

法律是治国之重器，法治是国家治理体系和治理能力的重要依托[1]。党的二十大报告指出，"建设覆盖城乡的现代化公共法律服务体系，深入开展法治宣传教育，增强全民法治观念"。社区矫正对象是特殊的社会群体。缺乏法律知识、法律意识淡薄是多数社区矫正对象走上违法犯罪道路的重要原因。因此，加大对社区矫正对象的普法力度，促进他们树立宪法法律至上、法律面前人人平等的法治理念至关重要。对社区矫正对象开展法治教育具有多重积极意义：其一，有利于促使社区矫正对象认罪服法、安心接受矫正；其二，有利于转化社区矫正对象的行为恶习，促使他们成为守法公民；其三，有利于预防和减少重新犯罪，维护社会稳定。

任务1.2 法治教育内容

法治教育主要包括以下方面：

一、法的基本知识教育

社区矫正工作者应向社区矫正对象阐明法理学的基本知识以及社会主义法的本质、作用与要求，强调依法治国的重要性，明确只有坚定不移地走中国特色社会主义法治道路，才能真正实现法治保障人民权益的根本目的。开展法治教育，需要教育社区矫正对象懂得什么是社会主义民主；懂得在行使自己权利时，不得损坏国家、社会和集体的利益以及他人的合法权益；教育

---

〔1〕 中共中央宣传部编：《习近平新时代中国特色社会主义思想三十讲》，学习出版社2018年版，第183页。

引导社区矫正对象懂得什么是守法，什么是违法，明确是非界限，分辨合法行为与违法犯罪的基本界限，帮助社区矫正对象树立起学法、知法、懂法、守法的基本生活模式和习惯[1]。

二、现行主要法律法规教育

现行主要法律法规教育需要与社区矫正对象的生活紧密结合，例如，开展宪法、刑法、刑事诉讼法、民法典、民事诉讼法、监狱法、治安管理处罚法等方面的教育，帮助社区矫正对象了解这些法律的内容以及与自身的关系，并学会运用法律保护自己的合法权益。例如，2020年5月28日，十三届全国人大三次会议表决通过了《中华人民共和国民法典》，2021年1月1日起施行。《民法典》被称为"社会生活的百科全书"，是新中国第一部以法典命名的法律，与每位社会成员的日常生活息息相关，也与社区矫正对象的婚姻、继承、担保、合同、债权、债务等紧密相联。各地社区矫正机构、司法所通过各种形式，组织社区矫正对象学习《民法典》；针对部分因病或因怀孕行动不便的社区矫正对象，有的地方工作人员送"法"上门，为他们答疑解惑，不断提高社区矫正对象保护自身生命健康、人格尊严、财产安全等方面的意识，筑牢社区矫正对象的法治防线。

【案例3-1】中，社区矫正机构通过谈心谈话、翻阅资料、实地走访等途径了解王某某个人和家庭的实际情况。经了解，王某某的情况主要是因为不懂法律，心存侥幸。王某某片面认为吵架、打架是解决纠纷的一种方式，算不上犯罪，打不过别人只能证明自己没本事，双方都碍于情面，不会有人报警。社区矫正机构用好集中教育和上门走访时机，引导王某某多阅读法律书籍，多接触法治类广播、电视节目，培养法治思维，拓宽法治视野，同时依托民法典宣讲等专项活动，针对人们日常生活可能遇到的一些法律困惑进行详细宣讲，帮助其尊法学法知法守法。

三、社区矫正相关法律法规教育

2020年7月1日起，《社区矫正法》《社区矫正法实施办法》正式施行。

---

〔1〕 王爱立、姜爱乐主编：《中华人民共和国社区矫正法释义》，中国民主法制出版社2020年版，第214页。

社区矫正机构要加紧组织社区矫正对象学习，特别是对在矫的社区矫正对象，因为《社区矫正法》是我国第一部专门规范和指导社区矫正工作的法律，其理念先进、特色鲜明、体例规范；新修订的《社区矫正法实施办法》不仅增加了新内容，而且有诸多新变化。开展社区矫正相关法律法规的教育，不仅可以规范社区矫正对象的行为，增强他们的在刑意识和遵纪守法意识，也能够实现保障社区矫正对象合法权益的目标。

任务1.3　法治教育要求

一、坚持与时俱进

法治教育需要坚持与时俱进。法和其他各种社会要素、社会现象的变化，既是社会变迁的表现，又是社会变迁中各种社会因素、社会现象互相作用的对象。任何社会因素或社会现象都是在其他因素和社会现象的作用下获得自身丰富多彩的历史的，法亦是如此[1]。尽管法律不能与社会发展保持同步，但是，法律的变化从来都没有与社会发展相脱离。法律是社会中的法律，社会变迁导致法律变化，同时，法律又是推动社会变迁的重要工具。中国特色社会主义法治体系是中国特色社会主义制度发展及法治实践的成果。对社区矫正对象开展法治教育，需要依托不断完善的中国特色社会主义法治体系，社区矫正机构、司法所要根据法律的制定、修订、废止，与时俱进地进行。例如，为了预防和惩治有组织犯罪，加强和规范反有组织犯罪工作，维护国家安全、社会秩序、经济秩序，保护公民和组织的合法权益，2021年12月24日，十三届全国人大常委会第三十二次会议通过了《中华人民共和国反有组织犯罪法》。各地社区矫正机构、司法所通过集中教育等形式，积极组织社区矫正对象，特别是过去实施有组织犯罪的矫正对象，学习《反有组织犯罪法》，要求社区矫正对象不得参与任何有组织犯罪，有义务协助、配合有关部门开展有组织犯罪的工作，发现有组织犯罪线索的，应当积极向有关部门举报。总之，社区矫正机构、司法所开展法治教育时要与时俱进，当与社区矫正工作相关的法律规范发生变化时，应当及时组织社区矫正对象学习。

---

〔1〕　马新福著：《法社会学原理》，吉林大学出版社1999年版，第315～316页。

二、结合实际需要

法治教育需要结合社会实际需要进行。自新冠病毒肺炎疫情爆发以来，党和国家坚持以人民为中心，始终把人民群众的安全和身体健康放在第一位。在疫情防控常态化的背景下，法治教育需要结合疫情防控的实际需要，以实现有效监督管理社区矫正对象的目标。根据"谁执法谁普法"的要求，各地社区矫正机构、司法所通过线下、线上教育等方式，组织社区矫正对象学习《传染病防治法》《突发事件应对法》《突发公共卫生事件应急条例》等法律法规以及本地区的疫情防控的规章制度，同时讲解《刑法》《治安管理处罚法》中有关违反疫情防控规定的法律责任，引导社区矫正对象自觉遵守疫情防控规定，增加自我保护意识，做好特殊时期的监管教育工作。总之，社区矫正机构、司法所开展法治教育时要因时、因地制宜，与社区矫正对象的实际生活结合起来，促进其遵纪守法。

三、加强分类实施

法治教育需要加强分类实施，以提高教育矫正效果。为贯彻分类矫正原则，提高社区矫正工作质量，部分地区司法行政机关制定社区矫正对象分类分级管理教育办法。例如，2021年6月28日，安徽省司法厅印发《安徽省社区矫正对象分级分类分期管理教育办法》，其中第15条规定："县（市、区）社区矫正机构、司法所按照下列四种方式之一，对社区矫正对象实行分类管理、个别化矫正。（一）根据裁判内容进行分类；（二）根据社区矫正对象被判处管制、宣告缓刑、裁定假释和决定暂予监外执行的不同类型进行分类；（三）根据社区矫正对象性别、年龄、心理特点、健康状况进行分类；（四）根据社区矫正对象犯罪原因、犯罪类型、犯罪情节和悔罪表现等情况进行分类。"可见，根据不同的标准，社区矫正对象可以区分为不同类型。不同类型的社区矫正对象又具有不同的群体特征。开展法治教育时，社区矫正工作者要注意分类，重点考虑社区矫正对象的犯罪类型、刑罚种类，对同一类型群体或罪名的社区矫正对象开展集中的法律教育，以取得良好效果。例如，对女性社区矫正对象，集中进行《妇女权益保障法》《反家庭暴力法》等法律教育；对未成年社区矫正对象，集中进行《刑法》《治安管理处罚法》等法律教育；对触犯危险驾驶罪、交通肇事罪的社区矫正对象，集中进行《刑法》《道路交通安全法》等法律教育。总之，社区矫正机构、司法所开展法治教育时不能搞统一化、公式化，需要因类设计，区别对待。

四、借助社会力量

法治教育可以借助社会力量进行。社会力量参与是社区矫正的显著优势与突出特点。法治教育具有一定专业性。引入社会力量开展法治教育，既能够缓解专门机关的工作压力，又能够提高教育矫正效率，还能够体现社区矫正社会化的价值。在实践中，各地社区矫正机构积极引入不同类型的社会力量开展法治教育，以发挥其专业优势。例如，广州市律师协会与广州市社区矫正委员会办公室签订《社区矫正公益法律服务合作框架协议》，将律师引入到社区矫正法治培训讲师团的队伍，参与社区矫正公益法律服务活动，结合社区矫正对象开展普法宣传活动，发挥律师参与社会治理，履行社会责任的专业优势，进一步拓宽社区矫正法治教育的新路径。再如，甘肃省张掖市、甘州市两级检察院刑事执行检察干警组建"送法服务队"，组织社区矫正对象开展《民法典》的讲座及解答活动；此外，也有地区发挥借调监狱、戒毒人民警察的优势，开展《监狱法》《禁毒法》等相关法律教育。总之，社区矫正机构、司法所开展法治教育时要解放思想，结合法治教育主题，引入专业的社会力量，以取得优质的教育效果。

任务2　社区矫正对象的道德教育

任务2.1　道德教育概念

道德教育是指为了让社区矫正对象遵守道德规范，增强道德素质，提高道德修养而进行的教育。

法治与德治都在国家治理体系中占据重要地位，两者不可分离，更不可偏废。党的二十大强调，"坚持依法治国和以德治国相结合，把社会主义核心价值观融入法治建设、融入社会发展、融入日常生活"。法律是成文的道德，道德是内心的法律。两者分别从他律和自律的角度规范人们的行为。道德是依靠内在信念、社会舆论和传统习惯来调整人与人之间、个人与社会之间关系的行为规则和规范的总和。从因果关系来讲，多数罪犯的犯罪行为，是错误的价值观念和道德败坏的结果。将社区矫正对象转化为守法公民是社区矫正的根本目标，也就是说，社区矫正对象知法、守法是最低限度，从更高的层次来说，则应促进他们遵守道德规范，增加他们的道德素质，提高他们的道德修养。

任务2.2 道德教育内容

道德教育内容主要包括以下方面：

一、遵守道德规范

遵守道德规范，即公民基本道德规范。党的二十大报告指出，"实施公民道德建设工程，弘扬中华传统美德，加强家庭家教家风建设，加强和改进未成年人思想道德建设，推动明大德、守公德、严私德，提高人民道德水准和文明素养"。2019年，中共中央、国务院印发《新时代公民道德建设实施纲要》指出："推动践行以文明礼貌、助人为乐、爱护公物、保护环境、遵纪守法为主要内容的社会公德，鼓励人们在社会上做一个好公民；推动践行以爱岗敬业、诚实守信、办事公道、热情服务、奉献社会为主要内容的职业道德，鼓励人们在工作中做一个好建设者；推动践行以尊老爱幼、男女平等、夫妻和睦、勤俭持家、邻里互助为主要内容的家庭美德，鼓励人们在家庭里做一个好成员；推动践行以爱国奉献、明礼遵规、勤劳善良、宽厚正直、自强自律为主要内容的个人品德，鼓励人们在日常生活中养成好品行。"社区矫正工作者重点将上述社会公德、职业道德、家庭美德和个人品德的规范，结合社区矫正对象的年龄层次、家庭背景、罪错案由等情况，有侧重地进行道德教育。

二、增强道德素质

道德素质是人们的思想意识状态按照社会规范要求所达到的水准，包括人生观、道德观、思想品质和传统文化习惯；好的道德素质，应当具有正确的人生价值观念，具有仁爱、责任、同情、羞耻等道德良心，具有良好的行为习惯。[1]正确的人生观、价值观是增强道德素质的根本。社区矫正工作者要帮助社区矫正对象破除"人的本质是自私的""人的本性就趋利避害，追求感官快乐"以及享乐主义、个人主义等错误的人生观；矫正他们只讲个人价值、不讲社会价值，注重奢侈享受、忽视劳动创造等错误的价值观；更新他们以个人需要、利益为核心，以金钱、权力、享受和实用为尺度等错误的价值评价；教育他们认识到错误的人生观、价值观是违法犯罪的重要原因。

三、提高道德修养

即按照社会主义道德规范的要求，培养良好的道德品质。要提高道德修养，具体做法有：首先，要从点滴小事做起，勿以恶小而为之，勿以善小而不为；其次，要敢于自我剖析，对自己的缺点、毛病进行毫不留情地自我批评；最后，要慎独，在任何情况下，甚至在独自一人、无人监督的情况下，也要自觉地严格要求自己，不做任何缺德的事情。[2]

任务 2.3　道德教育要求

一、传承优秀文化

开展道德教育需要传承优秀文化。党的二十大报告强调，"弘扬社会主义法治精神，传承中华优秀传统法律文化"。道德教育不脱离传统优秀文化，才能契合国民性格，方能实现启发作用。习近平总书记强调："培育和弘扬社会主义核心价值观必须立足中华优秀传统文化。牢固的核心价值观，都有其固有的根本。抛弃传统、丢掉根本，就等于割断了自己的精神命脉。"弘扬社会主义道德，加强公民道德建设，必须坚持马克思主义道德观，传承优秀道德成果。社会主义道德不是凭空产生的，中华传统美德是中华文化的精髓，蕴含着丰富的思想道德资源；中国革命道德是对中华传统美德的继承和发展，是社会主义道德的红色基因[3]。

---

〔1〕　王爱立、姜爱乐主编：《中华人民共和国社区矫正法释义》，中国民主法制出版社 2020 年版，第 189 页。

〔2〕　参见王明迪主编：《罪犯教育概论》，法律出版社 2001 年版，第 66 页。

〔3〕　本书编写组：《思想道德与法治》，高等教育出版社 2021 年版，第 145 页。

开展道德教育，其一，社区矫正工作者要充分挖掘并运用优秀传统文化，例如，《三字经》《弟子规》《论语》《了凡四训》等经典中的哲理，更易于为社区矫正对象认同。其二，传承并运用中华传统美德的基本精神，例如，重视整体利益，强调责任奉献；推崇仁爱原则，注意以和为贵；注重人伦关系，重视道德义务；追求精神境界，向往理想人格[1]。其三，挖掘并阐发中国革命道德，例如，为实现社会主义和共产主义的理想信念而奋斗，全心全意为人民服务，始终把革命利益放在首位，树立社会新风，建立新型人际关系，修身自律，保持节操[2]。此外，灵活利用上述优秀成果的形式表达，譬如话剧、快板、戏曲、书法等，更易于为社区矫正对象接受。

二、传授恰当方法

开展道德教育需要传授恰当的方法。掌握正确的方法是提高社区矫正对象道德素质及修养的关键。在实践中，社区矫正工作者可将以往思想家们提出的学思并重、知行合一、慎独自律、积善成德等有效的方法传授给社区矫正对象，结合社区矫正对象的实际能力与情况，要求其不断提高自身的道德素质及修养。简言之，重在实践、贵在坚持是形成高尚道德品格的方法。加强道德素质及修养不是一蹴而就的，也不能一劳永逸，需要久久为功，善作善成。可以说，提高道德素质及修养的难度明显高于遵纪守法。因此，开展道德教育需要长期坚持，常抓不懈。

【案例3-1】中，经了解，王某某家庭破碎，亲情疏远。因工作原因，和家人沟通较少，离婚后对女儿有亏欠感，存在改善家庭关系的想法，但缺乏有效途径。社区矫正机构提出增进家庭和睦的办法，建议王某某抽出更多时段陪伴两个年幼女儿，切实担负起父亲的责任，利用生活间隙尝试与母亲分享生活工作中的快乐和烦恼，理解体谅母亲的辛苦，加深家庭成员间的相互理解，共同构建和谐美好家庭氛围。

三、结合公益活动

开展道德教育可以结合公益活动。公益活动是指一定的组织或个人向社

---

〔1〕 本书编写组：《思想道德与法治》，高等教育出版社2021年版，第145～148页。
〔2〕 本书编写组：《思想道德与法治》，高等教育出版社2021年版，第153～154页。

会捐赠财物、时间、精力和知识等活动。[1]《社区矫正法》第42条规定:"社区矫正机构可以根据社区矫正对象的个人特长,组织其参加公益活动,修复社会关系,培养社会责任感。"公益性是公益活动的主要特点。公益活动是培育和实践社会主义核心价值观的重要载体。社区矫正对象参加公益活动,一方面,可以帮助他人,服务社会,提高社会道德水平;另一方面,可以从中获得责任感、认同感与成就感,实现个人价值与社会价值相统一。当前,各地社区矫正机构、司法所积极组织社区矫正对象开展清洁、维护敬老院、福利院、公园、社区、学校、广场、车站等场所的公共设施;森林防火宣讲,排查森林火灾安全隐患;维护交通秩序,促进安全文明出行;清理街道绿化带,并绿化种植花草;清理社区小广告,河道、街道垃圾、杂草等,保护生态环境等公益活动。此外,在网络时代,社区矫正对象也可以通过互联网实践道德规范,可以随时、随地积极参加网络公益活动,提高网络公益宣传,推动形成良好的社会风尚。总之,道德教育可以结合公益活动开展,以培养社区矫正对象的社会公德,提升其道德素质与社会责任感。

四、借助社会力量

道德教育可以借助社会力量开展。如前所述,社会力量参与是社区矫正的显著优势与突出特点。在法治教育过程中,社区矫正机构可以引入律师、检察官等社会力量。与法治教育不同的是,道德教育引入的社会力量主要是道德模范。道德模范主要是指思路和行为能够激励人们不断向善且为人们所崇敬、模仿的先进人物[2]。道德模范用自己的行动向我们诠释了道德的意义,展示着道德的力量。社区矫正对象通过学习道德模范的精神、品格、情怀,反思自己的罪行,进而提高道德素质及修养。社区矫正机构、司法所可以邀请本地区的道德模范、先进人物,通过讲座等形式,为社区矫正对象开展道德教育,鼓励他们积极向善。

---

[1]　王爱立、姜爱东主编:《中华人民共和国社区矫正法释义》,中国民主法制出版社2020年版,第214页。

[2]　本书编写组:《思想道德与法治》,高等教育出版社2021年版,第175页。

专栏 3 – 1　南陵县邀请全国劳动模范在社区矫正对象中开展励志创业宣讲[1]

新年伊始，为提升教育矫正的针对性和实效性，积极传递社会的正能量，促进社区矫正对象融入社会、自立自强，2021 年 2 月 25 日，南陵县司法局弋江司法所邀请全国劳动模范、芜湖市青弋江种业公司董事长汪根火同志在社区矫正对象中进行励志创业宣讲活动。汪根火董事长四十年如一日，潜心做事，诚信做人，不忘根本，回报社会，被誉为农民科学家，所办的种子公司成为芜湖市农业示范化龙头企业，带动了当地四百余户农民致富奔小康，赢得了社会各界的广泛认可。宣讲中，他以质朴的语言、真挚的情感讲述了自己的创业历程和奋斗故事，与在场的社区矫正对象分享了自己的人生经验和敬业感悟，真诚地劝告在场的社区矫正对象要勇于直面挫折，珍惜机会，坚定信心，百折不挠，开创属于自己的美好未来。春节以来，南陵县司法局以法律、道德、心理教育讲座为平台，充分利用三支资源和力量参与日常社区矫正工作，用身边道德模范人物言传身教的形式开展了 8 场次集中教育活动，起到良好效果。

此外，部分地区社区矫正机构，聘请老干部、老战士、老专家、老教师、老模范，简称"五老"，作为志愿者，发挥其独特的经验、经历优势，从思想上教育、引导社区矫正对象积极向上。总之，社区矫正机构、司法所开展道德教育时要因地制宜，结合道德教育主题，引入当地道德模范、先进人物等社会力量，以发挥榜样示范作用。

任务 3　社区矫正对象的形势政策教育

任务 3.1　形势政策教育概念

形势政策教育是指为了让社区矫正对象了解国内社会发展状况和趋势，以及党和国家制定的基本路线和方略而进行的教育。

对社区矫正对象开展形势政策教育十分必要。形势政策教育是监狱服刑人员教育的重要内容。《教育改造罪犯纲要》规定："要对罪犯进行时事政治

---

〔1〕　凌萍萍："南陵县邀请全国劳动模范在社区矫正对象开展励志创业宣讲"，载南陵县人民政府网，https://www.nlx.gov.cn/xwzx/ztzl/zxzt/nlxsfxzgzzl/sqjz/12018853.html，最后访问时间：2022 年 8 月 31 日。

教育，深入开展以科学发展观、构建社会主义和谐社会等重大战略思想为重点的思想政治教育，深入开展以国家改革开放和现代化建设取得的巨大成就为重点的形势教育，深入开展以近期国际、国内发生的重大事件，特别是与罪犯关系密切的事件为主要内容的时事教育，教育引导罪犯充分认识国家经济社会发展、社会和谐稳定的大好形势，消除思想疑虑，增强改造的信心。"社区矫正对象的教育矫正同样需要形势政策教育。非监禁性是社区矫正的重要特征，社区矫正对象在开放的社区中接受改造，必然与社会发生千丝万缕的联系，社会形势也必然影响矫正对象的改造。但有些社区矫正对象不能认清形势的发展趋势，在形势问题上存在着认知偏差，甚至错误观念。形势教育的目的就是帮助社区矫正对象正确认识社会形势，增强回归社会的信心，逐步适应社会生活。同时，一些矫正对象对社区矫正制度并不了解，甚至一无所知，容易产生抵触、消极甚至对抗的心理。因此，教育工作者应当把社区矫正制度作为刑事政策教育重点。另外，社区矫正机构组织社区矫正对象学习社会福利、社会保障政策，帮助其了解政策，促进其回归社会。

任务3.2 形势政策教育内容

一、形势教育

社区矫正对象的形势教育主要包括国家政治、经济、社会、文化等方面发展的状况及趋势的教育。通过形势教育，让社区矫正对象充分了解国家发展的大好形势，强化民族自豪感，提高国家认同感，同时，也认识到国家发展对其重新融入社会带来的良好机遇，不断激发其成为新时代守法公民的主动性与积极性。

社区矫正机构可以以党史、国史、改革开放史、社会主义发展史等为主题，讲好中国故事，讲述改革开放以来在中国共产党的领导下经济、社会、科技、军事、民生等方面取得的巨大成绩，讲明每个公民在国家发展和社会进步中的责任，以培养矫正对象的爱国意识，增强矫正对象的社会服务意识。社区矫正机构也可以根据形势发展，结合党和国家的重要活动，与时俱进地开展形势教育。例如，组织社区矫正对象学习"党的二十大"重要报告，教育社区矫正对象了解过去五年的工作和新时代十年的伟大变革，中国共产党开辟马克思主义中国化时代化新境界，新时代新征程中国共产党的使命任务以及党和国家在经济、科教、民主、法治、文化、民生、绿色发展、安全等方面趋势与努力方向，进一步激发他们积极改造，积极参与中国式现代化建设的能动性。

二、政策教育

社区矫正对象的政策教育主要包括党和国家的基本政策、刑事政策、社会福利与社会保障政策等方面的教育。

党和国家的基本政策与社区矫正对象的生活息息相关。党和国家的基本政策影响每位社会成员，自然也影响生活在社区中的矫正对象。例如，户籍改革政策、开放生育政策、医疗体制改革政策、养老金政策、教育公平政策等。社区矫正对象也要了解与民生相关的社会政策改革，了解以人民为中心的发展理念，从社会政策改革中"获利"，不断提高获得感、幸福感，从根本上消除重新犯罪的因素，实现再社会化目标。

刑事政策教育与社区矫正对象紧密相关。在我国，刑事政策是指党和国家理性而有效地对付犯罪的战略、方针与策略方法的总和，是司法理念的政策化，更是指导刑事司法的灵魂。宽严相济是当前我国的刑事政策主题。2006年，党的十六届六中全会通过的《中共中央关于构建社会主义和谐社会若干重大问题的决定》正式提出宽严相济刑事司法政策，即"实施宽严相济的刑事司法政策，改革未成年人司法制度，积极推行社区矫正"。宽严相济刑事政策作为党中央在新形势下提出的一项基本刑事政策，是我国在惩治犯罪、维护社会稳定的长期实践中积累经验的总结，更是惩办与宽大相结合刑事政策的继承、发展与完善。社区矫正是宽严相济刑事政策在刑罚执行领域的具体体现。通过宽严相济刑事政策教育，让社区矫正对象感受到国家对待罪犯的宽容以及司法文明的进步，激发他们感恩国家、回报社会的能动性。

社会福利与社会保障政策能够支持社区矫正对象回归社会。党的二十大报告强调，"社会保障体系是人民生活的安全网和社会运行的稳定器。健全覆盖全民、统筹城乡、公平统一、安全规范、可持续的多层次社会保障体系"。社会保障体系同样涵盖社区矫正对象。社会适应性帮助是社区矫正工作的重要内容之一。在社区矫正过程中，有些社区矫正对象面临生活困难、就业困难以及劳动纠纷等问题，影响其再社会化。社区矫正机构可以组织矫正对象学习社会福利、社会保障政策，例如，职业技能培训、就业扶持、义务教育、生活救助、社会保险、劳动争议仲裁、劳动监察等相关政策以及办事程序，帮助他们获得相应的政策支持，解决生活、工作中遇到的难题，实现融入社会的目标。

任务3.3　形势政策教育要求

提高形势政策教育的效果，社区矫正机构需要坚持以下几方面的要求：

一、及时性

及时性强调形势政策教育需要及时进行。形势政策教育通常具有一定的时效性，需要及时进行才能取得良好效果。例如，中国共产党定期举行代表大会，提出新的路线方针政策。只有组织社区矫正对象及时学习，才能了解党和国家现阶段的中心任务与发展主题。"党的二十大"召开后，各地社区矫正机构立即积极组织社区矫正对象开展会议主题报告，这就体现了及时性要求。同时，随着国内外形势的变化，形势政策也处于不断调整中。组织社区矫正对象学习滞后的内容也无意义可言。

二、实用性

实用性强调形势政策教育需要具有实效。虽然形势政策教育是社区矫正对象日常教育不可或缺的重要内容之一，但形势政策的内容宽泛、种类多样，且不断调整更新，没有时间和精力去面面俱到地去学习。这就要求社区矫正机构组织形势政策教育时进行选取，选择具有一定实用性的教育内容。例如，针对生活困难的社区矫正对象，社区矫正机构需要讲解社会救助、生活保障、社会保障等方面的政策，以利于其获得政策支持；针对遇到劳动纠纷的社区矫正对象，社区矫正机构需要讲解劳动仲裁等方面的政策，以利于其获得权利保障。

三、紧密性

紧密性强调形势政策教育需要与社区矫正对象密切相关。一方面，社区矫正对象是特殊社会群体，是具有罪犯身份的公民。了解与违法犯罪和罪犯相关的政策，有利于预防社区矫正对象再次犯罪。例如，社区矫正机构可以围绕国家总体安全、扫黑除恶、特赦、禁毒、信访等方面的政策开展教育，帮助社区矫正对象掌握与其密切相关的法律政策。另一方面，社区矫正对象是特殊的"弱势群体"，是需要帮助、救助的重点人群。了解与社会保障相关的政策，有利于社区矫正对象获得帮助。例如，社区矫正机构可以围绕安置帮教、社会保险、医疗救助等方面的政策开展教育，帮助社区矫正对象掌握与其密切相关的社会政策。总之，开展形势政策教育需要考虑社区矫正对象群体的特殊性，选择与其密切相关的政策进行教育，否则无法实现形势政策教育的目的，也耗费了社区矫正工作人员和社区矫正对象的时间、精力。

任务4　社区矫正对象的文化教育

任务4.1　文化教育概念

文化教育是指为了提高社区矫正对象的文化知识水平和自身素质而开展的教育。

开展文化教育有利于提高社区矫正对象接受思想教育的能力及文明程度。文化是人类在社会历史发展过程中所创造的物质财富和精神财富的总和。文化既是建设物质文明的重要因素，也是提高人的思想道德水平的条件。文化知识与人的发展有着极为密切的关系。文化知识的匮乏，特别是法律意识的淡薄，是部分罪犯走上违法、犯罪道路的重要原因。正如国外有学者指出：教育和犯罪之间存在着无可争辩的关系。没有进过学校的人，得不到符合道德规范的教育，所以更容易接受不良刺激和坏影响[1]。

任务4.2　文化教育内容

文化教育是社区矫正对象教育矫正的重要内容。国外矫正机构为帮助文化程度偏低的社区矫正对象而提供不同形式和多种程度的文化教育，主要包

---

〔1〕　参见魏平雄等主编：《犯罪学教程》，中国政法大学出版社1998年版，第273页。

括扫盲教育、基本读书能力教育，以及较高程度的文化教育。在美国很多司法管辖区的中间报告中心，都提供普通同等学历证书（general equivalence diploma，GED）教育课程。例如，在美国加利福尼亚州的阿拉梅达县（Alameda County），缓刑局（Probation Department）向缓刑犯提供计算机化的 GED 教育课程，大多数参加者每星期在计算机上学习 10 个小时的课程，以便通过各种 GED 测验。这项教育计划是计算机在线教育计划，缓刑犯可以通过计算机网络学习阅读、写作、计算和生存技能（例如，看地图技能、使用电话号码本的技能、理解街头的交通等标志的技能等）[1]。

一、协助完成义务教育

文化教育应当根据社区矫正对象的年龄和需求灵活进行。对于处于学龄阶段的未成年社区矫正对象，其监护人及社区矫正机构应当帮助他们完成义务教育。党的二十大报告指出，"加快义务教育优质均衡发展和城乡一体化"。《社区矫正法》第 55 条第 1 款规定："对未完成义务教育的未成年社区矫正对象，社区矫正机构应当通知并配合教育部门为其完成义务教育提供条件。未成年社区矫正对象的监护人应当依法保证其按时入学接受并完成义务教育。"对于在校学生，社区矫正机构可以协调有关部门和单位，帮助他们完成学业。《社区矫正法》第 37 条规定："社区矫正机构可以协调有关部门和单位，依法对就业困难的社区矫正对象开展职业技能培训、就业指导，帮助社区矫正对象中的在校学生完成学业。"社区矫正对象进入学校接受文化教育时，应当采取必要的措施。一方面，学校不能歧视他们，在不公开他们特殊身份的情况下开展矫正工作，为其营造良好的矫正环境。另一方面，加强适时的心理辅导和必要的法制教育。此外，社区矫正对象的监护人或家庭成员、学校与社区矫正机构要规范各自的权利与义务，加强相互间的沟通与合作，形成以学校为中心的"三位一体"的教育矫正体系。

二、提供就业帮助

对年满 16 周岁并有就业意愿的社区矫正对象，社区矫正机构、有关部门

---

〔1〕 参见吴宗宪著：《社区矫正比较研究》（上），中国人民大学出版社 2011 年版，第 419～420 页。

和单位应当给予帮助。《社区矫正法》第55条第2款规定："年满十六周岁的社区矫正对象有就业意愿的，社区矫正机构可以协调有关部门和单位为其提供职业技能培训，给予就业指导和帮助。"未成年社区矫正对象完成义务教育后，由于各种原因不再升学的，需要加强就业帮助，以获取有关劳动知识和技术，增强社会适应能力，顺利回归社会。根据我国宪法、劳动法的相关规定，对于年满16周岁具有就业意愿的社区矫正对象有获得劳动就业训练的权利。社区矫正机构可以协调劳动行政部门、人力资源和社会保障部门、职业院校、职业技能培训机构、企业和事业单位等为社区矫正对象提供相关职业技能培训，给予就业指导和帮助，提高他们的社会适应能力。

任务4.3 文化教育要求

一、分开层次进行

文化教育需要分开层次进行。不同文化程度的成年社区矫正对象，教育内容的侧重点也有所差异。对于初中以下文化程度的成年社区矫正对象，重点加强启蒙教育和文化补课，根据国家中学教育的要求开展教育工作，特别是帮助文盲和半文盲的社区矫正对象达到义务教育的水平。对于高中以上文化程度的社区矫正对象，教育内容重在智力开发，并鼓励他们参加电大、函大、高等教育自学考试等更高层次的学习。

二、多样手段组织

文化教育可以通过多样化教育手段组织实施。社区矫正是一种非监禁刑事执行制度，矫正环境的开放性决定了社区矫正工作者可以采取多样化的文化教育手段，例如，课堂式教育、集会式教育以及参观学习、榜样示范等现场式教育。同时，社区矫正机构可以充分利用社区教育资源，包括高等学校、科研机构、教育（培训）机构等设施资源以及专家、学者、大学生志愿者等智力资源，将文化教育纳入所在地区的教育规划之中。

三、多种类型开展

文化教育可以通过多种类型开展。文化概念的广泛性决定了社区矫正机构、司法所可以结合当地实际及社区矫正对象的实际需要，开展多种类型的文化教育。换言之，文化教育不仅包括协助有关部门完成未成年人的义务教育，加强就业指导等，还包括扩展社区矫正对象知识与技术，更新其观念与思想等方面的教育活动。可以说，文化教育具有广泛性、多样性的特点。在实践中，各地社区矫正机构、司法所开展了类型多样的文化教育。例如，花东司法所组织社区矫正对象开展"不忘初心、牢记使命"文化主题教育，工作人员对"不忘初心、牢记使命"主题里面的"初心主题""初心是什么"及"如何不忘初心"等三方面进行讲解，通过大量真实案例和数据展现中华民族的伟大复兴，引导社区矫正对象认真学习习近平新时代中国特色社会主义思想，帮助其树立正确的人生观、价值观，不断提高自身思想道德素质。[1]再如，深圳市盐田区司法局开展主题为"学民俗文化，做有德守法公民"的集中教育活动，部分矫正对象分享了当地民俗文化特点，工作人员围绕"岭南地区的范围""岭南三大民系的形成和特点""岭南民俗的主要特色""岭南文化的特质"四个方面进行了生动有趣的讲解，通过此次教育活动，激发社区矫正对象对传统文化的热爱，引导社区矫正对象传承和发展传统文化。[2]此外，有些地方开展近现代史教育、红色文化教育、传统文化教育、爱国主义教育、生活适应教育等，极大地提高了社区矫正对象的文化素质。总之，文化教育的多样性要求社区矫正机构、司法所因地制宜，灵活开展，以调动社区矫正对象学习文化知识的积极性。

四、借助社会力量

文化教育可以借助社会力量。如前所述，社会力量参与是社区矫正的显著优势与突出特点。同上述教育内容一致，文化教育也可以借助各类社会力量。《社区矫正法》第40条第1款规定："社区矫正机构可以通过公开择优购买社区矫正社会工作服务或其他社会服务，为社区矫正对象在教育、心理辅

---

〔1〕"花东司法所组织社区矫正对象'不忘初心、牢记使命'文化主题教育"，载广州市花都司法局网，https://www.huadu.gov.cn/gzhdsf/gkmlpt/content/6/6849/mpost_6849812.html#5784，最后访问时间：2022年8月31日。

〔2〕"学民俗文化，做有德守法公民——盐田区司法局开展社区矫正对象集中教育活动"，载深圳市司法局网，http://sf.sz.gov.cn/jwjdygk/ytq/yqgl/content/mpost_9489102.html，最后访问时间：2022年8月31日。

导、职业技能培训、改善社会关系等方面提供必要的帮扶"。此条款是国家鼓励引导专业社会组织和社会工作者对社区矫正对象提供教育帮扶的规定，也为社区矫正社会服务或其他社会服务参与教育矫正提供了法律依据。自试点以来，以上海为代表的各地区积极探索政府购买服务等方式，借助专业组织、专业人员的力量，专群结合地开展社区矫正工作，取得了良好效果。专业组织及专业人员具有社会工作、心理学、教育学、社会学等专业知识，运用专业方法，开展人际关系教育、适应社会生活教育、心理健康教育等，以增强社区矫正对象的文化素质。

此外，大学生志愿者也是开展文化教育的重要力量。部分地区社区矫正机构聘请大学生志愿者，为未成年矫正对象提供文化教育。例如，浙江万里学院大学生探索青少年社区矫正帮扶新模式，中南财经政法大学法学院成立"爱心同行"社区矫正大学生法律服务团，等等。总之，社区矫正机构、司法所要解放思路，坚持社会化矫正原则，根据教育对象及其实际需要，引入相应的社会力量开展文化教育，以丰富社区矫正对象的学习内容及兴趣。

任务5 社区矫正对象的职业技术教育

任务5.1 职业技术教育概念

职业技术教育是指为了让社区矫正对象学习职业知识和增强实践技术而进行的教育。

职业技术教育是教育矫正的重要内容。党的二十大报告强调，"就业是最基本的民生"。很多国家的研究发现，高失业率常常与高犯罪率联系在一起：因为未就业，失业人员整天无所事事，进而无事生非；同时，因缺少经济来源，容易铤而走险，走上犯罪道路[1]。可以说，就业直接影响社区矫正对象的生存与发展，是其能否顺利再社会化的关键因素。缺乏符合市场需求的职

---

[1] 王爱立、姜爱乐主编：《中华人民共和国社区矫正法释义》，中国民主法制出版社2020年版，第194页。

业技术是影响社区矫正对象就业的关键因素。职业技术教育的对象主要是没有固定工作、没有职业技术或经历监禁矫正后社会适应能力差的社区矫正对象。社区矫正机构、司法所开展的职业技术教育，有助于社区矫正对象尽快掌握工作技能，提高就业竞争能力，帮助其重返社会，进而降低再犯罪率，促进社会和谐稳定。简言之，开展职业技术教育，对社区矫正对象顺利回归社会意义重大。

任务5.2　职业技术教育内容

职业技术教育，又称职业技能教育，即受教育者通过教育、培训而获得某种职业资格、就业知识或劳动技能的教育类型，倾向于培养受教育者的实际工作技能、就业能力。[1]与学校文化教育相比，职业技术教育更强调实用性与专业性，其内容也具有广泛性的特点。自社区矫正实践以来，各地社区矫正机构十分重视职业技术教育，积极探索职业技术教育的新形式，但主要通过职业技术培训的方式实现。

一、获得职业资格

职业资格是对职业技术的认定。党的二十大报告指出，"健全终身职业技能培训制度，推动解决结构性就业矛盾"。在我国监狱矫正中，罪犯技术教育方面取得了显著成绩。司法部的统计数字显示，2006年至2016年全国监狱累计收押改造560万余名罪犯，263万余名罪犯获得职业资格证书。[2]自社区矫正制度实施以来，各地司法行政机关也积极推动社区矫正对象职业技术培训及职业资格认定。例如，河南省司法厅与省人社厅联合制定出台《河南省社区矫正对象"万人参训、千人持证"活动方案》，建立社区矫正对象技能培训工作责任机制，理清培训工作程序，组织在劳动年龄内、有劳动能力、就业困难的社区矫正对象参加职业技能培训，同时，明确社区矫正对象通过技能

---

〔1〕［德］菲利克斯·劳耐尔等主编：《国际职业教育科学研究手册》（上册），赵志群等译，北京师范大学出版社2014年版，第22~23页。

〔2〕刘斌、蓝宗跃："罪犯职业技术教育的现状及社会化思考"，载《辽宁公安司法管理干部学院学报》2019年第3期。

培训取得相应证书后，将其纳入公共就业服务范畴，不定期推荐就业岗位、宣传创业政策，强化援助服务，实现"培训一人、就业一人"的效果。该方案要求到 2022 年底，全省要完成社区矫正对象职业技能培训 1 万人次以上，取得相应证书 2000 人以上。[1] 再如，长丰县司法局联合长丰县轨道交通学校对社区矫正对象开展职业技能培训，培训内容是机电、焊技工知识，2021 年共计 154 名矫正对象完成培训，140 名矫正对象通过考试，取得职业技能资格证书。[2] 总之，通过职业技术培训，社区矫正对象获得相应的职业资格认定，能够提升其市场竞争力，有利于帮助其实现就业。

二、讲授就业知识

就业知识是职业技术教育的重要内容之一。简单地讲，就业知识是指关于如何实现就业的知识，包括获得就业信息及指导，提高就业、创业能力等。在获取就业信息及指导方面，社区矫正机构可以通过多种方式和渠道开展。《社区矫正法》第 37 条规定："社区矫正机构可以协调有关部门和单位，依法对就业困难的社区矫正对象开展职业技能培训、就业指导，帮助社区矫正对象中的在校学生完成学业。"实践中的主要做法有：其一，社区矫正机构可以协调人力资源和社会保障部门为社区矫正对象提供就业信息及指导；其二，社区矫正机构可以和社会上的职业介绍机构、家政服务中心等社会职业中介机构合作，为社区矫正对象提供就业信息，或者向公司、企业推荐社区矫正对象。其三，社区矫正机构还可以聘请专职的职业指导老师，为社区矫正对象提供一些就业建议，指点迷津。职业指导老师根据社区矫正对象的思想、实际情况以及他们的自身条件，提出就业建议。

在提高就业能力方面，掌握制作简历、面试技巧等知识十分必要。例如，派潭司法所联合广州市北斗星社会工作服务中心通过线上集中学习为社区矫正对象开展主题为"技能提升，助力就业"职业技能培训。司法社工通过 PPT 演讲形式，向社区矫正对象讲解简历制作步骤，并链接就业渠道资源，

---

〔1〕 "省司法厅高质量推进社区矫正对象职业技能培训工作"，载河南司法行政在线，https://www. henan. gov. cn/2022/04 – 01/2424524. html，最后访问时间 2022 年 8 月 31 日。

〔2〕 "长丰县司法局：组织社区矫正对象参加职业技能培训"，载长丰县司法局，https://baijia-hao. baidu. com/s？ id = 1722403154250604945&wfr = spider&for = pc，最后访问时间 2022 年 8 月 31 日。

协助对象拓宽就业途径。同时模拟面试情景并传授社区矫正对象面试技巧，引导矫正对象积极探讨、分享及反思，在总结与习得他人经验中全面提升自我就业能力。[1]

在提高创业能力方面，社区矫正机构应当鼓励和扶持社区矫正对象，发挥他们自身的优势，帮助他们自主创业。党的二十大报告强调，"完善促进创业带动就业的保障制度"。一些社区矫正对象犯罪前或许是私营业主，或者有过一定的创业经验，或者具有文化程度高、思想开放等优势，具备自主创业的素质和能力。目前，一些地区的社区矫正机构积极引导社区矫正对象自主创业。

专栏 3-2　引导社区矫正对象自主创业走上致富路　彰显司法人文关怀[2]

蒙某，于 2021 年 1 月 25 日被列为德庆县回龙司法所监管的社区矫正对象。在刚接受社区矫正的时候，蒙某情绪低落、生活消极。回龙司法所工作人员了解情况后，多次上门为其做思想工作，帮助他减轻思想负担，鼓励他积极向上工作，并与当地镇政府相关职能部门沟通，以"三农"相关政策为基础，引导他发挥自己的农技特长（原为农校毕业），积极寻找合适的创业项目。最终蒙某建立了协农种植专业合作社（种植各种果蔬），开始了自主创业之路。

2022 年 2 月 24 日上午，回龙司法所工作人员联同德庆县检察院工作人员再次来到蒙某的菜场，看到蒙某的农场已初具规模，呈现着丰收的景象。他说："等以后农场发展好了、有更多资金来源，将扩大种植、养殖规模，通过自己的努力服务社会，希望能带动周边更多的村民发家致富。"看到自己的创业项目前景大好，蒙某对未来的生活充满信心，并表示会积极配合社区矫正工作，今后做一个遵纪守法的公民，不再重蹈覆辙干违法的事情。

另外，社区矫正机构聘用的社会组织也开展提高创业能力的活动，例如上海市新航社区服务总站普陀区工作站创立了帮助社区矫正对象"增能创业"的流程（参见图 3-1），以提高社区矫正对象的创业能力。

---

〔1〕"提技能，促就业！派潭司法所开展社区矫正对象职业技能培训"，载吾乡派潭公众号 2022 年 7 月 29 日。

〔2〕"引导社区矫正对象自主创业走上致富路　彰显司法人文关怀"，载肇庆市司法局网，http://www.zhaoqing.gov.cn/zqsfj/gkmlpt/content/2/2674/mpost_2674041.html#5105，最后访问时间：2022 年 8 月 31 日。

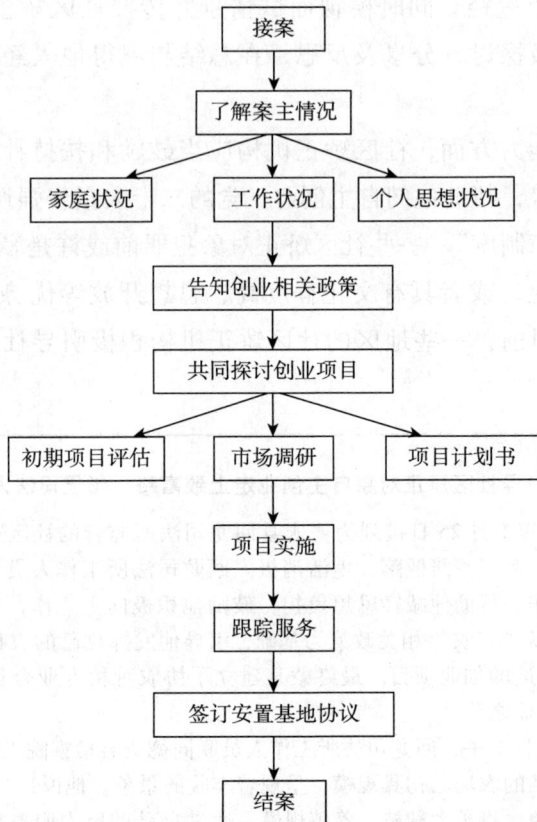

图3-1 帮助社区矫正对象"增能创业"的流程[1]

三、培养劳动技能

培养劳动技能是职业技术教育的核心内容。培养劳动技能需要以市场需求为导向。各地社区矫正机构结合社区矫正对象文化程度、实际需要，开展不同类型的劳动技能培养活动。例如，河南省巩义市组织社区矫正对象职业技能培训班，工种为初级电工，课程安排为理论课结合实际操作，培训内容为职业道德、基础知识、法律法规、电器安装和线路敷设、继电控制电路装调维修、基本电子电路装调维修等，注重加强实际操作技能训练，使培训对

---

〔1〕 参见刘强等主编：《社区矫正理论与实务研究文集》，中国人民公安大学出版社 2009 年版，第 366 页。

象能够独立上岗，完成一般电器线路及常用电器的保养和维修工作。[1]河南省洛阳市偃师区司法局组织社区矫正对象开展中式烹饪培训，采取理论和实操相结合的方式，矫正对象从基础烹饪练起，通过培训，每名矫正对象学会了18 至 24 道菜肴的制作方法并进行了实操，通过培训共有 40 名社区矫正对象通过了结业考试，并拿到了初级厨师证书。[2]河南省太康县司法局联合县人力资源和社会保障局、太康叶子家政培训学校举办养老护理技能培训班，围绕老年人、病人的心理、生理健康和老年人、病人安全防护等方面，着重讲解了生活方面的照护、心理照护以及实务中常见急症简单急救知识与技能。[3]此外，还有地区组织社区矫正对象学习电脑操作及维修、电动缝纫、焊工、车床、水电安装维修、汽车修理、美容美发师、音响调音、电子商务、家政护理、植物种植、水果及坚果种植、茶艺、个性手工品制作、面点制作、中西式烹调、抖音创业、直播带货等多种职业技能，不断提高他们的职业技术水平，帮助其实现就业创业。

【案例 3 - 1】中，经了解王某某父亲病逝后留下巨额债务，王某某自身亦因病需长期服药，导致家庭因病致贫，其小女儿因家庭困难未能接受幼儿园教育。司法所主动联合街道人社部门，协助其参加就业技能培训，提升其就业能力。在人社部门组织的培训中，王某某掌握了面点制作技能，目前打算攒钱和母亲开早餐店。通过多方共同努力，王某某的家庭状况有了明显改善，社会各方的关爱也让王某某对于重新回归社会有了更多期许，其母亲也多次到受委托的司法所表示感谢。

任务5.3　职业技术教育要求

一、职业技术教育坚持个别化要求

职业技术教育需要结合社区矫正对象的个性特征，坚持个别化要求。尽

---

〔1〕"举办社区矫正对象职业技能培训班"，载搜狐网，https：//www. sohu. com/a/556973088 _121 375869，最后访问时间：2022 年 8 月 31 日。

〔2〕"偃师区司法局开展社区矫正对象职业技能培训"，载偃师掌上 12348 公众号 2022 年 4 月 27 日。

〔3〕"太康县司法局组织开展社区矫正对象职业技能培训"，载太康司法行政公众号 2022 年 6 月 30 日。

管社区矫正对象都是社会化失败者，但每位社区矫正对象有各自的特点，他们的性别、年龄、个人兴趣、文化水平、知识结构、职业技能等方面各不相同，因此，社区矫正工作者需要运用优势视角的实践模式，最大限度地发现、发挥和发展社区矫正对象自身的优势和潜能，开展有针对性的职业技术教育及培训，实现助人自助，这样才能取得事半功倍的效果。例如，青浦区社区矫正中心根据社区矫正对象的特点，开展不同的职业技能培训，以提高学习积极性，华新司法所对女性社区矫正对象开展了"感知生命、多肉秋播"多肉种植技能教育活动；赵巷司法所组织社区矫正对象开展了"创意手袋、雅趣生活"碟骨巴特手工包制作活动；盈浦司法所组织社区矫正对象开展了"品茶道、知人生"茶艺技能教育活动，邀请国家茶艺二级技师、茶艺培训师讲解"茶道"。[1]总之，个性化的职业技术教育及培训，才符合社区矫正对象的群体特点及个性特征，才能够激发矫正对象的学习兴趣。

二、职业技术教育坚持导向化要求

职业技术教育需要结合不断变化的市场动态，坚持导向化要求。社区矫正机构或其委托的职业培训机构应当以市场为导向，将职业技术教育及培训与就业指导有机地结合起来，了解市场人才动态需求，开展具有市场竞争性的职业技能培训，特别对那些有一定职业技能的社区矫正对象予以指导，教会他们就业的方法与技巧。例如，随着网络时代的飞跃性发展，各种网络娱乐工具应运而生：如当下比较流行的抖音、快手等，一个平台的出现必定造就相应人才的发展，如我们现在听到最多的一个流行词："网红"。石狮市司法局组织社区矫正对象职业技能培训，借助海阔设计学校社区矫正帮教基地，开展主要课题是如何成为网红、如何通过直播实现带货的技能培训。[2]龙港市司法局社区矫正中心与壹次心未成年人帮扶中心携手，开展"龙港市社区矫正对象抖音创业培训"活动，邀请了多位具有电商领域创业经验的资深老师授课，采取 PPT、图片、视频、一对一指导等方式，深入浅出地介绍了当

---

〔1〕"青浦区社区矫正中心开展职业技能教育系列活动"，载青浦区社区矫正中心公众号 2020 年 11 月 3 日。

〔2〕"石狮市司法局石狮市矫正局社区矫正对象职业技能培训"，载石狮海阔设计学校公众号 2020 年 12 月 14 日。

前的就业形式和发展方向，讲解了抖音创业相关概念、视频拍摄技巧、视频剪辑注意事项等，并通过真实案例教学，让学员掌握抖音创业平台的技术知识和应用实践技能，培养了学员对抖音创业领域学习和探究的兴趣，为创业就业打下了良好的基础。[1] 总之，只有市场为导向的职业技术教育及培训，才具有实际价值，才能够提高矫正对象的竞争力。

三、职业技术教育坚持多元化要求

职业技术教育需要调动政府相关部门，坚持多元化要求。《社区矫正法》第 37 条规定："社区矫正机构可以协调有关部门和单位，依法对就业困难的社区矫正对象开展职业技能培训、就业指导，帮助社区矫正对象中的在校学生完成学业。"这里的"有关单位和部门"，是专门负责职业技能培训和就业指导工作的部门。根据《就业促进法》以及政府的职能分工，促进就业的主体单位是人力资源和社会保障等政府部门以及职业院校、职业技能培训机构等，同时，工会、共产主义青年团、妇女联合会、残疾人联合会以及其他社会组织，应当协助开展促进就业工作，并依法维护特殊社会群体的劳动权、就业权。按照相关法律、法规、政策规定，就业困难人员可以享受职业培训和职业技能鉴定补贴政策、社会保险补贴政策、公益性岗位补贴政策、创业扶持政策；政府为就业困难人员提供日常援助、集中援助等就业援助，相关部门应该依照规定，履行职责，落实好社区矫正对象中就业困难人员的促进就业规定。[2] 由此可见，在社区矫正对象职业技术教育及培训过程中，人力资源与社会保障等部门应当承担其法定职责，发挥其应有作用。换言之，开展职业技术教育及培训，需要多元化的相关部门履职、参与。社区矫正机构需要把握好促进就业的实施主体，加强与人力资源与社会保障等相关就业促进部门的协作，协调相关部门在法律规定的框架内落实税费减免、贷款贴息、社会保险补贴、岗位补贴等政策。

同时，社区矫正的开放性也决定了参与职业技术教育及培训的主体多元

---

〔1〕"抖音创业培训　助力职业技能提升——社区矫正中心积极探索'法助共富，法护平安'新思路"，载龙港市委政法委公众号 2022 年 6 月 28 日。

〔2〕王爱立、姜爱东主编：《中华人民共和国社区矫正法释义》，中国民主法制出版社 2020 年版，第 194 页。

化。进言之，社区矫正机构可以借助企业事业单位、社会组织等社会力量组织职业技术教育及培训。党的二十大报告强调，"引导、支持有意愿有能力的企业、社会组织和个人积极参与公益慈善事业"。《社区矫正法》第41条规定："国家鼓励企业事业单位、社会组织为社区矫正对象提供就业岗位和职业技能培训。招用符合条件的社区矫正对象的企业，按照规定享受国家优惠政策。"社区矫正机构需要解放思想，因地制宜，动员、协调企业事业单位、社会组织参与社区矫正工作，通过提供技能培训等方式，帮助社区矫正对象回归社会。如前所述，各地社区矫正机构与社会工作组织、职业技术学校、社会培训学校、企业、社会组织等社会力量合作，为矫正对象职业技术教育及培训创造条件。总之，开展职业技术教育及培训不单是社区矫正机构的工作，需要人力资源与社会保障等政府部门履职、支持，也需要企业、社会组织等多元化社会力量的介入、参与。

任务6　社区矫正对象的心理健康教育

任务6.1　心理健康教育概念

社区矫正对象的心理健康教育，是指社区矫正工作者通过知识传授、行为训练和实践指导等方式，提高社区矫正对象的心理素质，促进其心理健康发展的教育活动。

党的二十大报告强调，"重视心理健康和精神卫生"。对社区矫正对象开展心理健康教育是十分必要的。社区矫正对象是心理问题、心理疾病的高发人群。一项针对22名社区服刑人员的心理健康状况进行的调查发现，社区服刑人员这一特殊群体中的心理不健康者的比率虽然低于监狱服刑人员，但是仍高于用同一测验测得的一般群体，症状自评量表（SCL－90）测验中1个或1个以上因子为阳性症状的检出率为100%。[1]由此可见，社区矫正对象存在心理健康问题是比较普遍的现象。因此，对社区矫正对象开展心理健康教育

---

〔1〕　刘素珍等："社区服刑人员心理健康状况调查"，载《心理科学》2006年第6期。

十分必要且意义重大。

【案例3-1】中，经了解王某某表面自信，内心自卑。受疾病、婚姻、负债等因素影响，王某某虽故作洒脱，但内心极度渴望认同，往往因言语激将或哥们义气便丧失理性。社区矫正机构借助社会力量为矫正对象供心理辅导，邀请心理健康教育专家定期与王某某进行交流，指导其正确认识自我、完善自我，加强自我调节，合理释放压力，以积极健康的心态去面对身边的人和事。

任务6.2　心理健康教育内容

社区矫正对象心理健康教育内容丰富，且在不同阶段有所侧重。社区矫正对象心理健康教育的内容主要包括：普通心理学、犯罪心理学与矫治心理学的一般知识；自卑、嫉妒、猜疑、焦虑、矛盾、恐惧、逆反、对抗等消极心理的表现、特征与防治对策；不健康心理的自我调适方法等。由于社区矫正对象在矫正过程的不同阶段会表现出不同的心理问题，心理健康教育应当有所侧重。在矫正初期，心理健康教育以调整心态、适应环境、确立目标为主题，使社区矫正对象了解和掌握心理学的一般知识。在矫正中期，心理健康教育以形成正确的自我意识、建立和谐的人际关系、塑造积极的心态为主要内容。同时，要积极开展有针对性的心理健康教育。例如，针对未成年社区矫正对象，注重提升他们的情感智商，控制其冲动情绪，加强性知识教育等；针对女性社区矫正对象，注重加强其道德修养，增强自尊、自爱、自强的精神，以及增加生理、心理卫生教育；针对暴力型社区矫正对象，注重控制和调节情绪；针对涉财型社区矫正对象，注重培养其社会性情感和社会性需要，如集体荣誉感、自尊心等。在矫正后期，心理健康教育以巩固积极成果、传授自我心理调适方法为主要内容。具体而言，社区矫正对象的心理健康教育包括以下方面：[1]

一、心理学基础知识教育

心理学基础知识的内容广泛，其内容选择需要符合社区矫正对象这一特

---

〔1〕　参见刘邦惠等著：《社区服刑人员的心理矫治》，科学出版社2015年版，第53~59页。

殊群体的特点。首先，社区矫正对象需要了解心理健康的内涵以及判断标准，了解和评判自身的心理健康状况。这样，一旦发现心理问题，社区矫正对象可以尽快发现并寻求帮助。其次，社区矫正对象需要了解焦虑、自闭、抑郁等典型心理问题的表现及产生原因。最后，社区矫正对象需要了解犯罪心理学的知识，能够解读自身的犯罪心理过程，剖析犯罪心理及动机，认识到犯罪行为的危害性、严重性，进而引导其弃恶从善。

二、情绪管理教育

稳定而积极乐观的情绪，是良好心理素质的重要标志。培养和保持健康的情绪，有助于个体开发自身潜能，提高生活质量，合理高效地解决问题。因此，要维护和保持心理健康，就必须提高自己的情绪管理和控制能力。社区矫正对象的特殊身份角色以及面临的矫正现状，必然导致其遭遇更多的情绪波动。一方面，身份角色与生存环境的变化，可能影响社区矫正对象的情绪。虽然社区矫正对象在社会上接受刑罚处罚，但其仍是罪犯身份。社区矫正对象的身份由普通社会成员转变为社会评价低的罪犯，大多数人难以接受，自然会引起情绪不稳定，拒绝、否定、排斥现有的罪犯身份。同时，假释类、暂予监外执行类矫正对象的矫正环境从封闭的监区转向开放的社区。长期的监禁矫正经历导致他们已经习惯监狱生活，而不适应长期脱离的社会生活，进而产生焦虑、紧张、恐慌、自闭、负性情绪等心理问题。另一方面，社区矫正对象遇到的生活、工作等方面的挫折、失败，也会影响其情绪及行为。社会生活千变万化。社区矫正对象也不可避免地遇到离婚、失业、患病、自然灾害等负面事件，无疑会导致他们情绪的不稳定。总之，罪犯身份、矫正环境以及负性事件等因素都会引起社区矫正对象情绪波动，需要及时、有效地处置，否则可能会诱发重新犯罪。

三、人际关系教育

人际关系本质上是人们在社会实践中通过交往而形成的心理关系。人们在社会生活中从事共同活动，处理好各种社会关系的基础就是要处理好人际关系。心理学研究表明，良好的人际关系能够使个体获得安全感、归属感，增强个体的自尊、自信；能够满足个体交往的心理需求，获得友谊。一方面，经过了犯罪、逮捕、审讯、审判，并被贴上罪犯标签，社区矫正对象难以接受，可能会产生自闭、敌对情绪，影响其人际交往及关系；另一方面，由于犯罪行为或罪犯身份，社区矫正对象可能会受到社会成员的排斥，甚至家庭成员的疏离，导致社会关系网络的紧张，甚至断裂。因此，对社区矫正对象来说，人际关系教育的重点是帮助他们建立人际关系与心理健康的关系，认识到其独特的身份可能会给他们的人际交往带来哪些不利影响。在此基础上，应有针地性地传授解决方法和应对技巧，最终使得他们自己有能力建立和谐、良性发展的人际关系。

四、心理调适技巧教育

具备基本的心理健康知识，掌握一定的心理调适技巧，是社区矫正对象解决情绪、人际关系等问题的手段。对社区矫正对象而言，心理调适主要集中在以下方面：首先是自我认识的指导。社区矫正对象要认识到现实的社会身份及矫正状况，服从监督管理，接受教育帮扶，并明确努力改造的方向。其次是人际关系的调适。培养诚实、助人的品质，帮助他们处理好与其他社会成员间的关系。再次，培养抗逆力。社区矫正对象需要树立正确的人生观、价值观，提高意志品质，增强抗挫折、解困境的能力。最后，遵守社会规范。社区矫正对象需要培养规范、规则意识，提高自我控制、自我调整的能力，避免个人中心主义。常用的心理调适方法有角色模拟法、组织交往法、冥想疗法等。

五、健全人格的教育

健全的人格在心理健康标准中处于核心地位。人格的和谐与健全是具备个体心理健康的重要保障，是生命全程发展的基础，影响着个体发展的每一个进程。健全人格是个不断完善的过程，而教育在这个过程中起着不可替代的作用。健全人格具有以下特征：一是客观的自我认识和积极的自我态度，二是客观的社会知觉和建立适宜人际关系的能力，三是生活的热情和有效解决问题的能力，四是个体结构具有协调性。培养社区矫正对象健康人格是心理健康教育的根本目的。培养社区矫正对象健全的人格，可以帮助他们正确地认识自我，转变不合理的理念及错误认知；可以帮助他们正确感知社会，提高解决问题的能力；可以帮助他们认同社会道德规范，通过合理的方式解决问题及困难。

六、不同年龄阶段的心理健康教育

不同年龄阶段的社区矫正对象具有不同的心理特点，其心理健康教育的内容也应当有所侧重。青少年的心理发育不成熟，人格尚未稳定、可塑性强，其多半犯罪行为是可以通过矫正工作予以改变的。不合理的理念，容易情绪激动，不正确的价值观与交友观是诱发青少年暴力犯罪的主要原因。因此，培养健全人格和理性认识对青少年预防犯罪具有积极作用。与青少年相比，中年人的人格具有稳定性。随着年龄的增加、阅历的丰富以及体力的逐渐减退，中年人的犯罪行为逐渐减少。对于中年人来讲，心理健康教育可以帮助他们客观地认识和评价自己，掌握人际交往技能，培养情绪管理能力，理性解决生活及工作中的问题及困难，提高家庭责任感、幸福感以及社区认同感。这些都有助于他们正面的建设性力量增长，从而对可能发生的犯罪有很好的抵御作用。对于老年人群，一方面他们更多的是渴望得到家庭的温暖；另一方面，他们的人格特点、行为特征早已成型，心理健康教育所取得的成效也有限，因此，对于这类人群的教育目标是，让他们在接受矫正后，能够以积极的态度生活，找寻生活中新的意义和目标，避免产生空虚感和失落感。

任务6.3 心理健康教育要求

心理健康教育是一项专业性、长期性的教育活动。社区矫正机构需要提供以下方面的保障：

一、建立心理健康教育制度

心理健康教育是教育矫正的重要内容之一。《社区矫正法》第40条第1款规定："社区矫正机构可以通过公开择优购买社区矫正社会工作服务或者其他社会服务，为社区矫正对象在教育、心理辅导、职业技能培训、社会关系改善等方面提供必要的帮扶。"《社区矫正法实施办法》第43条第3款规定："根据社区矫正对象的心理健康状况，对其开展心理健康教育、实施心理辅导"。这些规定为心理健康教育等心理帮助工作提供了法律依据。2016年河北省司法厅下发《关于加强社区服刑人员教育管理工作的意见》（冀司〔2016〕147号）规定，"心理健康教育包括心理健康基本知识、自我认识、积极情感、人际关系、人格健全、社会环境适应等。心理健康教育应占到全年教育内容的20%以上，社区服刑人员均应接受系统完整的心理健康普及教育"。目前各地区社区矫正机构已经认识到心理健康教育的必要性和重要性，大多都成立了心理咨询中心或心理辅导站，定期开展心理健康教育。为确保心理健康教育的有效实施，社区矫正机构或其委托机构应当进一步规范心理健康教育，遵循心理学教学规律，明确专业教师组成，编制教学大纲、教学计划以及教材、读本、学习手册等，健全听课、备课、考核等制度，形成一套完整、规范的心理健康教育制度。

二、建设心理健康教育队伍

专业、稳定的心理健康教育队伍是开展心理健康教育的基础。与监狱人员配备相比，社区矫正机构工作队伍的心理学知识储备及心理咨询资格认定低于监狱的工作人员。客观地讲，从目前县（市、区）社区矫正机构、街道（乡镇）司法所的工作人员数量及专业程度来看，对社区矫正对象开展规范化的心理健康教育难度较大。但是，社会力量参与是社区矫正的优势与特色。在现有工作人员数量不多，心理学专业知识不充实的条件下，引入社会面的专业人员参与社区矫正对象心理健康教育十分必要。

自社区矫正制度实施以来，各地积极引入社会力量开展心理健康教育工作，以缓解社区矫正工作队伍专业化不足问题。例如，借助刑罚执行一体化的契机，引进监狱、戒毒人民警察参与心理健康教育工作。甘肃省天水市秦州区紧密结合社区矫正工作实际，主动转变工作理念，探索完善社区矫正心理矫治模式，通过与甘肃省第四强制隔离戒毒所合作，开展社区矫正对象心理辅导等系列活动，邀请省第四强制隔离戒毒所教育矫治大队从事多年心理辅导工作的心理咨询师开展心理健康知识专题讲座。[1]在刑罚执行一体化的背景下，各地借调监狱、戒毒人民警察开展社区矫正工作，可以借助其心理

---

〔1〕"管控教育两不误　心理矫治拓新路——天水市秦州区不断加强社区矫正心理健康教育"，载甘肃司法行政公众号2022年8月23日。

学方面的专业与经验优势，参与心理健康教育及心理咨询等帮助活动，复制、推广此种经验。此外，有些地区通过政府购买服务的方式，聘请心理咨询机构专业人员，开展心理健康工作；还有地区通过与高校、医院、社会组织合作，邀请具有心理学专业知识的教师、学生、心理医生、精神病专家、社工等专业人员，开展心理健康教育。可见，借助社会力量参与心理健康教育及其他心理辅导工作是目前社区矫正机构的主要选择。但从长远看，建立一支专门、专业的心理健康教育工作队伍十分必要。在引进专业人才方面，社区矫正机构可以引进心理学专业或具备心理学知识的人员；在购买社会服务方面，社区矫正机构可以与具有心理学专业人才的社会组织合作；在招募志愿者方面，社区矫正机构可以吸收具有心理学专业知识或资质的社会成员。总之，通过多措并举，逐步改变现在主要依靠引入社会力量的现状，为建立一支专兼职结合的心理健康教育队伍奠定基础。

三、更新心理健康教育内容

社区矫正对象的心理变化决定了心理健康教育的更新与调整。随着社会及生活的发展变化，社区矫正对象的思想及心理也会发生变化，进而心理健康教育也是一个动态的过程。虽然心理健康教育以讲授基础性心理学知识、解决共同性心理问题为主体，但也不能忽视社区矫正对象的特殊心理问题。在教育矫正过程中，社区矫正对象的心理问题及严重程度各不相同。同时，社区矫正对象的心理问题还不断变化，可能已有的心理问题趋向严重或有所缓解，也可能出现新的心理问题，这就要求我们不断调整、更新心理健康教育的内容，做到有的放矢。心理健康教育既要解决常见性心理问题，又要面对特殊性心理问题。这就要求集中教育与个别教育相结合，常规教育与临时教育相结合。

同时，恰当的教育形式是调动社区矫正对象学习积极性，提高心理健康教育效果的重要路径。心理健康教育的形式可以是多样化的。矫正环境的开放性决定了心理健康教育形式的多样性。社区矫正机构或其委托的机构可以通过系统化课堂教育，专业化的心理测量或实验，个别化的咨询服务，举办心理健康专题讲座，利用传播媒介（如心理健康专业性报纸、黑板报、宣传册、网络平台、短视频、微信公众号等）等方式开展心理健康教育。总之，高质量的心理健康教育需要不断更新的教育内容与持续创新的教学形式为支撑。

四、保障心理健康教育经费

充足的经费保障是持续开展专业性心理健康教育的外在保障。不论是专业化心理健康教育队伍的建设，还是心理健康教育场所、硬件设施与软件的配备，都需要充足的经费支持。《社区矫正法》第 6 条第 1 款规定："各级人民政府应当将社区矫正经费列入本级政府预算。"据此，社区矫正经费主要依靠各级人民政府。我国幅员辽阔，各地区经济发展不平衡、不充分。经济欠发达地区仍难以保障提供足够的社区矫正工作经费，更难有用于心理健康教育工作的经费预算。针对此类情况，一方面，各级社区矫正机构要高度重视心理健康教育的重要性和必要性，建立专门的心理健康教育制度，确保心理健康教育按时、保质开展；另一方面，尝试探索建立社区矫正工作经费分摊体制，对经济欠发达地区，难以保障社区矫正基本工作经费的情况下，省级、市级财政按比例适度进行分配补贴，以确保县级社区矫正工作经费到位。同时，社区矫正机构也可以吸纳社会资金，补充心理健康教育运行所需要经费。总之，各级社区矫正机构需要将心理健康教育经费列入工作经费预算之中，并创造条件确保经费到位。

任务 7　实训项目：社区矫正对象法治教育技能训练

党的二十大报告强调，围绕保障和促进社会公平正义，坚持依法治国、依法执政、依法行政共同推进，坚持法治国家、法治政府、法治社会一体建设。加快建设公正高效权威的社会主义司法制度，努力让人民群众在每一个司法案件中感受到公平正义。

公平正义是法治的生命线，是我们党追求的崇高价值目标。坚持依法治国，用执法为民、司法便民的理念服务大局，实现公平正义是政法机关义不容辞的神圣职责。

很多社区矫正对象都是因为不知法、不懂法甚至是不守法而走上了违法犯罪的道路。如果你是一名社区矫正工作人员，你将如何为社区矫正对象开展法治教育呢？请根据社区矫正对象的需求，完成以下实训任务：

1. 调查了解你所在辖区内社区矫正对象的犯罪类型。
2. 根据不同的犯罪类型制定法治教育方案。
3. 根据法治教育方案开展法治教育实训演练。

附：实训任务书和实训考核表

实训任务书

实训项目	1. 调查了解你所在辖区内社区矫正对象的犯罪类型（课后完成） 2. 根据不同的犯罪类型制定法治教育方案（课后完成） 3. 根据法治教育方案开展法治教育实训演练（课上演练）
实训课时	2 课时（课上演练）
实训目的	学生通过模拟实训：1. 学会制定法治教育方案；2. 掌握法治教育的职业技能
实训任务	1. 利用课后时间，调查了解你所在辖区内社区矫正对象的犯罪类型 2. 利用课后时间，根据不同的犯罪类型制定法治教育方案 3. 根据法治教育方案，课上进行模拟实训演练
实训要求	1. 完成网上调查任务 2. 根据调查结果制定相应的法治教育方案 3. 完成课上实训演练任务 4. 指导教师熟悉法治教育的理论知识与实践技能，能指导学生开展法治教育的实训演练 5. 学生要积极配合指导教师的指导完成实训 6. 根据实训需要学生可自由组合若干小组，合作完成实训任务 7. 指导教师进行点评总结，每组学生根据教师的点评总结找出不足
实训成果形式	实训总结
实训地点	理实一体化教室
实训进程	1. 分享学生课后完成的调研和制定的法治教育方案 2. 根据教育方案，以小组的形式进行实训演练 3. 指导教师进行点评总结，每组学生根据教师的点评总结找出不足

实训考核表

班级_____ 姓名_____ 学号_____

任务描述：通过模拟实训，使学生初步具备开展不同内容的法治教育的能力
项目总分：100 分
完成时间：2 个课时（课上演练时间）

考核内容	评分细则	等级评定
一、实训过程与要求 1. 根据实训需要学生自由组成若干小组 2. 小组成员自行分配好分工 3. 小组讨论如何进行调研 4. 根据讨论的结果，设计调研问卷，并开展调研 5. 根据调研结果，制定法治教育方案 6. 根据法制教育方案，开展模拟的实训演练 7. 指导教师进行点评总结，每组学生根据教师的点评总结找出不足	分值：50 分 1. 实训过程与小组成员合作良好（15 分） 2. 积极参与到调研和制定法制教育的方案任务中（15 分） 3. 能成功完成所有实训任务（20 分）	实训成绩评定为四等： 1. 优（100 分~85 分） 2. 良（84 分~70 分） 3. 及格（69 分~60 分） 4. 不及格（59 分~0 分） 注意事项： 1. 有旷课现象，不能评为"优、良" 2. 旷课××节及以上，评为"不及格" 3. 实训内容没有完成，评为"不及格" 4. 两份实训总结雷同，评为"不及格"
二、实训表现与态度	分值：20 分 1. 实训演练认真、表现积极（2 分） 2. 调研材料全面、客观（5 分） 3. 能运用现代化信息技术完成调研任务（3 分） 4. 法治教育方案科学合理（5 分） 5. 能较好地完成法治教育的实训演练任务（5 分）	

续表

| 三、实训总结
1. 实训中出现的问题及解决办法（对遇到的问题、问题产生的原因进行分析判断，把解决过程写出来）
2. 实训效果（本次实训有哪些收获，掌握了哪些知识、技能，哪些不明白，有什么疑问，等等） | 分值：30 分
1. 按规定时间上交实训总结（5 分）
2. 格式规范（5 分）
3. 字迹清楚（5 分）
4. 内容详尽、完整，实训分析总结正确（5 分）
5. 无抄袭现象（5 分）
6. 能提出合理化建议或有创新见解（5 分） | |
| 合计 | | |

评分人：　　　　　　　　　　　　　　日期：　　年　月　日

【课堂活动 3 -1】

夏某某，男，1939 年 10 月出生，户籍地、居住地均为江苏省海安市。2020 年 7 月，因犯盗窃罪被江苏省海安市人民法院判处拘役 5 个月，缓刑 6 个月，并处罚金人民币 1000 元。

夏某某入矫时已 81 岁，为五保户，无婚史，常年独居。该社区矫正对象文化程度低，性格偏激，暴躁易怒，有小偷小摸的恶习。夏某某的极端性格与其成长环境密不可分。夏某某母亲早逝，父亲常年在外务工，年少叛逆的夏某某不愿学习，与其父亲交流甚少，且夏父对其关爱不足，在其 20 多岁时，父亲又去世。青少年时期失去双亲的夏某某无人管教，与社会闲散人员交往频繁，没有一技之长且缺少正常的收入来源，养成了小偷小摸的习惯，最终走上了犯罪道路。

入矫后，司法所对夏某某情况进行分析评估，了解其法治意识淡薄，道德素质不高，自认为小偷小摸不算违法犯罪。

如果你是一名社区矫正机构工作人员，根据夏某某的年龄、文化程度、犯罪类型及个性特点，谈谈如何对其实施法治教育？

【课堂活动 3 -2】

黄某某，男，1976 年 10 月出生，户籍地为江西省赣州市定南县，居住地为江西省赣州市定南县。因伙同他人盗窃爆炸物，黄某某于 2012 年 6 月 20 日被福建省永定县人民法院判处有期徒刑 10 年 6 个月，服刑地为福建省漳州监狱。黄某某服刑期间曾减刑 2 次，减去有期徒刑 1 年 2 个月（刑期自 2011 年 12 月 10 日起至 2021 年 4 月 9 日止）。2019 年 4 月 4 日，黄某某到定南县司法局社区矫正中心办理报到入矫，并由执行地司法所负责其社区矫正期间的日常管理。黄某某未婚，服刑期间父母离世，兄弟姐妹已成家，目前独自一人在县城租房生活。黄某某入矫后，受委托的司法所了解其文化程度低、就业技能薄弱、长期脱离社会，早年在家从事过林业工作，对木材加工有一定基础。

如果你是一名社区矫正机构工作人员，根据黄某某的文化程度、服刑经历及个性特点，谈谈如何对其实施职业技术教育及就业帮助？

【思考题】

1. 如何实现法治教育与道德教育相结合？
2. 如何提高形势政策教育的效果？
3. 如何分类、分层次开展社区矫正对象文化教育？
4. 如何借助社会力量开展社区矫正对象职业技术教育？
5. 如何保障社区矫正对象心理健康教育有效实施？

拓展 学习

一、《新时代公民道德建设实施纲要》（节选）

1. **筑牢理想信念之基。**人民有信仰，国家有力量，民族有希望。信仰信念指引人生方向，引领道德追求。要坚持不懈用习近平新时代中国特色社会主义思想武装全党、教育人民，引导人们把握丰富内涵、精神实质、实践要求，打牢信仰信念的思想理论根基。在全社会广泛开展理想信念教育，深化社会主义和共产主义宣传教育，深化中国特色社会主义和中国梦宣传教育，引导人们不断增强道路自信、理论自信、制度自信、文化自信，把共产主义远大理想与中国特色社会主义共同理想统一起来，把实现个人理想融入实现国家富强、民族振兴、人民幸福的伟大梦想之中。

2. 培育和践行社会主义核心价值观。 社会主义核心价值观是当代中国精神的集中体现，是凝聚中国力量的思想道德基础。要持续深化社会主义核心价值观宣传教育，增进认知认同、树立鲜明导向、强化示范带动，引导人们把社会主义核心价值观作为明德修身、立德树人的根本遵循。坚持贯穿结合融入、落细落小落实，把社会主义核心价值观要求融入日常生活，使之成为人们日用而不觉的道德规范和行为准则。坚持德法兼治，以道德滋养法治精神，以法治体现道德理念，全面贯彻实施宪法，推动社会主义核心价值观融入法治建设，将社会主义核心价值观要求全面体现到中国特色社会主义法律体系中，体现到法律法规立改废释、公共政策制定修订、社会治理改进完善中，为弘扬主流价值提供良好社会环境和制度保障。

3. 传承中华传统美德。 中华传统美德是中华文化精髓，是道德建设的不竭源泉。要以礼敬自豪的态度对待中华优秀传统文化，充分发掘文化经典、历史遗存、文物古迹承载的丰厚道德资源，弘扬古圣先贤、民族英雄、志士仁人的嘉言懿行，让中华文化基因更好植根于人们的思想意识和道德观念。深入阐发中华优秀传统文化蕴含的讲仁爱、重民本、守诚信、崇正义、尚和合、求大同等思想理念，深入挖掘自强不息、敬业乐群、扶正扬善、扶危济困、见义勇为、孝老爱亲等传统美德，并结合新的时代条件和实践要求继承创新，充分彰显其时代价值和永恒魅力，使之与现代文化、现实生活相融相通，成为全体人民精神生活、道德实践的鲜明标识。

4. 弘扬民族精神和时代精神。 以爱国主义为核心的民族精神和以改革创新为核心的时代精神，是中华民族生生不息、发展壮大的坚实精神支撑和强大道德力量。要深化改革开放史、新中国历史、中国共产党历史、中华民族近代史、中华文明史教育，弘扬中国人民伟大创造精神、伟大奋斗精神、伟大团结精神、伟大梦想精神，倡导一切有利于团结统一、爱好和平、勤劳勇敢、自强不息的思想和观念，构筑中华民族共有精神家园。要继承和发扬党领导人民创造的优良传统，传承红色基因，赓续精神谱系。要紧紧围绕全面深化改革开放、深入推进社会主义现代化建设，大力倡导解放思想、实事求是、与时俱进、求真务实的理念，倡导"幸福源自奋斗""成功在于奉献"

"平凡孕育伟大"的理念，弘扬改革开放精神、劳动精神、劳模精神、工匠精神、优秀企业家精神、科学家精神，使全体人民保持昂扬向上、奋发有为的精神状态。

二、社会主义核心价值体系

2006年10月，党的十六届六中全会通过的《中共中央关于构建社会主义和谐社会若干重大问题的决定》，第一次明确提出了"建设社会主义核心价值体系"这个重大命题和战略任务。

2007年，胡锦涛总书记在"6·25"重要讲话中强调，要大力建设社会主义核心价值体系，巩固全党全国人民团结奋斗的共同思想基础。社会主义核心价值体系包括四个方面的基本内容，即马克思主义指导思想、中国特色社会主义共同理想、以爱国主义为核心的民族精神和以改革创新为核心的时代精神、社会主义荣辱观。十八大首次提出，要倡导富强、民主、文明、和谐，倡导自由、平等、公正、法治，倡导爱国、敬业、诚信、友善，积极培育和践行社会主义核心价值观。

2017年10月18日，习近平同志在十九大报告中指出，坚持社会主义核心价值体系。必须坚持马克思主义，牢固树立共产主义远大理想和中国特色社会主义共同理想，培育和践行社会主义核心价值观，不断增强意识形态领域主导权和话语权，推动中华优秀传统文化创造性转化、创新性发展，继承革命文化，发展社会主义先进文化，不忘本来、吸收外来、面向未来，更好构筑中国精神、中国价值、中国力量，为人民提供精神指引。

（一）背景介绍

从2002年10月开始，中央电视台每年推出的"感动中国"年度人物评选，在社会上均引起强烈反响。从人民公仆郑培民、航天英雄杨利伟、独臂英雄丁晓兵、爱心歌手丛飞，到乡邮递员王顺友、好军医华益慰、自立自强的优秀大学生洪战辉、70多年前参加长征的红军群体等，虽然他们的身份不同，经历不同，但他们的故事都让人热泪盈眶，震撼人们的心灵。在他们身上，我们看到了一种理想，一种信念，一种精神，一种力量，他们以自己的行动从不同角度诠释了社会主义核心价值体系的真谛。

2006 年 10 月，党的十六届六中全会明确提出要建设社会主义核心价值体系，在全社会引起了广泛关注。2007 年胡锦涛总书记在"6·25"重要讲话中强调，要大力建设社会主义核心价值体系，巩固全党全国人民团结奋斗的共同思想基础。

当今中国，社会主义核心价值体系是社会主义制度的内在精神和生命之魂，是社会主义制度在价值层面的本质规定，它揭示了社会主义国家经济、政治、文化、社会的发展动力，体现了富强、民主、文明、和谐的社会主义现代化国家的发展要求，反映了全国各族人民的核心利益和共同愿望。在当前经济体制深刻变革、社会结构深刻变动、利益格局深刻调整、思想观念深刻变化，思想大活跃、观念大碰撞、文化大交融的背景下，提出建设社会主义核心价值体系，具有重要的理论意义和极强的现实针对性。

提出建设社会主义核心价值体系，向世人展现了我们党思想上精神上的旗帜。改革开放以来，我们党带领人民成功探索出一条中国特色社会主义道路，并在经济、政治、文化等方面建立了一套比较成熟的制度和体制。与这些根本性的制度和体制相适应，必然有一个主导全社会思想和行为的价值体系。特别是随着改革开放和社会主义市场经济的进一步发展，人们思想活动的独立性、选择性、多变性和差异性不断增强，对社会主义价值体系核心内容作出清晰的界定越来越迫切。核心价值体系就是一面旗帜，鲜明地亮出这面旗帜，就是要昭示人们，不论社会思想观念如何多样多变，不论人们价值取向发生怎样变化，我国社会主义核心价值体系是不能动摇的。

提出建设社会主义核心价值体系，是巩固全党全国人民团结奋斗的共同思想基础的需要。共同的思想基础，是一个党、一个国家、一个民族赖以存在和发展的根本前提。没有共同的思想基础，党就会瓦解、社会就会动荡、国家就会分裂。对党和人民在革命、建设和改革的长期奋斗过程中形成的共同思想基础作出科学的概括和清晰的界定，明确其基本内涵和基本要求，使之容易为全党全社会更加全面准确地理解和把握，在今天社会思想观念和人们价值取向日益多样的情况下，就显得十分必要和迫切。提出社会主义核心价值体系，就明确揭示了我们共同思想基础的基本内涵和要求，将会推动全党全社会更加自觉地维护我们的共同思想基础。

提出建设社会主义核心价值体系，有利于引导全社会在思想道德上共同进步。当前，人们的思想观念、道德意识、价值取向越来越呈现出层次性。我们不能因为存在着多层次的思想道德而降低甚至否定先进性的要求，也不能不顾人们思想道德的客观差异。社会主义核心价值体系的提出，集中回答了这个问题。社会主义核心价值体系，既体现了思想道德建设上的先进性要求，又体现了思想道德建设上的广泛性要求；既坚持了先进文化的前进方向，又兼顾了不同层次群众的思想状况；既体现了一致的愿望和追求，又涵盖了不同的群体和阶层，具有广泛的适用性和包容性，具有强大的整合力和引领力，是联结各民族、各阶层的精神纽带。

提出建设社会主义核心价值体系，是增强民族凝聚力、提高国家竞争力的迫切需要。当今世界，各国经济既相互融合又相互竞争，不同文化既相互借鉴又相互激荡。经济全球化的不断深入，既挑战着国家主权的内涵，又冲击着人们的国家观念、民族认同感。国家之间的竞争，既表现为经济、科技、军事等硬实力的竞争，又越来越反映在软实力之间的较量。在软实力中，最关键的就是核心价值体系，它直接反映着民族的凝聚力和国家的核心竞争力。"天下之至柔，驰骋天下之至坚。"在这种情况下，提出建设社会主义核心价值体系，有利于进一步凝聚民心、鼓舞斗志，提高经济全球化条件下的国家竞争力，在激烈的国际竞争中维护国家和民族的利益。

此外，建设社会主义核心价值体系也是建设和谐文化的根本。只有抓住了这个根本，才能树立和谐的理念、培育和谐的精神，形成和谐的人际关系、塑造和谐的心态，才能营造和谐的舆论氛围，形成良好的道德风尚和共同的理想信念。

（二）贯彻落实

2017 年 10 月 18 日，习近平同志在十九大报告中指出，坚持社会主义核心价值体系，必须坚持马克思主义，牢固树立共产主义远大理想和中国特色社会主义共同理想，培育和践行社会主义核心价值观，不断增强意识形态领域主导权和话语权，推动中华优秀传统文化创造性转化、创新性发展，继承革命文化，发展社会主义先进文化，不忘本来、吸收外来、面向未来，更好构筑中国精神、中国价值、中国力量，为人民提供精神指引。

（三）基本内容

社会主义核心价值体系的内容很明确、很具体，就体现在社会成员的具体行为中，体现在现实生活里，和我们每个人都息息相关。它包括四个方面的基本内容，即马克思主义指导思想、中国特色社会主义共同理想、以爱国主义为核心的民族精神和以改革创新为核心的时代精神、社会主义荣辱观。

马克思主义指导思想，是社会主义核心价值体系的灵魂。我们是社会主义国家，马克思主义是我们立党立国的根本指导思想，是社会主义意识形态的旗帜。它为我们提供了科学的世界观和方法论，决定着社会主义核心价值体系的性质和方向。

一个产生于150多年前的理论，今天为什么还要坚持呢？坚持马克思主义，是因为它是科学真理，它把严格的科学性和高度的革命性有机结合起来，揭示了人类社会的发展规律。综观当今世界，各种理论思潮、流派纷呈林立，但不容否认，马克思主义仍然处于人类社会思想史的高峰，仍然是指引人类前进的一盏明灯。马克思主义是一个开放的理论体系，它始终以客观事实为根据，吸收、借鉴和融合各种优秀的思想文化成果，在实践中不断前进、不断发展。80多年来，中国共产党坚持马克思主义基本原理同中国实际相结合，先后形成了毛泽东思想、邓小平理论、"三个代表"重要思想这三大理论成果，提出了科学发展观等一系列重大战略思想，不断赋予马克思主义以勃勃生机。正是在中国化马克思主义的指导下，我们党不断从胜利走向胜利，把一个贫穷落后的中国，变成为一个初步繁荣昌盛、欣欣向荣的中国。

中国特色社会主义共同理想，是社会主义核心价值体系的主题。这一共同理想，就是在中国共产党的领导下，走中国特色社会主义道路，实现中华民族的伟大复兴。回顾近代以来100多年的历史，实现民族复兴是中华儿女世世代代的追求和梦想。新中国成立后，我们党在领导人民建设社会主义的过程中，找到了建设中国特色社会主义的正确道路。这条道路既坚持了科学社会主义的基本原则，又根据我国实际赋予其鲜明的中国特色，赋予民族复兴新的强大生机。改革开放40多年来，社会主义制度又在除弊创新中自我完善和发展，经济社会发展取得了举世瞩目的伟大成就，更加坚定了全国各族人民实现共同理想的信念。

理想是灯塔，是风帆，引领着社会进步。中国特色社会主义共同理想，是当代中国发展进步的旗帜，是动员、激励全国各族人民团结奋斗的旗帜。它反映了我国最广大人民的根本利益、共同愿望和普遍追求，既实在具体又鼓舞人心，它把国家的发展、民族的振兴与个人的幸福紧密联系在一起，把各个阶层、各个群体的共同愿望有机结合在一起，具有强大的感召力、亲和力、凝聚力。不论哪个社会阶层、哪个利益群体的人们，都能认同和接受这个共同理想，并愿意为之共同奋斗。

民族精神和时代精神，是社会主义核心价值体系的精髓。它是一个民族赖以生存和发展的精神支撑。在5000年历史演进中，中华民族形成了以爱国主义为核心的团结统一、爱好和平、勤劳勇敢、自强不息的伟大民族精神；在改革开放新时期，中华民族形成了勇于改革、敢于创新的时代精神。二者相辅相成、相互交融，已深深熔铸在中华民族的生命力、创造力和凝聚力之中，共同构成中华民族自立自强的精神品格，成为推动中华民族伟大复兴的精神动力。

千百年来，无论面对多少困难挫折，面临多少艰难险阻，中华民族都始终高擎民族精神和时代精神的火炬。中华民族生生不息、薪火相传、奋发进取，靠的就是这样的精神；中华民族抵御外来侵略、赢得民族独立和解放，靠的就是这样的精神；在新的历史时期，抓住机遇，加快发展，由贫穷走向富强，靠的也是这样的精神；实现全面建设小康社会的宏伟目标和中华民族的伟大复兴，还是要靠这样的精神。只有大力弘扬民族精神和时代精神，才能传承中华民族历经磨难而不倒、饱经风霜而弥坚的精神实质，不断拓展我们民族自强不息、团结奋进的精神内涵，不断增强我们民族的自尊心、自信心和自豪感，使各族人民始终凝聚在爱我中华、振兴中华的旗帜下。

社会主义荣辱观，是社会主义核心价值体系的基础。一个社会是否和谐，一个国家能否实现长治久安，很大程度上取决于全体社会成员的思想道德素质。只有分清荣辱，明辨善恶，一个人才能形成正确的价值判断，一个社会才能形成良好的道德风尚。在我们这样一个有13亿多人口、56个民族的发展中大国，实现事业发展、社会和谐的目标和追求，既需要巩固马克思主义在意识形态领域的指导地位，需要树立正确的理想信念，需要倡导伟大的民族精神和时代精神，也需要确立起人人皆知、普遍奉行的价值准则和行为规范。

以"八荣八耻"为主要内容的社会主义荣辱观，概括精辟、内涵深刻，贯穿社会生活各个领域，覆盖各个利益群体，涵盖了人生态度、社会风尚的方方面面。它把与社会主义市场经济体制相适应、与社会主义法律规范相协调、与中华民族传统美德相承接的社会主义思想道德观念有机融合在一起，鲜明地指出了什么是真善美、什么是假恶丑，以何为荣、以何为耻，为人们在社会主义市场经济条件下判断行为得失、作出道德选择、确定价值取向，提供了基本规范。树立社会主义荣辱观，使社会成员都能知荣弃耻，褒荣贬耻，扬荣抑耻，社会主义核心价值体系才能有所依托、有所体现。

社会主义核心价值体系结构严谨，定位明确，层次清晰，是完整的、系统的，它坚持了社会主义又有中国特色，总结了成功经验又有新的提升概括，反映了现实的迫切需要又是能够通过努力实现的，可以最大限度地促进形成全社会的共识。

（四）建设条件

建设社会主义核心价值体系是构建社会主义和谐社会的重要条件，分为：

- 国家层面的价值目标：富强、民主、文明、和谐
- 社会层面的价值取向：自由、平等、公正、法治
- 个人层面的价值准则：爱国、敬业、诚信、友善

古人说：论先后，知为先。正确的价值体系只有被人民群众普遍接受、理解和掌握并转化为社会群体意识，才能为人们所自觉遵守和奉行。建设社会主义核心价值体系，首先要加大研究和宣传力度，营造浓厚的舆论氛围，使其家喻户晓、人人皆知。充分运用大众媒体的独特优势，采取多种形式，大力宣传建设社会主义核心价值体系的重大意义和基本内容，宣传广大干部群众建设社会主义核心价值体系的生动实践和新鲜经验。要把社会主义核心价值体系融入精神文明建设的全过程，贯穿到理论武装、新闻出版、广播影视、文学艺术、社会科学等工作的实践中，以更好更多的精神文化产品，推动社会主义核心价值体系建设。进一步丰富精神文明创建活动的内涵，提高创建水平，使人们时刻受到社会主义核心价值体系的感染和熏陶，真正为广大人民群众所感知、所认同、所接受，内化为人们的价值观念，外化为人们的自觉行动。

事有千万件，总得抓关键。建设社会主义核心价值体系，领导干部是关键。领导就是领路引导，干部应该先行一步。领导干部的行为及其体现出来的理论素养、理想信念、精神面貌、思想境界、道德情操，对社会主义核心价值体系建设起着重要的示范和导向作用。每个领导干部都要以社会主义核心价值体系为镜子，日日照、时时省，以身作则、率先垂范。要求老百姓去做的，自己首先做到；要求老百姓不做的，自己坚决不做，用自己的模范行动和人格力量为群众作出榜样。

青少年是祖国的未来、民族的希望。建设社会主义核心价值体系，要坚持从青少年抓起。从家庭教育、学校教育到社会教育，从学前教育到高等教育，都要将社会主义核心价值体系融入和渗透其中，使之成为贯通教育全过程的核心内容。根据青少年的认知水平、行为能力和心理特点，科学规划教育内容，改进教学方式方法，使青少年从小就养成基本的德育素质。把践行社会主义核心价值体系作为师德建设的重要内容，引导广大教师学为人师、行为示范，用自己的模范言行影响和带动学生。

建设社会主义核心价值体系，要重视引领好各种社会思潮。社会思潮是一定时期内对社会生活产生重要影响的思想倾向，在某种意义上是社会气候的"晴雨表"。必须及时了解思想理论领域的各种倾向性问题，认真分析各类社会思潮的本质特征、主要内容、表现形式、现实影响、形成根源，采取有针对性的措施，引导其沿着健康的轨道前进，向着积极的方面发展。同时，要在尊重差异中扩大共识，在包容多样中共铸和谐，努力形成团结和睦、万众一心、共创和谐伟业的生动局面。

（五）重要意义

社会主义核心价值体系是社会主义中国的精神旗帜。我们党明确提出建设社会主义核心价值体系，鲜明地展现出社会主义中国的精神旗帜，就是要昭示我国社会主义意识形态的核心部位是不能动摇的，进一步揭示和确立了我国社会主义意识形态、价值体系的基石和支柱。

社区矫正对象教育矫正的方法

学习目标

知识目标：掌握社区矫正对象教育矫正的教育类型以及各类教育方式的特点

能力目标：具备开展集体教育、个别教育、分类教育、社会教育的能力

思政目标：具备客观公正、诚实正直的职业道德；具备勤勉尽责、专注认真的职业精神

知识树

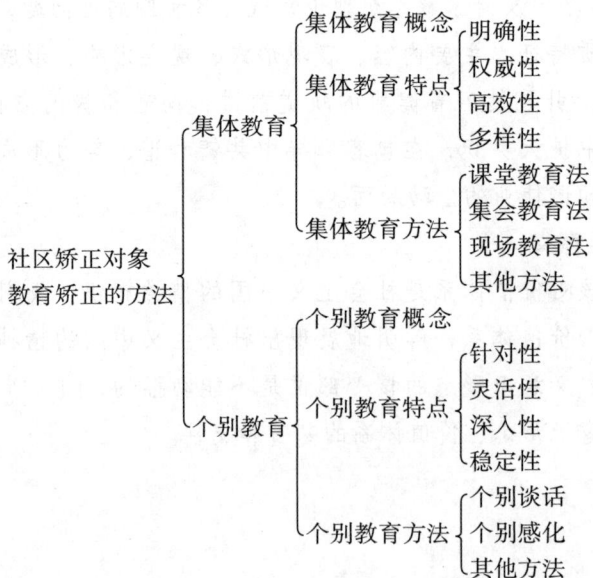

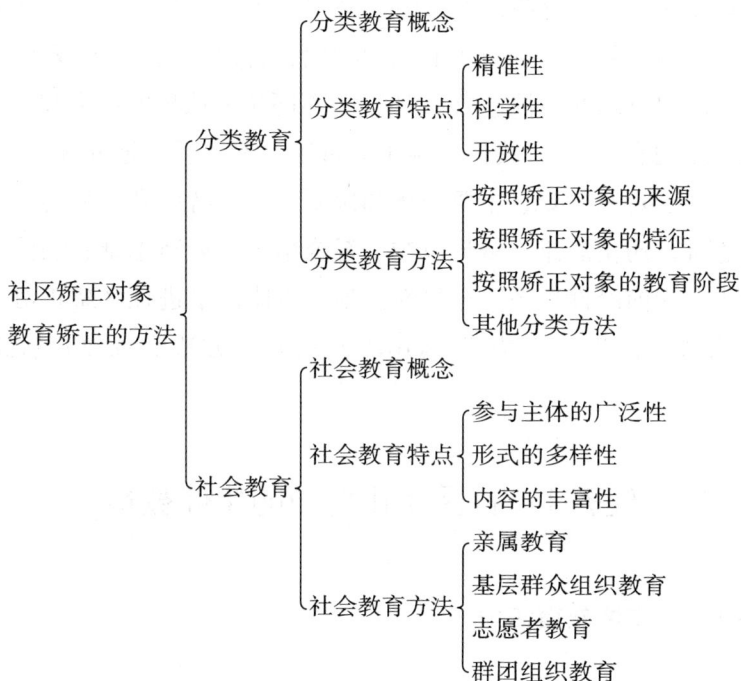

社区矫正对象
教育矫正的方法
├─ 分类教育
│ ├─ 分类教育概念
│ ├─ 分类教育特点
│ │ ├─ 精准性
│ │ ├─ 科学性
│ │ └─ 开放性
│ └─ 分类教育方法
│   ├─ 按照矫正对象的来源
│   ├─ 按照矫正对象的特征
│   ├─ 按照矫正对象的教育阶段
│   └─ 其他分类方法
└─ 社会教育
   ├─ 社会教育概念
   ├─ 社会教育特点
   │ ├─ 参与主体的广泛性
   │ ├─ 形式的多样性
   │ └─ 内容的丰富性
   └─ 社会教育方法
      ├─ 亲属教育
      ├─ 基层群众组织教育
      ├─ 志愿者教育
      └─ 群团组织教育

案例 4-1

2017 年 5 月，柯坦镇枣岗村村民杨某入股并接手了江西省九江市某采石场，在经营过程中，因越界开采被当地人民法院以非法采矿罪判处有期徒刑 3 年，缓刑 3 年，并处罚金 20 万元。2020 年 7 月 13 日杨某回到柯坦司法所接受社区矫正。杨某在刚入矫时，柯坦司法所司法助理员发现他的情绪低迷，针对杨某的实际情况，专门制定了矫正方案，在入户走访时，通过"三心"的工作方法，将普法与谈话融入其中，帮助他重拾信心，积极创业。"三心"即"真心、信心、责任心"，以司法工作人员的"真心"助矫，了解并帮助其解决生活上遇到的困难，定期组织杨某参与集体打扫卫生、捡拾垃圾、植树等社会服务活动，帮助他坚定回归社会的"信心"，并利用每月走访开展普法教育宣传和谈心谈话，不断增强其在矫意识和法律意识，培树对社会的"责任心"。

在社区矫正对象教育矫正工作中"必须坚持守正创新。守正才能不迷失方向，不犯颠覆性错误，创新才能把握时代、引领时代。我们要以科学的态度对待科学，以真理的精神追求真理"。"不断拓展认识的广度和深度，以新的理论指导新的实践"，"我们要善于通过现象看本质，把握好全局和局部、当前和长远、宏观和微观、主要矛盾和次要矛盾、特殊和一般的关系，不断提高战略思维、历史思维、辩证思维、系统思维、创新思维、法治思维、底线思维能力，为前瞻性思考、全局性谋划、整体性推进社区矫正对象教育矫正工作提供科学的思想方法。"运用不同的教育方法实现教育矫正的最好效果。

任务1 社区矫正对象的集体教育

任务1.1 集体教育概念

一、集体教育的概念

集体教育又称集中教育，是当前社区矫正主要的教育方法。它是指社区矫正机构对社区矫正对象群体进行集体教育活动，具体包括宣传法律法规、形势政策，传授文化知识、心理知识，训练职业技能等内容，旨在解决社区矫正对象群体的共性问题，为其顺利回归社会提供保障。

马卡连柯认为："我们教育了集体、团结了集体、加强了集体，以后，集体自身就能够成为很大的教育力量了。"[1]因此，集体教育在矫正教育中发挥着至关重要的作用。从宏观上看，根据集体教育时间维度的不同，可以将集体教育划分为初始集体教育、常规集体教育与解矫前集体教育；从微观上看，根据集体教育犯罪性质的不同，可以将集体教育划分为经济类集体教育、社会秩序类集体教育、职务类集体教育等。在实践生活中，集体教育的分类多

---

〔1〕〔苏〕安·谢·马卡连柯：《论共产主义教育》，刘长松、杨慕之译，人民教育出版社1962年版，第404~405页。

种多样，往往覆盖面广，各社区矫正机构能够有计划、有步骤地开展相应的教育活动，从而起到相应的矫正教育作用。

二、集体教育的意义

（一）解决普遍性问题，实现最优设计

当前，社区矫正的对象包括被判处管制、宣告缓刑、裁定假释和决定暂予监外执行的四种罪犯。虽然社区矫正对象来源不同，并且不同的人员有不同的人格特征以及人身危险性，但若干社区矫正对象之间又有普遍性的心理和行为问题。例如，对法律法规的认识，对形势政策的理解，对国际国内情况的了解，对社区矫正工作的抵触，犯罪所导致的压抑情绪，等等。对于这些问题，社区矫正对象的心理和行为都表现得相同或相似。要解决这些普遍性问题，最适宜的方式就是通过课堂授课、集中宣讲、开展讲座、知识培训等形式进行集体教育，以满足社区矫正对象的共同需求，从而实现最优设计。

（二）扩大教育覆盖面，提高矫正效率

目前，社区矫正机构对矫正对象进行集体教育多采用课堂授课的教育方式，这样的教育方式，通常在规定的时间和地点，由规定的工作人员有计划、有层次地对矫正对象进行授课，工作人员在授课前一般会拟定相应教学计划，搜集和确定教育教材，在课堂中引入讨论环节，让众多矫正对象参与其中，更具参与感。此外，在一些发达地区，授课者更加多样，社区矫正机构会聘用相应的专家、学者开展集体教育，更具专业性。而这些教育资源仅靠单个人或者是少量的团体是无法达到的。只有集体教育才可以扩大教育的覆盖面，让更多的矫正对象参与其中，获得更系统更专业的学习，从而提高矫正工作的效率，最终达到相应的矫正效果。

（三）发挥团体性优势，促进人格成长

社区矫正对象作为边缘化群体，在社区交往中往往会面临一系列的困难，例如周边人群的歧视、缺少亲密的社会互动，不能有效反馈自身情感等，此种情况下极易产生消极情感，否定自身价值，最终影响个人未来发展。而在开展社区集体教育活动中，社区矫正对象群体可以通过多种方式相互交流，

不再压抑自身悲观情绪、降低自卑，并且也能了解他人的心理状况，增加正面的互动，改善人际关系，从而获得积极的情绪体验，提升自我认知能力，逐渐适应社会。此外，在实践中社区矫正对象的支持群体局限于配偶、亲属等非正式支持，而参与社区集体教育相当于获得正式支持，这种团体性的支持能大大提升社交矫正对象与矫正模式的融合度。

任务 1.2　集体教育特点

一、明确性

集体教育是社区矫正教育的传统方法和重要手段，十分具有规范性。首先，社区矫正教育目的明确，严格要求教育的时间、主题、场合、次序等，按照既定的计划，有组织地实施相应的教育活动；其次，社区矫正教育内容明确，通过宣传法律法规、讲解政策形势等规范的教育模式解决矫正对象的普遍性问题，正如克莱门斯·巴特勒斯所说，"矫正的任务包括在罪犯和社区之间建立牢固的联系，使罪犯归入或重新归入社会生活中去，恢复家庭关系，获得职业的教育。就广泛的意义而言，即在于为犯罪人在社会生活中获得一席之地提供帮助。这需要发动和改造社会及各类机构。"[1] 最后，社区矫正教育程序明确，强调纪律、规定，确保良好秩序，各部门、人员之间要按照规定程序协调配合，避免教育的随意性。

二、权威性

社区矫正机构在开展集体教育时，一般气氛严肃、声势较大，一方面教育的内容具有权威性，教育内容多涉及解读法律条文、学习公共道德、治疗心理问题、提升社会技能等，传达的是一些具有共性和专业性的知识。另一方面，教育主体具有权威性，除了选用本机构专业的工作人员，一些地区还会聘用法律专家、心理学者等参与其中，开展相应的思想行为教育。因此，集体教育在教育作用上具有较强的权威性。

---

〔1〕〔美〕克莱门斯·巴特勒斯：《矫正导论》，孙晓雳等译，中国人民公安大学出版社 1991 年版，第 232 页。

三、高效性

通常情况下，教育信息传播的速度越快，覆盖面越广，相应的教育效果也就越好。而集体教育就是将大量的矫正对象聚集起来进行教育活动，其参与人员众多，受教育面广阔，在最短的时间内，教育工作者可以传达自己的信息，形成强大的舆论网，快速有效的传播给其他人，以此达到不可替代的矫正效果。

四、多样性

社区矫正作为一种刑事执行方式，相较于有高墙电网、与外界社会形成隔离的监狱矫正而言，是不脱离社会的。而社区矫正中的集体教育模式相应的实现途径也更加多样化，除了正规的课堂教育，还会有专题辅导讲座、集体性文娱活动、参观学习爱国教育基地等等，尤其在新冠疫情之下更是利用"线上线下授课 + 视频录制、网站学习"的形式，开启多样的教育矫正新模式，实现集体教育的智慧性。

1.3 集体教育方法

一、课堂教育法

课堂教育法是集体教育中最常见的一种方法，它是指社区矫正机构在规定的时间和地点，由专门的工作人员按照事先拟定的教学计划，对矫正对象进行全方位的授课活动，广泛运用于对矫正对象进行法治教育、警示教育、道德教育、心理辅导和技能培训之中。课堂教育法授课的主体多为司法所或社区矫正中心的工作人员，还整合了社工、律师、心理咨询师以及专业教师等。授课的内容可根据本机构实际情况和矫正对象的需求，确定相应的教材和大纲，并且通过正规的组织形式让矫正对象学有所获。除了传统的线下课堂，还可以运用线上集中课堂教育，实现教育全时空，增强矫正对象学习的热情和积极性，完成零距离的教育帮扶。此外，在课堂教育中还可以引入讨论环节，例如在学习完相关教育资料、观看完教育视频后，进行小组分类，实际地去讨论相关内容，相互交流观点，将被动学习转化为主动参与，从而提高课堂教育的质量。

二、集会教育法

集会教育法是集体教育中较为灵活的一种方法，它是指社区矫正机构根据特定的主题或要求，由专门的工作人员对矫正对象进行的一种宣讲说教活动。集会教育法具有针对性强、时间性短、教育内容单一、教育场所随机等特点。集会教育法的主题主要根据当前的实际情况以及矫正对象的矫正情况进行相应的研判，可通过奖惩会、总结教育大会、动员会、文件精神学习会、政策形势分析会等多种形式开展。集会教育法主要有两种方法：一是训练法，通过多次重复的行为和方式对矫正对象进行训练，规范他们行为习惯的养成，让他们在潜移默化中遵守社会准则。二是训诫法，具有告诫、教导的意思，此种方法可以实际地去解决矫正对象存在的问题，往往具有突发性和临时性，可以树立典型达到立竿见影的效果。

三、现场教育法

现场教育法是集体教育中较为直观的一种方法，它是指社区矫正机构组织矫正对象直接参与社会实践、将教育内容融入实践活动的一种体验式教育活动。其特点是拉近矫正对象和社会的距离。它能激发矫正对象的感情，重塑信心，找到人生价值。现场教育法主要有三种方法：一是参观法，社区矫正机构带领矫正对象参观监狱、看守所、法院等场所，引导他们实际接触事务，从中收获感性认识，参观完毕之后可以再开展座谈会，将感性认识转化为理性认识，真正达到教育效果。二是实习实训法，社区矫正机构选取几个典型的实习实训场所，让矫正对象实操训练，能够真正地将课堂中的技能培训知识运用到实践当中。三是榜样示范法，通过榜样的力量来感染矫正对象，让他们更具体地了解相关事迹，更具说服力，也可以用身边人的好人好事来引导矫正对象，让他们感受到榜样就在身边，修复社会关系，真正地培养社会责任感，最终促使矫正对象接受主流思想教育，从而顺利回归社会。

另外，除以上三种方法外，集体教育还可以通过座谈、相互评比、集体咨询等方式开展。

专栏 4-1　集中教育——建党百年　沐浴春风，社区矫正对象爱国主义教育系列活动纪实〔1〕

　　集中教育是社区矫正工作中的重要一环。《社区矫正法》第 36 条第 1 款规定，社区矫正机构根据需要，对社区矫正对象进行法治、道德等教育，增强法治观念，提高其道德素质和悔罪意识。而单一授课方式，比较枯燥乏味，往往效果不佳。为此，为了提高社区矫正对象的参与积极性，丰富教育方法，提升教育效果，浦东新区司法局花木司法所在建党 100 周年之际，开展了"建党百年、沐浴春风"爱国主义教育系列活动。

　　浦东新区高科西路社区矫正中心、花木司法所根据区司法局工作要求，以建党百年为契机，开展主题为"建党百年、沐浴春风"爱国主义教育系列活动。本次系列活动为期 7 个月，以"3＋3＋1"的模式推开，即 3 次党史爱国讲座，3 次爱国文化活动，1 次征文。3 次爱国文化活动包含了参观红色遗迹、献花文化活动、观看爱国电影。花木司法所希望社区矫正对象通过系列活动知党史、感党恩，落其实者思其树，饮其流者怀其源。帮助社区矫正对象遵循道德风尚和习惯，树立正确的价值观，以便更好地适应社会、重新融入社会，达到降低重新违法犯罪率的工作目标。

专栏 4-2　集中教育——检司联合加强社矫对象安全警示教育〔2〕

　　为切实做好社区矫正安保维稳工作，不断强化社区矫正对象的矫正意识，预防和减少社区矫正对象重新违法犯罪。近日，多伦县人民检察院联合多伦县司法局组织辖区所有社区矫正对象进行集中教育学习。

　　活动中，司法局局长高永贵同志对社区矫正对象接受矫正期间应当遵守的有关规定和禁止事项等进行了宣教讲话，告诫社区矫正对象要严格遵照《社区矫正法》规定，提高思想觉悟，规范自身言行，有特殊情况要及时向司法局汇报。检察院第三检察部主任王国成同志从社区矫正的意义、违反社区矫正规定的后果等方面展开安全警示教育，要求社区矫正对象严格执行每日报告制度，提高守法意识，端正态度、遵守规定，积极参加教育学习和社区服务，充实自我、完善自我，树立服务社会、积极改造、尽早回归社会的信心和决心。

　　此次活动，有效增强了社区矫正对象的法治观念、纪律意识，提高了接受社区矫正的自觉性和主动性，进一步强化了社区矫正工作执法力度，有利于预防和减少社区矫正对象重新违法犯罪。

---

　　〔1〕"［实践］建党百年　沐浴春风，社区矫正对象爱国主义教育系列活动纪实"，载澎湃新闻网，https://m.thepaper.cn/baijiahao_16055685，最后访问时间 2022 年 10 月 21 日。
　　〔2〕"社区矫正｜检司联合加强社矫对象安全警示教育"，载微信公众号"多伦县人民检察院"，最后访问时间：2022 年 10 月 21 日。

任务2 社区矫正对象的个别教育

任务2.1 个别教育概念

一、个别教育的内涵

个别教育是社区矫正中传统的教育方法，它指社区矫正机构的工作人员针对矫正对象的个别行为状态和心理特征，进行"一对一式对话"，以此来影响他们思想、传授他们知识的一种教育活动。个别教育的目的在于解决矫正对象的个别、具体、特殊的问题。相较于集体教育而言，个别教育更具针对性、沟通更具渗透性。

《社区矫正法实施办法》第22条第1款规定："执行地县级社区矫正机构、受委托的司法所要根据社区矫正对象的性别、年龄、心理特点、健康状况、犯罪原因、悔罪表现等具体情况，制定矫正方案，有针对性地消除社区矫正对象可能重新犯罪的因素，帮助其成为守法公民。"可见，个别教育已经成为社区矫正工作的一项重要举措。

二、个别教育的意义

（一）个别教育是落实因材施教的理念、实现人文矫正的重要力量

唯物辩证法告诉我们："任何事物都是共性与个性、一般与个别、普遍性与特殊性的统一，都包含着矛盾的特殊性。从矛盾的特殊性出发，是科学认识事物和具体解决矛盾的前提。马克思主义的最本质的东西，马克思主义活的灵魂，就在于具体分析具体的情况。"[1]具体的情况就是指矛盾的特殊性，"尤其重要的，成为我们认识事物的基础的东西，则是必须注意它的特殊点，就是说，注意它和其他运动形式的质的区别"。[2]因而对矫正对象实施个别教育就是针对他们个性进行具体问题具体分析。这就要求工作人员在矫正工作中摆脱以往的束缚，真正做到因材施教，把握矫正对象的成长环境、家庭背景、性格特征、犯罪性质等因素，辨证施治，抓住症结，最大程度提高矫正

---

〔1〕《毛泽东选集》（第1卷），人民出版社1968年版，第287页。
〔2〕《毛泽东选集》（第1卷），人民出版社1968年版，第283页。

质量，从而展现行刑个别化理念，最终实现人文矫正。

（二）个别教育能够及时解决问题，提高矫正质量

在入矫阶段，实行个别教育，一方面能让社区矫正工作人员最快速、最直接地了解到矫正对象的各项情况，比如家庭人员情况、社会关系、性格特征、犯罪动机，犯罪类型等因素，便于后续制定矫正方案，开展矫正工作；另一方面可以让矫正对象尽快熟悉社区矫正规章制度、监管方式，生活模式，从而缓解焦躁、不安的情绪，增加对矫正工作人员的信任感。在矫正期间，实施个别教育，不仅可以及时打消矫正对象可能存在的一些对立情绪或者不正当想法，把危险扼杀在萌芽里，还能够让社区矫正工作人员及时处理现实问题，采取有效措施，打开矫正对象的心扉，促其思想转变。在解矫阶段，实施个别化教育能够让矫正工作人员查缺补漏，抓住症结，真正做到改造思想，促进矫正对象由"罪犯"向"合格公民"转化，最终提高矫正质量。

（三）个别教育有利于提升矫正队伍的综合素质能力

在开展个别教育的过程中，矫正工作者是做好这项工作的关键。高水平的矫正工作者，可以用一场对话打破矫正对象的心理防线，而生手往往无从下手，更有甚者被其"玩得团团转"。因此，不同的矫正对象有不同的问题症结，这就需要矫正工作者运用更加全面的知识体系来教育引导矫正对象。矫正工作者不仅要具备犯罪学、社会学、教育学、法学等理论知识，还需要具备心理咨询、思想疏导、快速思辨等实战经验，更要具备清正廉洁、秉公执法的人格力量。矫正工作人员在个别教育的每一个环节、面对每一个矫正对象，都要能及时拿出具体的解决方案，都要对自己的工作方式方法及时复盘总结，这对于提高自身业务能力有着极为重要的意义，客观上也起到了促进矫正队伍专业化、科学化的重要作用。

任务 2.2 个别教育特点

一、针对性

社区矫正对象作为社会中的一员，同大多数社会成员一样拥有着个性特征。但是，他们作为特殊人群，身上存在着"罪犯个性"，这就要求我们针对不同的矫正对象实施不同的矫正方案，重视矫正对象的"对症下药"，以理服人，由宏观向微观转变，充分深入地去了解每一个矫正对象的思想、行为、情绪、性格等，有的放矢，增强工作的科学性，最终提高矫正效果。

二、灵活性

随着犯罪类型的多样化，矫正对象所呈现的问题也多种多样，往往单一的教育形式已经不能达到相应的矫正要求。而个别教育最大的特点就是灵活性，能够及时把握矫正对象的思想和行为变化情况的动态走势，随时随地解决矫正对象的问题，及时开展教育引导工作，最大程度地掌握了矫正教育的主动权。

三、深入性

个别教育是针对某一个矫正对象选择"面对面"的方式进行深入沟通了解，这种最直接的沟通方式能迅速拉近与矫正对象的距离，并以此为基础开展更加有效的矫正方案。深入性要求矫正工作人员在与矫正对象对话中，及时发现问题，进而作用于他们的思想，打消他们的顾虑，产生一定的心理效应。此外，矫正工作人员与矫正对象可以就某个问题相互交换观点，进行最直接的情感交流，从而产生良性的互动关系，达到集体教育所达不到的效果。

四、稳定性

个别教育是一项极具科学性的教育矫正措施，并且伴随着教育的深入化，科学的矫正方案运用其中，能够切实推进社区矫正整体工作的开展。并且在这个过程中，耗时多，要求高，一旦形成系统化的方法，就更能经得起时间的检验，更能达到教育的稳定性。个别教育还经常会出现矫正工作者与矫正对象激烈交流沟通的场面，既有严厉的批评，也有心灵的启发，更有生活的关怀、行为的感化，因此能在矫正对象的心理和行为上都留下深深的烙印，这种反复的矫正方式，所起到的效果也更加稳定。

任务 2.3　个别教育方法

一、个别谈话

通过个别谈话的教育方法，能全面掌握矫正对象的心理感受、思想认识等，是攻心治本，确保矫正质量的重要手段之一。个别谈话是社区矫正工作人员就矫正对象所遇到的法律、心理、认知、情感等问题而进行的一种面对面的交流方式。在个别谈话过程中，社区矫正工作人员应做好以下工作：

第一，熟悉基本情况。凡事预则立，不预则废。在正式开展个别谈话前，矫正工作人员要去了解矫正对象的家庭、经历、性格、存在的一些问题等，才好"对症下药"。除此之外，矫正工作人员还应掌握个别教育的原因、目的、内容及方法，这样才能真正提高个别谈话的质量。

第二，把握谈话时机。与矫正对象谈话，时机特别重要，好的时机能让谈话效果事半功倍，否则，效果大打折扣甚至起到相反的作用。实践中，一般对于谈话的次数都有相应的规定，一周至少进行一次，对于生活发生变故、情绪和行为异常、生活消极厌世、与人发生冲突、有报复社会和他人倾向等特殊情况的对象，谈话次数会适当加大，这些时候进行谈话往往是因为矫正对象有内在的"需要"，而把握这样的时机节点，对于矫正工作人员来说十分重要。

第三，换位思考。社区矫正工作人员在与矫正对象交流的过程中，因为其地位、知识上的悬殊，矫正对象容易产生恐惧、忧郁等负面情绪，因此，在个别谈话中，矫正工作者要适当换位思考，"站"在矫正对象的立场帮他们分析问题，关心他们的经历、理解他们，从而作出恰当的反应，才能起到特别的情感交流的效果。往往通过换位思考，能快速获得矫正对象的信任，矫正对象也更愿意将自己的心声向自己信任的矫正工作人员倾诉，这种情感上的联系是教育之外的一种管控力。

第四，善用谈话技巧。实施个别谈话的工作人员往往需要具备心理学、语言学等知识，如使用的语言一方面要文明规范，另一方面也需通俗易懂，同时要掌握谈话的主动权，用生动、活泼的谈话技巧与矫正对象交流。可以采用启发诱导式、主动询问式、激励促进式、警告训诫式等形式进行谈话，最终起到相应的谈话效果。

第五，复盘总结。矫正工作人员在每一次谈话后都应当主动地复盘总结此次谈话的效果，分析出其中的问题加以改进，在下一次谈话中加以实践，以此反复的过程将个别谈话运用得当，提高矫正教育的质量。

二、个别感化

个别感化是指社区矫正工作人员用情感、行为去影响矫正对象，从而让矫正对象在潜移默化中产生心理共鸣，从而完成矫正和转化的一种教育方法。

精诚所至，金石为开；感人心者，莫先乎情。对教育矫正对象不能仅仅有空洞的说教，还要晓之以理、动之以情，真正达到感化的效果。

由于犯罪，矫正对象在社会中往往都被称为"罪犯""服刑人员"，这样的问题暴露之后，他们极易处于敏感紧张的情绪中，也更比一般人渴望受到尊重。这就需要社区矫正工作人员在尊重矫正对象人格、尊严的前提下，具体问题具体分析，教育感化他们，克服标签效应，消除对立情绪，提高矫正的积极性。此外，个别感化不能仅仅停留在口头层面，还需实际解决矫正对象的困难，例如一些矫正对象知识匮乏、生活困难、心理受过创伤等，矫正工作人员可以在法律法规的框架下，调动相应的资源和力量，帮助矫正对象解决实际困难，起到巩固感化的效果。

此外，除以上两种方法外，个别教育还可以通过走访会见、规劝、个别补课、心理矫治等形式进行。疫情之下，还可通过电话、网络视频方式开展个别教育。

专栏4-3　中国与英国社区矫正教育比较分析[1]

教育矫正是中国社区矫正的三大任务之一。通过从教育理念、教育原则、教育内容、教育方法等方面系统比较中英社区矫正教育发现，中国社区矫正教育以"改造人"为目标，注重思想矫正，坚持"因人施教、因时制宜、因地制宜"的教育原则；而英国则注重社区矫正教育的个别化，并突出问题导向性。英国更加充分地利用社区力量，提出"综合罪犯管理模式"和"社区安全合伙人"等理念；注重科学完善的罪犯评估系统以及专业化的矫正教育队伍建设。

任务3　社区矫正对象的分类教育

任务3.1　分类教育概念

一、分类教育概念

分类教育是指社区矫正机构在对不同类型的矫正对象予以分类的基础上，

---

〔1〕　苏春景、赵茜："中国与英国社区矫正教育比较分析"，载《比较教育研究》2016年第8期。

将具有共性的矫正对象集中在一起施以同类的教育方法和内容，从而转变其思想，矫正其行为的一种教育方法。

《社区矫正法实施办法》第 43 条第 2 款规定："社区矫正机构、司法所应当根据社区矫正对象的矫正阶段、犯罪类型、现实表现等实际情况，对其实施分类教育……"分类教育具有针对性，强调突出重点、区别对待，实现教育效果的最优化。

二、分类教育的意义

（一）有效提高矫正工作的安全性

我国在开展社区矫正工作初期，由于没有实施分类教育的经验，很多矫正机构都采取统一的教育内容、平均的管理强度，不能满足教育工作的实际需要，社区矫正工作安全性不高。自开展分类教育以来，根据矫正对象不同的特性采取不同的分类教育标准，将其进行合理区分。例如根据处遇等级，将矫正对象分为严管级、普管级、宽管级三种，社区矫正工作人员对严管级可以加大管理与教育力度，采取与普管级和宽管级不同的教育内容，将不安全因素控制在最小范围内，消除再犯罪的可能性，从而全面提升矫正工作的安全性，保障社会的和谐与稳定。

（二）有效提高矫正工作的针对性

实施分类教育，增强了社区矫正工作的针对性，避免和减少了无效的教育内容。"坚持问题导向"，从不同问题视角对矫正对象进行分类，实施不同的教育矫正内容，根据矫正对象犯罪原因、刑罚种类、性别、年龄等方面的情况，制定不同的教育矫正方案，极大地提高了矫正工作的针对性和矫正效果。此外，分类教育的各项流程和措施，对于发现矫正对象深层次的问题、进行深入分析、有针对性开展矫正工作，具有重要的参考价值。

任务 3.2　分类教育特点

一、精准性

分类教育的精准性体现在以下两个方面：其一，分类精准。分类标准是否精准直接决定了分类教育的效果，我国法律将矫正对象分为四类：管制、缓刑、假释以及暂予监外执行。但是，在实践中上述的分类标准显然不能满足实际工作的需要，有时候需要根据性别、年龄、犯罪事实、犯罪性质以及家庭情况、心理状况做进一步的细分，体现了分类的精准化。其二，课程精准。针对不同矫正对象的不同特征，社区矫正机构往往会定制不同的课程，让矫正对象学有所获，例如对于一些交通肇事类的矫正对象，每周一至两次集中对他们开展交通知识宣传，向他们讲解、讲透法律法规，有条件的矫正机构还可以带领他们参观交通安全警示教育基地等场所，让他们现场观摩，用身边人身边事感染他们，还可以开展交通安全志愿者活动，让他们参与其中换位思考，真正认罪悔罪，最终提高矫正的精准性。

二、科学性

对矫正对象实施分类教育，改变了以往"大杂烩"式教育方式，实施科学划分，对矫正对象依据不同的特征划分为不同类型，这个划分标准往往是在查阅相关资料及广泛征询专家意见后进而进行划分，具有一定的科学性。与传统的集中教育相比，分类教育往往摒弃"我说你听"的灌输式教育，更加强调互动性，实践中多开展座谈相互交流和划分小组互帮互助，更加强调自我启发，即在社区矫正工作人员的启发下，矫正对象针对所学习的内容各抒己见，缓解相应的负面情绪，打开紧闭的心门，更好融入社会。

三、开放性

在开展分类教育的过程中，根据矫正对象的矫正类型、犯罪类别、年龄性别、心理状况等，安排不同的教育内容。比如：针对女性矫正对象，矫正工作小组应当有女性工作人员，并且要加强感性教育与家庭教育；针对一些存在心理问题的矫正对象，应注重心理疗法，积极开展心理健康教育和心理干预；针对一些暴力犯罪的矫正对象，要加强警示教育等。据此可以看出分类的标准是多种多样的，教育的内容也各有侧重，并不局限于某个特定的模块，这让分类教育具有开放性的特征，社区矫正机构就可以根据任何有意义的标准开展相应的分类教育，而任何确定边界的分类都可能影响最终分类教育的意义。

任务3.3　分类教育方法

分类方法是分类教育的关键，分类方法是否科学决定了分类教育的效果，分类教育有助于从不同的角度对矫正对象进行交叉式、多视角教育，提升矫正教育的质量。常用的分类方法有以下几种：

一、按照矫正对象的来源分类

不同来源的矫正对象存在不同的人身危险性，相应的矫正方案就要有所侧重。管制犯、缓刑犯因其社会危害性不大，情节较轻，在教育内容和方式上可让其主动选择；而有监禁经验的假释犯一般属于重罪，情节较重，人身危险性较高，必须实施强制的知识教育，并且加强监督管理；暂予监外执行犯情况更为复杂，自身一般是有一定疾病或需要就医，人身危险性也较高，单一的知识教育并不能满足其相应情况需要，这时候适宜实施以社会安全为主题的矫正方案。

二、按照矫正对象的特征分类

矫正对象的特征包括年龄特征、性别特征、心理特征等，以性别特征为例，可以划分为男性矫正对象与女性矫正对象。女性矫正对象相比男性而言，情感更加细腻、家庭观念重、对亲人依附感强，实践中因为家庭矛盾引发纠纷从而犯罪的概率较大。因此在制定矫正方案要注重感化教育与感性教育相结合，发挥家庭教育的优势，并且注重女性心理教育，加强"关怀道德"的培养。在年龄特征方面，一般分为未成年人、老年人及其他矫正对象，未成年往往三观未形成，可塑性较强，因此在矫正方案中可以突出知识、思想品德教育及职业教育；而老年人群体身心功能衰退、健康问题突出，在制度矫正方案的同时仍要解决好医疗卫生问题。

三、按照矫正对象的教育阶段分类

根据矫正对象的教育阶段不同，可以将其分为入矫阶段、矫中阶段及解矫阶段。在入矫阶段，矫正工作人员与矫正对象是一种双向了解阶段，矫正工作人员着重于了解矫正对象的基本情况，为后续选择适宜的方案打下基础，而矫正对象也需要熟悉相应的法律法规以及在矫正期间需要学习的内容等；矫中阶段则是对矫正方案的具体开展，这个阶段是个动态阶段，需要不断地调整方法与内容以契合矫正对象的需要，从而提高矫正的质量；而解矫阶段除了一些常规的教育复习外，还需要针对解矫后容易出现的问题进行分类教育，比如说加强职业技能的培训，为其顺利回归社会提供保障。

除以上三种方法外，分类教育还可以按照犯罪类型、刑罚种类、处遇等级、家庭状况等因素进行不同的划分，设计不同的教育方案。

任务4　社区矫正对象的社会教育

任务4.1　社会教育概念

一、社会教育的概念

社会教育是指在社区矫正机构的指导下，发动各种社会力量，对矫正对象开展的教育活动。社会教育是专门机关与群众路线相结合的体现，展现了综合优势。《社区矫正法》第11条规定："社区矫正机构根据需要，组织具有法律、教育、心理、社会工作等专业知识或者实践经验的社会工作者开展社区矫正相关工作。"第12条规定："居民委员会、村民委员会依法协助社区矫正机构做好社区矫正工作。社区矫正对象的监护人、家庭成员，所在单位或者就读学校应当协助社区矫正机构做好社区矫正工作。"第13条规定："国家鼓励、支持企业事业单位、社会组织、志愿者等社会力量依法参与社区矫正工作。"可见，社会教育参与者众多，矫正机构可以运用更多的资源来助力社区矫正，发挥优势，为矫正对象顺利回归社会创造条件。

二、社会教育的意义

（一）有利于提高矫正对象认同感

矫正对象由于犯罪，社会中的人容易畏惧、歧视甚至敌视他们，矫正对象自身也存在自卑、悔恨、焦虑等心理，双方不能建构有效的交流平台，认同感也很难建立。而通过社会教育，可以充分发挥社会力量，开展更多的教育活动，主动或有意识地让矫正对象参与到活动当中来，相互交流，相互沟通，从而取得认同感。

（二）有利于增强社区矫正的影响力

社会教育能有效增强社区矫正的影响力：一方面，社会教育的活动形式多种多样，除了传统的广播、报刊、宣传册等活动，还可以引入电视、网络等影视媒体资源，提高社会影响力，从而正面影响社会矫正；另一方面，我们在对矫正对象进行社会教育宣传时，也形成了舆论风气，可以潜移默化地影响其他矫正对象，最终促进社区矫正工作的开展。

（三）有利于促进矫正对象回归社会

矫正对象虽然仍在社区生活，与社会并没有割裂，但是在传统的观念中，社区矫正是以专门改造的形式出现的，人们通常给他们贴上"犯罪人"的标签，这种标签化并不利于发挥改造人、矫正人的作用，不是科学的矫正教育方法。而社会教育的目的就是让矫正对象回归社会，对他们开展各种教育，提升技能，甚至让他们充当志愿者，让他们感受到与这个社会的联系，感受到尊重、认可，最终促进矫正对象融入社会，同时达到预防再犯罪的效果。

任务4.2 社会教育特点

一、参与主体的广泛性

社会教育立足于社会，依靠于社会，强调利用社会力量开展工作，使矫正对象实现再社会化。社会教育的参与主体不仅是司法行政机关，还包括社会工作者、志愿者、社会团体、单位、学校等社会力量，参与主体具有广泛性，这是社会教育的一大特点，也是社区矫正工作的一大优势。

二、形式的多样性

矫正对象来源于社会，最终要回归社会。为了确保矫正对象顺利融入社会，社区矫正机构可以开展多种形式的社会教育，充分依托各方社会力量，特别是整合图书馆、科技馆、社保机构、网络媒体等资源，采取报告、演讲、座谈、参观、参与活动、培训等多种形式，给予矫正对象必要的帮助，协助解决实际问题，将矫正对象真正置于社会活动中开展教育工作，从而激发他们矫正的积极性，立足于社会。

三、内容的丰富性

社会教育的内容丰富多彩，不局限于单一的某个方面，凡是对矫正对象的身心发展起积极促进作用的各种教育性因素，都可以成为社会教育的内容。例如法律、政治、政策、心理等方面的问题，都可以通过社会力量在社会教育中获得知识、技能和道德启示。

任务4.3 社会教育方法

一、亲属教育

亲属教育是一种以人为本的教育矫正理念。亲属教育是指通过矫正对象的亲属对矫正对象开展教育工作。这里的亲属通常是矫正对象的监护人、家庭成员等，一方面亲属与矫正对象共同生活，更加熟悉矫正对象的思想动态和行为表现，另一方面让亲属参与到教育工作中来，能使矫正对象处于一个宽松且充满亲情的氛围，获得更多的支持、感化与监督，激活矫正对象新生的希望，达到更佳的矫正效果。但是，在实践中，不是所有的亲属对矫正对象都能起到积极的导向作用，有些亲属怠于履行自身职责，甚至隐瞒真实情况或者编造虚假信息，导致社区矫正机构不能及时掌握矫正对象的真实情况，也就不能达到相应的矫正效果。因此，社区矫正机构在社会教育中需要起主导作用，去正确分析矫正对象与亲属之间的关系，让亲属发挥正面的作用，建立起互联互信互帮的良性帮扶机制，共同对矫正对象开展教育矫正。

二、基层群众组织教育

基层群众组织教育是指通过基层群众组织对矫正对象开展的教育。基层群众组织包括居民委员会、村民委员会。近年来，居（村）委员会作为基层群众组织，在自我管理、自我教育、自我服务方面取得显著成效，他们有能力、有资源参与到社区矫正工作中来。在对矫正对象开展教育矫正工作的过程中，基层群众组织可以利用社区网格化管理，将矫正对象也纳入其中，进行特殊管理，并且与司法所建立常态化沟通机制，定期对矫正对象在社区中的情况进行报告、交流，及时解决其中问题。并且基层群众组织在社区中也可以加大相关法律法规的宣传力度，一方面让人民群众正视社区矫正工作，另一方面可以吸纳更多感兴趣的居（村）民参与到教育矫正工作中来，帮助基层群众组织做好教育矫正工作。

三、志愿者教育

志愿者教育是指志愿者在基层群众组织的引导下对矫正对象给予必要的

教育。社区矫正法明确由居民委员会、村民委员会引导志愿者和社区群众，对有特殊困难的矫正对象进行必要的教育帮扶，这为志愿者参与矫正工作提供了法律依据。这里的有特殊困难的矫正对象一般为矫正对象中的弱势群体，实践中多为丧失劳动能力的矫正对象，长年患病的矫正对象等。而开展的教育帮扶更能满足实际需求，有法律与道德教育、心理疏导、财务募捐、就业技能指导与培训等形式。志愿者群体的多元化也决定了能为矫正对象提供多样的教育帮扶。可见，志愿者队伍是参与社区矫正工作的一支重要的社会力量。

四、群团组织教育

群团组织教育是指人民团体、社会和群众性组织对矫正对象开展的教育。这里的人民团体包括工会、共青团、妇联、残联等相关部门，社会和群众性组织包括个体劳动者协会和私营企业协会等机构，这些群团组织是参与社会治理、保障社会和谐的重要力量。依据社区矫正法的规定这些群团组织应当依法协助社区矫正机构做好教育矫正工作，相互配合，发挥特长，开展针对性的专项教育工作，与矫正对象实行结对帮教，帮助矫正对象矫正恶习，早日回归社会。

社会教育除了上述几种方法外，专业人员、单位及学校、未成年保护组织等社会力量都可以参与到教育矫正工作中。社会力量的广泛参与对于矫正教育工作具有极其重要的意义，在社区矫正对象矫正教育中坚持系统观念、充分调动各方资源能有效缓解现有教育资源的紧张，实现教育矫正最终目的。因此应积极鼓励社会力量发挥自身优势，调动自有资源，同社区矫正机构一起开展教育工作，进而有效提高教育矫正工作的质量。

任务5　实训项目：社区矫正对象教育矫正方法技能训练

任务5.1　（实训项目1）讲评教育技能训练

案例 4 - 2

近日，某社区矫正机构打算利用讲评教育时段，由社区矫正工作人员在矫正对象中开展一次专题讲评，即围绕今年宪法日"以习近平法治思想为指引，坚定不移走中国特色社会主义法治道路"这一主题，开展讲评教育。

请根据以上资料，完成以下实训任务：

1. 根据案例提供的资料，制定讲评教育方案
2. 根据方案开展具体的主题讲评教育

附：实训任务书和实训考核表

实训任务书

实训项目	1. 根据案例提供的资料，制定讲评教育方案 2. 根据方案开展具体的主题讲评教育
实训课时	2课时
实训目的	学生通过模拟实训，学会制定讲评教育方案，具备开展具体的主题讲评教育的能力
实训任务	1. 掌握讲评教育方案制定的步骤、内容与方法 2. 学会对案例中的资料进行分析、扩展 3. 掌握语言技巧，学会开展讲评教育 4. 总结影响讲评教育效果的因素
实训要求	1. 学生应提前掌握讲评教育的相关知识 2. 指导教师熟悉讲评教育的理论知识与实践技能 3. 学生要积极配合指导教师的指导完成实训 4. 根据实训需要将学生分成若干小组，采用主题讲评的方式完成实训任务 5. 指导教师进行点评总结，每组学生根据教师的点评总结找出不足
实训成果形式	实训总结
实训地点	理实一体化教室
实训进程	1. 教师讲解（介绍实训步骤、注意事项、进行任务分配） 2. 阅读准备好的实训案例 3. 根据实训需要将学生分成若干小组 4. 对案例中所提供资料进行分析、扩展 5. 小组讨论案例中的主题可以从哪些方面展开 6. 制定有针对性的讲评教育方案 7. 开展具体的讲评教育 8. 指导教师进行点评总结，每组学生根据教师的点评总结找出不足

实训考核表

班级 _____　　姓名 _____　　学号 _____

考核内容	评分细则	等级评定
一、实训过程与要求 1. 根据实训需要学生迅速分成若干小组 2. 小组成员自行分工 3. 小组讨论案例中的主题通过哪几个方面来讲解，并据此制定出讲评教育方案 4. 根据方案，开展具体的主题讲评 5. 指导教师进行点评总结，每组学生根据教师的点评总结找出不足	分值：50 分 1. 实训过程与小组成员合作良好（15 分） 2. 实训演练认真、表现积极（15 分） 3. 能成功完成所有实训任务（20 分）	实训成绩评定为四等： 1. 优（100 分～85 分） 2. 良（84 分～70 分） 3. 及格（69 分～60 分） 4. 不及格（59 分～0 分） 注意事项： 1. 实训期间做与实训无关的操作，不能评定为"优" 2. 有旷课现象，不能评为"优、良" 3. 旷课××节及以上，评为"不及格" 4. 实训内容没有完成，评为"不及格" 5. 实训总结与他人雷同，评为"不及格"
二、实训表现与态度	分值：20 分 1. 无迟到（1 分） 2. 无早退（1 分） 3. 无旷课（3 分） 4. 实训预习、听讲认真（2 分） 5. 实训态度认真（5 分） 6. 实训中不大声喧哗（1 分） 7. 能爱护实训场所、设备，保持环境整洁（2 分） 8. 能完全遵守实训各项规定（1 分） 9. 实训效果好，基本掌握主题讲评教育方案制定方法，具备开展主体讲评教育的职业技能（4 分）	

任务描述：通过模拟实训，掌握讲评教育方案制定的步骤、内容和方法，初步具备开展讲评教育的能力。

项目总分：100 分

完成时间：100 分钟（2 课时）

续表

三、实训总结 1. 实训中出现的问题及解决办法（对遇到的问题、问题产生的原因进行分析判断，把解决过程写出来） 2. 实训效果（本次实训有哪些收获，掌握了哪些知识、技能，哪些不明白，有什么疑问，等等）	分值：30分 1. 按规定时间上交（5分） 2. 格式规范（5分） 3. 字迹清楚（5分） 4. 内容详尽、完整，实训分析总结正确（5分） 5. 无抄袭现象（5分） 6. 能提出合理化建议或有创新见解（5分）	
合计		

评分人：　　　　　　　　　　　　　　　　日期：　　年　月　日

任务5.2 （实训项目2）专题辅导技能训练

案例4-3

为有效缓解矫正对象的心理压力，近日某社区矫正中心组织矫正对象开展了"缓解压力、轻松出发"专题心理辅导活动，切实提高矫正对象的心理素质和心理调节能力。

请根据以上资料，完成以下实训任务：

1. 根据案例提供的背景，制定专题辅导方案

2. 根据方案开展具体的专题辅导工作

附：实训任务书和实训考核表

实训任务书

实训项目	1. 根据案例提供的背景，制定专题辅导方案 2. 根据方案开展具体的辅导工作
实训课时	2课时

实训目的	学生通过模拟实训，学会制定专题辅导方案，并能够开展具体的专题辅导教育工作
实训任务	1. 学会制定专题辅导方案 2. 学会对案例中的资料进行分析、扩展 3. 剖析罪犯心理，学会开展专题辅导 4. 总结影响专题辅导效果的因素
实训要求	1. 学生应提前掌握专题辅导的相关知识 2. 指导教师熟悉专题辅导的理论知识与实践技能 3. 学生要积极配合指导教师的指导完成实训 4. 根据实训需要将学生分成若干小组，采用不同的活动方式开展专题辅导工作 5. 指导教师进行点评总结，每组学生根据教师的点评总结找出不足
实训成果形式	实训总结
实训地点	理实一体化教室
实训进程	1. 教师讲解（介绍实训步骤、注意事项、进行任务分配） 2. 阅读准备好的实训案例 3. 根据实训需要将学生分成若干小组 4. 对案例中所提供资料进行分析、扩展 5. 小组讨论案例中的专题可以通过哪些活动形式开展 6. 制定有针对性的专题辅导方案 7. 开展具体的专题辅导实训演练 8. 指导教师进行点评总结，每组学生根据教师的点评总结找出不足

实训考核表

班级＿＿＿＿＿＿＿＿＿＿　　　姓名＿＿＿＿＿＿＿＿＿＿　　　学号＿＿＿＿＿＿＿＿＿＿

任务描述：通过模拟实训，学会制定专题辅导方案，初步具备开展专题辅导的职业能力。

项目总分：100 分

完成时间：100 分钟（2 课时）

考核内容	评分细则	等级评定
一、实训过程与要求 1. 根据实训需要学生迅速分成若干小组 2. 小组成员自行分工 3. 小组讨论案例中的专题可以通过哪些活动来展开，并据此制定出专题辅导方案 4. 根据方案，开展具体的专题辅导实训演练 5. 指导教师进行点评总结，每组学生根据教师的点评总结找出不足	分值：50分 1. 实训过程与小组成员合作良好（15分） 2. 实训方案制定得科学合理（15分） 3. 能成功完成所有实训任务（20分）	实训成绩评定为四等： 1. 优（100分～85分） 2. 良（84分～70分） 3. 及格（69分～60分） 4. 不及格（59分～0分）
二、实训表现与态度	分值：20分 1. 无迟到（1分） 2. 无早退（1分） 3. 无旷课（3分） 4. 实训预习、听讲认真（2分） 5. 实训态度认真（5分） 6. 实训中不大声喧哗（1分） 7. 能爱护实训场所、设备，保持环境整洁（2分） 8. 能完全遵守实训各项规定（1分） 9. 实训效果好，基本掌握专题辅导方案制定的方法，具备开展专题辅导教育的职业技能（4分）	注意事项： 1. 实训期间做与实训无关的操作，不能评定为"优" 2. 有旷课现象，不能评为"优、良" 3. 旷课××节及以上，评为"不及格" 4. 实训内容没有完成，评为"不及格" 5. 两份实训总结雷同，评为"不及格"

| 三、实训总结
1. 实训中出现的问题及解决办法（对遇到的问题、问题产生的原因进行分析判断，把解决过程写出来）
2. 实训效果（本次实训有哪些收获，掌握了哪些知识、技能，哪些不明白，有什么疑问，等等） | 分值：30分
1. 按规定时间上交（5分）
2. 格式规范（5分）
3. 字迹清楚（5分）
4. 内容详尽、完整，实训分析总结正确（5分）
5. 无抄袭现象（5分）
6. 能提出合理化建议或有创新见解（5分） | |
| 合计 | | |

评分人：　　　　　　　　　　　　　　　　　日期：　　年　月　日

任务5.3 （实训项目3）个别谈话技能训练

案例4-4

张某因交通肇事罪被×市第一人民法院判处有期徒刑10个月，缓刑1年，实行社区矫正。在矫正教育期间，张某一直是社区矫正管教的难点。张某年幼时，父母就离婚，后母亲组建新的家庭并生下一个男孩，给张某留下很深的童年阴影，因此张某十分记恨母亲抛弃自己，消极厌世，在社区也多次与其他矫正对象发生冲突。一日，社区矫正工作人员得知张某同母异父的弟弟患病，需要做骨髓移植，母亲希望工作人员可以劝说张某捐献骨髓。

请根据以上资料，完成以下实训任务：

1. 根据案例提供的资料，为社区矫正对象张某制定个别谈话方案
2. 模拟个别谈话实训演练

附：实训任务书和实训考核表

实训任务书

| 实训项目 | 1. 根据案例提供的资料，为社区矫正对象张某制定个别谈话方案
2. 模拟个别谈话实训演练 |

实训课时	2 课时
实训目的	学生通过模拟实训，具备对社区矫正对象开展个别谈话的能力
实训任务	1. 学会制定个别谈话的方案 2. 学会对案例中的资料进行整理、分析 3. 学会个别谈话技巧 4. 总结影响个别谈话的因素
实训要求	1. 学生应提前掌握个别谈话的相关知识 2. 指导教师熟悉个别谈话的技能方法和注意事项 3. 学生要积极配合指导教师的指导完成实训 4. 根据实训需要将学生分成若干小组，采用角色扮演的方式完成实训任务 5. 指导教师进行点评总结，每组学生根据教师的点评总结找出不足
实训成果形式	实训总结
实训地点	理实一体化教室
实训进程	1. 教师讲解（介绍实训步骤、注意事项、进行角色分配） 2. 阅读准备好的实训案例 3. 根据实训需要将学生分成若干小组 4. 对案例中所提供资料进行整理、分析 5. 小组讨论案例中张某的存在的问题 6. 制定有针对性的个别谈话方案 7. 模拟个别谈话实训演练 8. 指导教师进行点评总结，每组学生根据教师的点评总结找出不足

实训考核表

班级＿＿＿＿＿＿＿＿＿　　姓名＿＿＿＿＿＿＿＿＿＿　　学号＿＿＿＿＿＿＿＿＿＿

任务描述：通过模拟实训，学会制定个别谈话方案，初步具备开展个别谈话的能力。

项目总分：100 分

完成时间：100 分钟（2 课时）

考核内容	评分细则	等级评定
一、实训过程与要求 1. 根据实训需要学生迅速分成若干小组 2. 小组成员自行分配好所扮演的角色 3. 小组讨论案例中社区矫正对象的现实表现、存在的问题等，并据此制定出个别谈话方案 4. 根据个别谈话方案，模拟个别谈话 5. 指导教师进行点评总结，每组学生根据教师的点评总结找出不足	分值：50 分 1. 实训过程与小组成员合作良好（15 分） 2. 个别谈话方案制定得科学合理，实训演练效果好（15 分） 3. 能成功完成所有实训任务（20 分）	实训成绩评定为四等： 1. 优（100 分～85分） 2. 良（84 分～70分） 3. 及格（69 分～60 分） 4. 不及格（59 分～0 分）
二、实训表现与态度	分值：20 分 1. 无迟到（1 分） 2. 无早退（1 分） 3. 无旷课（3 分） 4. 实训预习、听讲认真（2 分） 5. 实训态度认真（5 分） 6. 实训中不大声喧哗（1 分） 7. 能爱护实训场所、设备，保持环境整洁（2 分） 8. 能完全遵守实训各项规定（1分） 9. 实训效果好，基本掌握个别谈话教育方案制定的技能，具备开展个别谈话教育的职业能力（4 分）	注意事项： 1. 实训期间做与实训无关的操作，不能评定为"优" 2. 有旷课现象，不能评为"优、良" 3. 旷课××节及以上，评为"不及格" 4. 实训内容没有完成，评为"不及格" 5. 两份实训总结雷同，评为"不及格"

续表

	分值：30分	
三、实训总结 1. 实训中出现的问题及解决办法（对遇到的问题、问题产生的原因进行分析判断，把解决过程写出来） 2. 实训效果（本次实训有哪些收获，掌握了哪些知识、技能，哪些不明白，有什么疑问，等等）	1. 按规定时间上交（5分） 2. 格式规范（5分） 3. 字迹清楚（5分） 4. 内容详尽、完整，实训分析总结正确（5分） 5. 无抄袭现象（5分） 6. 能提出合理化建议或有创新见解（5分）	
合计		

评分人：   日期：   年   月   日

【课堂活动 4 - 1】

Z某，男，1993 年 7 月 27 日出生，汉族，初中文化程度，未婚，身体状况良好。因故意伤害被人民法院宣判，由于 Z 某认罪态度较好，积极赔偿被害人的经济损失，取得被害人的谅解，并且是初犯，被人民法院从轻判处有期徒刑 1 年，缓刑 2 年。

Z某是独生子，由于父母经常外出打工不常在家，所以主要是由其爷爷奶奶带大。其爷爷奶奶从小就对他宠爱有加，无论要什么东西都尽可能满足他的要求。父爱母爱的缺失与祖父母的溺爱，是影响其成长的主要因素。在学校里，Z 某的学习成绩一般，对于老师的教导置之不理，经常逃课逃学，成群结伙地在网吧打游戏，有时候还在一些娱乐场所寻衅滋事。初中毕业后，Z 某便不再继续上学，整天沉迷于网络游戏之中。因交友不慎，缺乏辨别是非能力，加上自身的性格又非常容易冲动，与社会上的无业青年交往频繁，矫正期间仍然与其有来往。

要想提高对 Z 某的教育矫正效果，达到预期的目标，不仅需要社区矫正工作人员对 Z 某的悉心指导和帮助，需要 Z 某自身的努力，同时还需要社会、家庭各个方面的支持。

除此以外，人受到生理、心理及社会各个方面的影响，这三者互动作用，决定着人的现实行动。因此，在矫正计划的制定中，力求兼顾矫正对象自身的生理、心理及同伴、家庭、社区、学校各个层面。实施计划如下：

1. 通过对相关法律、法规和案例的学习，帮助 Z 某反思以往的错误行为，加强法律意识。

2. 会同 Z 某父母与其沟通交流各自的想法和观点，缓和家庭成员间的紧张气氛，建立起相互信任、相互谅解的家庭关系。

3. 搜集就业和职业技能培训有关信息，帮助 Z 某掌握一技之长，消除过高的期望，正确看待就业过程中所碰到的各种困难和挫折。

4. 会同矫正志愿者和家属，劝说 Z 某脱离目前的社交圈子，重新开始自己的人生道路。

请问，对 Z 某的矫正计划中，包含了哪几种教育矫正的方法？还可以做些什么？

【课堂活动 4 – 2】

未成年社区矫正对象李某某，因敲诈勒索罪被判处拘役两个月，缓刑四个月。工作人员在前期的调查评估工作中，从社区工作人员、李某某家人及邻居那里了解到，李某某中专毕业，平时与家人沟通较少，所交朋友也多属于社会闲散人员，不听父母管教。近日，其父亲满面愁容地来到司法所求助，反映近期李某某又与闲散人员来往，经常出入网吧，还多次向父亲伸手要钱，父亲怕其再次误入歧途，及时向司法所工作人员求助。

为了矫正李某某的行为恶习，帮助其树立正确的世界观、人生观、价值观，从而达到矫正的效果，司法所工作人员对李某某展开"一对一"谈话，有针对性地对其进行教育。

请问，司法所工作人员可以从哪几个方面对李某某进行教育矫正？

【思考题】

1. 座谈式教育的优点是什么？

2. "矫正对象个人分享会"属于何种教育矫正方式？

拓展 学习

一、《辽宁省社区矫正实施细则》（节选）

第九十三条 社区矫正机构、司法所根据需要可以采用集中教育、网上培训、实地参观等多种形式开展集中教育，组织社区矫正对象参加法治、道德等方面的教育活动。

第九十四条 社区矫正机构应当制定社区矫正对象教育计划并组织指导监督计划落实，明确集中教育的学习内容、方式方法、学习时间、考核奖惩等。

第九十五条 对社区矫正对象实施入矫、矫中、解矫教育。社区矫正对象在接收和临近解除社区矫正三十日内，分别进行入矫和解矫教育。

社区矫正机构、司法所在入矫教育期间，应当开展社区矫正告知教育、认罪服法教育、社区矫正监管规定教育、社区矫正对象权利义务教育等。在解矫教育期间，应当开展遵纪守法教育、社会适应性和安置帮教政策性教育等。在矫中教育期间，应当开展法律政策教育、思想道德教育、文化知识教育、行为矫正教育、职业技能教育、心理健康教育等在矫教育。

第九十六条 集中教育按照社区矫正对象的性别、年龄、犯罪类型、矫正类别、管理等级等划分类别，安排不同的教育内容，实行分类教育。

第九十七条 集中教育的组织实施者应当做好教育学习记录，进行集中教育效果评定，及时调整集中教育内容。

第九十八条 社区矫正机构、司法所应当掌握社区矫正对象的个性化差异，对社区矫正对象进行分析研判，作为实施个别教育的基础。

第九十九条 社区矫正对象的个别教育应当根据其年龄、犯罪性质、矫正类别及不同矫正阶段，结合社区矫正对象的个体特征、行为表现，充分考虑其工作、生活情况，设计差别化的分类教育内容，因人施教。

第一百条 个别教育通过通信联络、个别谈话、家庭走访、心理矫治、职业技能培训、法律援助、临时性救助、适应性帮扶等形式开展。

第一百零一条 社区矫正对象有下列情形之一的，社区矫正机构、司法所应当对其进行个别教育：

（一）思想波动或者行为异常的；

（二）个人、家庭情况有重大变故的；

（三）经批准离开社区矫正执行地或迁居的；

（四）违反监督管理规定或人民法院禁止令的；

（五）受到奖励或者处罚的；

（六）其他需要进行个别教育的。

对不服从监管、经评估再犯罪风险较高、有报复社会或他人的言论或苗头、发生矛盾纠纷等特殊情况的社区矫正对象，应当增加个别教育次数和时间。

第一百零二条　开展个别教育应当做好个别教育记录，结合监督管理、社区矫正对象行为表现，综合分析教育效果，适时调整个别教育内容和方法。

二、肥西县社区矫正中心：多措并举，抓好矫正对象教育管理

为规范对社区矫正对象的监管教育工作，督促其遵守日常监管规定，进一步提高矫正质量，根据《社区矫正法》和《社区矫正法实施办法》规定，进一步强化社区矫正对象的身份意识、服刑意识、规矩意识，扎实做好社区矫正对象的教育管理。

（一）更加注重分类管理教育

社区矫正中心根据《社区矫正法》和《社区矫正法实施办法》规定，针对社区矫正对象的特点，指导司法所（办）制定详细的教育方案计划，特别强调分类教育、分类管理。纠正以往集中教育中的眉毛胡子一把抓，重完成时间任务，而非重视教育效果。根据实际需要，对社区矫正对象进行法治、道德等教育，增强其法治观念，提高其道德素质和悔罪意识。对社区矫正对象的教育根据其个体特征、日常表现等实际情况，充分考虑其工作和生活情况，因人施教。社区矫正中心根据社区矫正对象的矫正阶段、犯罪类型、现实表现等实际情况，对其实施分类教育；结合社区矫正对象的个体特征、日常表现等具体情况，进行个别教育。

（二）更加注重多主体参与教育

《社区矫正法》和《社区矫正法实施办法》规定的教育除了社区矫正中

心外，还有政府通过购买社会专业力量，其中有专业力量心理咨询师，实时为矫正对象开展心理咨询辅导课，同时邀请普法讲师团成员、律师以及相关各领域的专业人士，补足专业性人员力量，更好地有针对性进行专业教育。司法所（办）、矫正小组、居民委员会、村民委员会根据需要引导志愿者和社区群众，利用社区资源，采取多种形式，对有特殊困难的社区矫正对象进行必要的教育帮扶。司法所（办）为社区矫正对象确定矫正小组，与矫正小组签订矫正责任书，明确矫正小组成员的责任和义务，负责落实矫正方案，同时参与对社区矫正对象的考核评议和教育活动。

（三）更加注重多方式教育

根据《社区矫正法实施办法》规定，社区矫正中心、司法所（办）根据需要采用集中教育、网上培训、实地参观等多种形式开展集体教育；针对不同的犯罪类型，及时调整教育计划内容，组织社区矫正对象参加《道路交通安全法》《劳动合同法》《禁毒法》等方面的教育活动；根据社区矫正对象的心理健康状况，对其开展心理健康教育、实施心理辅导。把教育区分为个别教育与集体教育，集体教育的形式又不再拘泥于原来的集中教育，增加了网上培训、实地参观等形式。针对不同类型的犯罪形式，采取多方式的教育活动，使教育效果达到预期目标。

分类管理、多主体参与、多方式等形式多样的教育，既丰富了教育内容形式，又增强了教育活动的针对性、时效性。社区矫正对象一致表示，今后将严格遵守社区矫正各项监管规定，认真学习法律法规知识，积极主动参加学习和公益活动，用自己的实际行动改过自新，争取早日融入社会，做一名合格的公民！

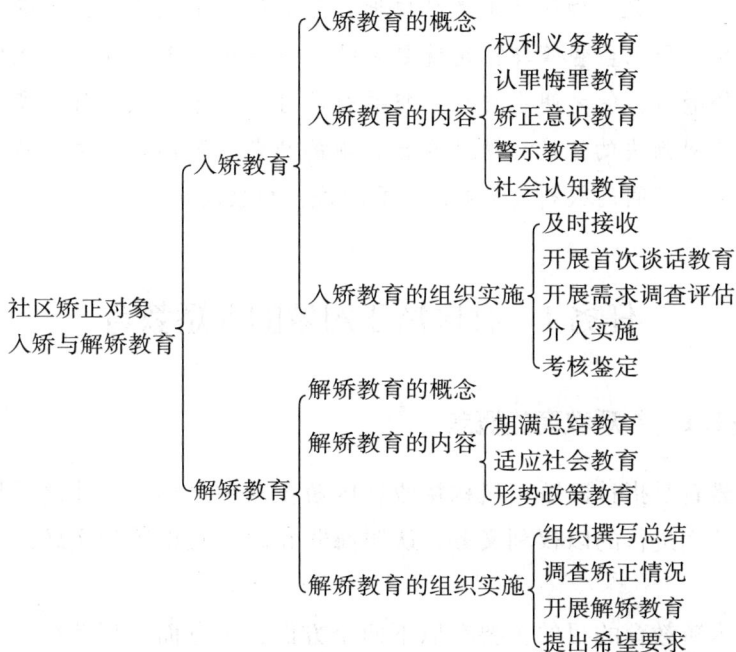

项目五 ▾

社区矫正对象入矫教育与解矫教育

学习目标

知识目标：掌握入矫教育和解矫教育的概念、内容。

能力目标：具备开展入矫教育和解矫教育的能力。

思政目标：具备忠诚敬业、履职尽责的职业道德；具备认真负责、耐心细致的职业精神。

知识树

社区矫正对象入矫与解矫教育
- 入矫教育
  - 入矫教育的概念
  - 入矫教育的内容
    - 权利义务教育
    - 认罪悔罪教育
    - 矫正意识教育
    - 警示教育
    - 社会认知教育
  - 入矫教育的组织实施
    - 及时接收
    - 开展首次谈话教育
    - 开展需求调查评估
    - 介入实施
    - 考核鉴定
- 解矫教育
  - 解矫教育的概念
  - 解矫教育的内容
    - 期满总结教育
    - 适应社会教育
    - 形势政策教育
  - 解矫教育的组织实施
    - 组织撰写总结
    - 调查矫正情况
    - 开展解矫教育
    - 提出希望要求

案例 5 – 1

王某，男，1987 年 12 月出生，已婚，大专文化。户籍地和居住地均为 S 市 M 区。2020 年 9 月 5 日，王某因交通肇事罪被 S 市 M 区人民法院依法判处有期徒刑 1 年，缓刑 1 年，缓刑考验期自 2020 年 9 月 20 日至 2021 年 9 月 19 日。2020 年 9 月 28 日，M 区社区矫正机构对前来报到的王某办理了入矫手续，举行了入矫宣告仪式。

在当天的宣告仪式结束后，王某的母亲对于判决结果非常不满，并向社区矫正机构工作人员和社工抱怨，她认为社区矫正的各项制度规定会对王某正常的工作、生活带来很多不利的影响。王某对于法院的判决结果也持有异议，他认为钱都赔了，受害人家属也签了谅解协议书，不应该判得这么重。受此影响，王某对于社区矫正的态度不够端正，对于社区矫正对象的身份认识不够深刻。

案发后，王某丢掉了原来的工作，又因事故赔偿导致他经济压力大，所以其情绪很不稳定，对待工作人员的言语和态度也比较生硬。

根据以上情况，如何让朱某尽快地认罪服法，正视现实，接受现有矫正对象的角色，服从监督管理？这就要求社区矫正机构首先在王某入矫时就对其搞好入矫教育，使之明白自己所犯罪行的性质和给他人、社会所造成的危害，扭转其对判决的态度，认清自己目前的角色，帮助其树立在矫意识，明确自己在矫正期间的权利与义务，认罪服法，积极改造。

任务 1　社区矫正对象的入矫教育

任务 1.1　入矫教育的概念

入矫教育是指社区矫正机构接收社区矫正对象之后，为使之尽快适应社区矫正生活而进行的以权利义务、认罪悔罪和矫正意识等为主题的专项教育活动。

开展入矫教育的目的主要有以下两个方面：一方面，帮助社区矫正对象认识社区矫正的性质，熟悉社区矫正的监管、教育等方面的规定，消除其思想顾虑，促进其认罪悔罪及明晰身份，强化其在矫意识，帮助其明确矫正目标以及适应矫正生活。另一方面，社区矫正工作者能够全面掌握社区矫正对象的罪错案由、文化程度、生活工作经历、家庭、社交等基本情况，了解社区矫正对象的思想动态、个性特征及现实需求，为下一步的教育矫正奠定基础，保障社区矫正工作安全和有效地开展。

开展入矫教育，应贯彻落实"解放思想、实事求是、与时俱进、求真务实，一切从实际出发"和坚持"守正创新，坚持问题导向，紧跟时代步伐，顺应实践发展"的二十大精神，唯如此才能高质量地完成社区矫正对象的入矫教育工作。

任务 1.2　入矫教育的内容

入矫教育的内容主要包括权利义务教育、认罪悔罪教育、矫正意识教育、警示教育、社会认知教育等。

一、权利义务教育

权利义务教育是指社区矫正机构向社区矫正对象宣布其在社区矫正期间享有权利和履行义务的教育。权利义务教育是入矫教育的重要内容。

社区矫正是一种非监禁刑事执行制度。非监禁性是社区矫正区别于监禁矫正的重要特征。社区矫正对象进入开放式的矫正程序后，首先要明确自己的权利和义务。《社区矫正法》第 4 条第 2 款明确规定，"社区矫正工作应当依法进行，尊重和保障人权。社区矫正对象依法享有的人身权利、财产权利和其他权利不受侵犯，在就业、就学和享受社会保障等方面不受歧视。"这是对社区矫正对象权利的法定性要求。《社区矫正法》第 23 条明确规定，"社区矫正对象在社区矫正期间应当遵守法律、行政法规，履行判决、裁定、暂予监外执行决定等法律文书确定的义务，遵守国务院司法行政部门关于报告、会客、外出、迁居、保外就医等监督管理规定，服从社区矫正机构的管理。"这就是社区矫正对象在社区矫正期间必须遵守的义务规定。

在一些地区制定的有关社区矫正教育工作的规定中，也明确了社区矫正对象的权利和义务。例如，根据《湖北省社区矫正教育工作规定》第 9 条的规定，矫正对象享有下列权利：①人格不受侮辱；②人身安全和合法财产不受侵犯；③享有辩护、申诉、控告、检举以及其他未被依法剥夺限制的权利。矫正对象应当履行下列义务：①遵守国家法律、法规和有关管理规定；②积极参加学习、教育和公益劳动；③定期向司法所和监督考察小组报告自己的思想、活动情况；④迁居或离开所居住区域时必须经司法行政机关和公安机关批准；⑤服从监督管理。被决定保外就医的罪犯，在接受社区矫正期间，同时应当遵守下列规定：①在指定的医院接受治疗；②确因治疗需要转院或者离开所居住区域的，应当经司法行政机关和公安机关批准；③治疗疾病以外的社会活动应当经司法行政机关和公安机关批准。

其他地区规定的社区矫正对象权利义务内容也基本相同。对社区矫正对象开展权利义务教育有利于社区矫正对象明确其特殊身份，强化其规范养成。这是社区矫正工作顺利进行的根本保证。

【案例5-1】中，社区矫正机构接收王某后，成立了以社区矫正专门国家工作人员为核心，社区民警、矫正社工、志愿者、社区矫正对象家属为成员的"4+X"矫正小组，并根据其存在的主要问题，制订了差异化的矫正方案。在入矫教育中，针对王某错误的认知，即遵守社区矫正的监管制度会带来生活不便，社区矫正机构对其开展了个别化的权利义务教育，告之其即使没有进入监狱，但仍是罪犯的身份，社区矫正期间享有未被剥夺或限制的权利，但必须遵守报到、外出审批、会客、变更执行地、电子定位管理等监管制度，若违反，应承担相应的后果及法律责任，甚至撤销缓刑收监。

二、认罪悔罪教育

认罪悔罪教育是指教育工作者针对社区矫正对象对所犯罪行不承认、不悔过现象而开展的教育活动。

认罪悔罪是社区矫正对象接受矫正的前提和基础。马克思主义理论认为，人的行为受主观意识的支配。只有社区矫正对象正确认识到自己的犯罪行为，才能安心接受矫正。有些社区矫正对象已经被判处刑罚，却仍然没有真正承认犯罪和认可刑罚。不认罪主要有以下几种表现：无罪论（否认自己的犯罪行为是犯罪）；轻罪重判论（承认犯罪，但罪行不重，判刑过重）；犯罪外因论（把犯罪的主要原因推向客观，妄图推卸罪行）；有错无罪论（把犯罪行为视为一般性的错误，因而感到不该判刑）等。[1]

在认罪教育中，教育工作者要针对上述不认罪的错误观念，坚持以理服人原则，加强思想疏导，组织开展有目的的批判，纠正社区矫正对象的错误认识。做好这项工作，有利于社区矫正对象自觉接受监督管理和教育矫正，决心接受矫正，走弃恶从善的道路，真正回归社会。教育工作者可以利用"入矫后认罪态度评估表"，判断社区矫正对象的认罪态度及不认罪表现，进而有针对性地开展认罪悔罪教育。

序号	一级指标	二级指标	分值	得分
		专栏 5 - 1　入矫后认罪态度评估表[2]		
1	对犯罪事实的认知	①承认判决书所指控的全部事实	5	
		②仅承认判决书所指控的部分事实	2	
		③不承认判决书所指控的事实	0	
2	对法院判决的认知	①服从法院判决的罪名及刑罚并积极执行判决内容	5	
		②服从法院所判罪名，但认为刑罚过重	2	
		③认为行为不构成犯罪，不应当判刑	0	
3	对犯罪归因的认知	①犯罪行为是自己的问题，应当接受刑罚	5	
		②强调社会和其他客观原因	2	
		③强调自己完全是受害者	0	
4	对犯罪危害的认知	①认识到自己的行为给国家、他人造成的危害	5	
		②认识到自己的行为给自身家庭造成的危害	2	
		③自认没有伤害	0	
5	对社会现状的态度	①对社会现状满意，表现积极、乐观	5	
		②对社会现状基本满意，偶有不满情绪	2	
		③对社会现状非常不满，或扬言要采取一定的行动	0	
总分			25	

---

〔1〕　杜雨主编：《监狱教育学》，法律出版社1996年版，第153页。

〔2〕　陈耀鑫主编：《上海市社区矫正"三分矫正"工作实务指南》，上海人民出版社2019年版，第35～36页。

开展认罪悔罪教育要坚持集体教育与个别教育相结合的原则。教育工作者运用集体教育可以解决认罪教育中的共性问题，从分析社区矫正对象如何走上犯罪道路和认识犯罪造成的危害入手，讲明认罪教育的目的、意义和要求；讲明认罪与守法的关系，认罪与矫正的关系，认罪服法与矫正前途的关系。个别教育是开展认罪悔罪教育的重要手段。个别教育前，教育工作者一定要熟悉案情，熟知不认罪的表现；在教育过程中，要坚持正面启发诱导，对其错误的思想观点据理驳斥，对其反矫正行为据理揭露批判。同时，在认罪教育过程中，教育工作者既要坚定必胜信心，又要耐心等待，不要怕社区矫正对象思想认识上的反复，并且要集中全力找出其不认罪的关键所在，对症下药，才能取得良好的教育效果。

【案例 5 - 1】中，王某不认罪的表现是量刑过重，即不认同法院的判决结果，认为自己已经赔偿受害人，并获得了受害人家属的谅解，但仍被判处刑罚。针对王某不认罪、不悔过的情况，社区矫正机构动员王某参加区矫正中心组织的交通肇事类社区矫正对象专项教育，以小组活动和同伴辅导的形式对其开展教育矫正工作。同时，从犯罪行为的社会危害性入手，分析王某犯罪行为给受害人及其家庭、社会的损害，并从社区矫正的优越性、宽容性、文明性出发，加强思想疏导，批判错误认知，纠正偏差观点，进而促进其自我反思、自我检讨、自我改造，帮助其平稳地度过社区矫正的初期阶段。

三、矫正意识教育

矫正意识教育是指教育工作者针对社区矫正对象矫正意识淡薄，不服从监督管理，抗拒矫正工作而开展的教育活动。

矫正意识教育是社区矫正教育的特色。非监禁性是社区矫正区别于监禁矫正的重要特征。在开放性的社区中接受矫正，容易造成部分社区矫正对象忽视其罪犯身份，以为不被关押在监狱中就不是罪犯，与其他守法公民一样享有自由。因此，开展矫正意识教育是十分必要的。

开展矫正意识教育可以坚持法治教育与政策教育相结合的原则。教育工作者通过必要的法治教育，使社区矫正对象明确罪与非罪的界限，认识其犯罪行为的危害性，以及刑事审判的权威性和严肃性，使他们意识到自己虽然没有被关押在监狱中，但仍然是一名接受矫正的矫正对象，从而端正其对社区矫正的态度，主动接受监管和教育。同时，教育工作者应当充分发挥政策的威力，解读社区矫正是一种行刑社会化方式，明确社区矫正的法定义务，强调关于学习、管理、劳动等方面的规章制度，以及违反规定后应当承担的法律责任，给社区矫正对象以外在的约束，以加强其矫正意识。

在入矫宣告时，可以通过宣读入矫誓词，进一步加强矫正对象的矫正意识。

专栏 5 - 2　社区矫正对象入矫誓词

我，在此庄严宣誓，认罪伏法，痛改前非，接受矫正，遵守社区矫正法律法规，服从工作人员管理，接受志愿者监督，改造自己，重新做人，做一个对社会、对他人有益的人。

今后，无论做任何事都要牢记做人的行为准则，努力学习法律知识，用法律约束自身的行为，遵守国家法律、法规、政策，积极参加社区矫正机构组织的各项活动，用自己的实际行动来回报社会、回报政府，做一个有觉悟、有理性、有责任、有社会公德和社会责任的合格守法公民。

宣誓人：×××
监护人：×××

年　月　日

四、警示教育

警示教育是指对新入矫的社区矫正对象开展的遵纪守法、认真接受矫正的教育活动。在司法实践中，各地的警示教育形式多样，内容丰富。如通过观看"今日说法""普法栏目剧"等视频，邀请看守所民警讲述监禁罪犯改造政策和做法，监狱假释罪犯现身说法，社区矫正对象违法违规被处罚，甚至是被收监执行的典型案例教育等进行反面典型警示教育，以及组织未曾拘禁的社区矫正对象到看守所现场接受警示教育等，督促其珍惜机会，强化对社区矫正执法严肃性的认识，提高纠正不良思想与行为恶习的自觉性，进一步激发悔过自新和自觉接受社区矫正的信心和决心，不断增强守法意识。社区矫正对象只有对法律规定心存敬畏，并自觉遵守国家法律法规，才能顺利解矫，走上人生的正轨。

警示教育的目的是让社区矫正对象走好入矫第一关，以违反法律法规和社区矫正监督管理规定且受到处罚的典型案例为鉴，警钟长鸣，遵守法律法规和社区矫正监督管理规定，珍惜矫正机会，认真接受矫正，积极生活，早日重新融入社会。

五、社会认知教育

社会认知是个体如何理解与思考他人，根据环境中的社会信息形成对他人或事物的推论或看法。社会认知的许多方面涉及人们的日常生活，并且对人类的健康和幸福产生重要的影响。

社区矫正对象之所以会走上犯罪的道路，与其社会认知偏差或错误有很大的关系。所以，在接收时就应该对其进行社会认知教育，使其形成正确的认知方式，正确认识自己和他人，正确处理人际关系，避免因人际冲突或人际矛盾而再次走上违法犯罪的道路。搞好认知教育对其顺利接受矫正，尽早融入社会生活，具有重要的意义。

【案例 5 – 1】中，王某不认罪、不悔过，导致矫正意识差，表现为态度不够端正，也不认同现有矫正对象的身份。针对此种情况，社区矫正机构对其加强法制教育，向王某阐明其行为已构成犯罪，赔偿及谅解不能抵消其犯罪行为危害，也不能弥补其所造成的法益损害。同时，应向社区矫正对象强调法院的判决以及社区矫正机构的执行都具有严肃性、权威性，并告诫王某时刻提醒自己虽然在社会之中，但仍是一名接受监督管理的矫正对象，必须端正矫正态度，自觉遵守法律法规及社区矫正规章制度，否则，可能收监执行或重蹈覆辙。此外，为强化王某的矫正意识，教育工作者还向其介绍本地区缓刑犯收监执行的典型案例，以此作为警示，提醒其以此为鉴，避免自己也走上这样的"悲剧"道路。

对矫正对象开展权利义务教育、认罪悔罪教育、矫正意识教育、警示教育、社会认知教育等，是实现"完善社会治理体系""提升社会治理效能"的重要举措。

任务 1.3　入矫教育的组织实施

党的二十大报告指出，"国家安全是民族复兴的根基，社会稳定是国家强盛的前提。必须坚定不移贯彻国家总体安全观，把维护好国家安全贯穿党和国家工作各方面全过程，确保国家安全和社会稳定。"为此，社区矫正对象的入矫教育必须组织好、实施好，以确保社会的稳定和安全。

一、交付接收

交付接收工作牵涉部门多，且内容繁琐，需认真对待。接收社区矫正对象是社区矫正工作的起点，也是教育矫正工作开展的前提。交付接收是指在社区矫正决定机关作出的适用社区矫正的判决、裁定或决定生效后，社区矫正对象在规定期限内到社区矫正机构报到，或是监狱、公安机关将社区矫正对象移送社区矫正机构，社区矫正机构依法为其办理接收手续的相关活动。根据《社区矫正法》第 22 条规定，接收工作主要包括：核对法律文书、核实身份、办理接收登记、建立档案，并宣告社区矫正对象的犯罪事实、执行社区矫正的期限以及应当遵守的规定。

二、接收时开展首次谈话教育

接收社区矫正对象时，除去办理登记、接收手续外，更重要的是对矫正对象搞好接收时的首次谈话教育和入矫宣告教育。使其在入矫时就明白自己的犯罪事实、判决依据、判决结果，享有的权利义务，不遵守法律法规和社区矫正监督管理制度的后果，以及自己的身份、法律地位等，从而为其认罪服法、积极接受矫正打下良好的基础。

三、接收时开展矫正对象的需求调查评估

为更好地开展教育矫正工作，入矫时应为矫正对象开展一次需求评估，全面了解其需求状况，针对其需求制定精准的矫正教育方案，提高矫正教育的质量。同时为实现个别化教育打下良好的基础。

专栏 5－3　社区矫正对象需求调查问卷[1]

为了更好地了解您的个人需求，使您今后在社区矫正期间的管理、教育、培训更具针对性、有效性，社区矫正中心特开展社区服刑人员需求调查。调查结果仅供组织开展社区矫正安置、帮教工作之参考并予以保密，请您认真完成本次问卷。

请您根据问题的选项，在您认为匹配的"□"内打勾；题目注可多选的可以在多个选项的"□"内打钩；选"其他"的，请填写选项中没有举例出的答案。

---

〔1〕　陈耀鑫主编：《上海市社区矫正"三分矫正"工作实务指南》，上海人民出版社 2019 年版，第 13～18 页。

第一部分　个人信息

1. 姓　　名：＿＿＿＿＿＿＿＿

2. 性　　别：＿＿＿＿＿＿＿＿

3. 填表日期：＿＿＿＿＿＿＿＿

4. 所属街道：＿＿＿＿＿＿＿＿

5. 出生日期：＿＿＿＿年＿＿月＿＿日

6. 学　　历：

□A 无　　□B 小学　□C 初中　□D 中专　□E 技（职）校

□F 高中　□G 大专　□H 大学本科及以上

7. 身体状况：

□A 良好　　　　□B 一般　　　　□C 有严重疾病（请注明）＿＿＿＿＿＿＿＿

8. 家庭情况：

□A 双亲家庭　　□B 父母一方去世　□C 父母双方去世

□D 离异家庭　　□E 离异再婚家庭　□F 其他（请注明）＿＿＿＿＿＿＿＿

9. 婚姻状况：

□A 未婚　□B 已婚　□C 再婚　□D 丧偶　□E 其他（请注明）＿＿＿＿＿＿＿＿

10. 子女状况：

□A 无子女　　　　□B 一个子女　　　□C 两个及以上子女

11. 工作状况：

□A 国有企业　　　□B 私营企业　　　□C 事业单位　　　□D 社会团体

□E 个体户　　　　□F 自由职业　　　□G 无业　　　　　□H 退休

12. 您对现在的工作：

□A 很满意，充分体现了自我的价值，工作时感到开心

□B 比较满意，符合自己的要求

□C 一般满意，基本能满足生活所需

□D 不大满意，和自己的想象有很大差距

□E 很不满意，觉得自己在浪费时间

□F 无所谓

13. 您觉得您的生活压力：

□A 很大，无法接受　　　　□B 比较大，但还可以承受

□C 一般，没有太大的压力　□D 很少有压力　□E 没有压力

14. 您目前交往的对象有（多选题）：

□A 家人和亲戚　□B 同事或同学　□C 自己的朋友　□D 社区工作人员　□E 其他
（请注明）＿＿＿＿＿＿＿＿

15. 您目前最信赖的人是（多选题）：
□A 父母 □B 伴侣 □C 祖辈 □D 朋友 □E 没有 □F 其他（请注明）＿＿＿＿＿＿

16. 经济状况：
□A 好　□B 较好　□C 一般　□D 困难

17. 入矫前生活来源（多选题）：
□A 自食其力　□B 父母收入　□C 社会救助　□D 其他（请注明）＿＿＿＿＿＿

18. 您希望在矫正期得到什么类型的服务帮扶（多选题）：
□A 教育培训　□B 法律方面的咨询和援助　□C 推荐工作　□D 社会救助
□E 家庭矛盾调解　□F 心理辅导　□G 倾诉交流　□H 无
□I 其他（请注明）＿＿＿＿＿＿

19. 您愿意参加下列哪几类公益性活动？（多选题）：
□A 慈善募捐　□B 帮困助学　□C 无偿献血
□D 志愿服务　□E 不愿意　□F 其他（请注明）＿＿＿＿＿＿

20. 您有哪些技能、特长、爱好（多选题）：
　□A 艺术类
　　□①唱歌　□②绘画　□③摄影　□④书法　□⑤乐器　□⑥舞蹈
　　□⑦陶艺　□⑧篆刻　□⑨其他（请注明）＿＿＿＿＿＿
　□B 体育类
　　□①乒乓球　□②羽毛球　□③棋艺　□④足球　□⑤武术　□⑥篮球
　　□⑦游泳　□⑧排球　□⑨其他（请注明）＿＿＿＿＿＿
　□C 生活类
　　□①编制　□②修理　□③家政　□④驾驶　□⑤按摩　□⑥园艺
　　□⑦其他（请注明）＿＿＿＿＿＿
　□D 计算机类
　　□①熟悉办公软件应　□②熟悉 PS、视频制作　□③电脑修理维护　□④无
　　□⑤其他（请注明）＿＿＿＿＿＿

第二部分　教育学习

21. 教育学习时间您希望安排在什么时候？
□A 工作日　　　□B 周末　　　□C 其他（请注明）＿＿＿＿＿＿

22. 您希望接受下列哪些选修课程？（请选出您认为最希望的 3 门）
　□A 心理健康类
　　□①心理疏导　□②沟通艺术　□③行为治疗　□④其他（请注明）＿＿＿＿＿＿
　□B 艺术
　　□①音乐　□②绘画　□③书法　□④手工艺　□⑤园艺　□⑥棋艺
　　□⑦其他（请注明）＿＿＿＿＿＿
　□C 职业规划类　　□D 生活常识类　　　□E 其他（请注明）＿＿＿＿＿＿

23. 您认为，下列哪种属于对您而言较为有效的教学方法？（请选出您认为最有效的3种）

□A 课堂讲授　□B 案例分析　□C 模拟及角色扮演

□D 实地参观　□E 圆桌讨论　□F 其他（请注明）＿＿＿＿＿＿

24. 您是否愿意担任课堂教学的临时讲师？

□A 非常愿意　□B 愿意　□C 要考虑一下　□D 不愿意

25. 如愿意，可担任什么专业（题）的教学

＿＿＿＿＿＿＿＿＿＿＿＿＿＿＿＿＿＿＿＿＿＿

26. 您平日喜爱阅读哪一类书籍？

□A 心灵鸡汤类　□B 电脑信息类　□C 金融理财类

□D 生活百科类　□E 不看书　　　□F 其他（请注明）＿＿＿＿＿

第三部分　社区服务

27. 您希望参加什么样的社区服务？（多选题）

□A 普通体力型　　□B 行业服务型　　□C 简单劳动型　　□D 技能传授型

具体为：

□①打扫公共卫生　□②植树　□③保洁　□④敬老助残　□⑤值班巡逻

□⑥文化辅导　□⑦课堂讲授　□⑧板报宣传　□⑨其他（请注明）＿＿＿＿＿

28. 您愿意为哪些群体提供社区服务？（多选题）

□A 老人　　□B 智障儿童　　□C 残疾人

第四部分　就业培训

（如果目前无业就请填写 29～34 项）

29. 您是否有过工作经验？

□A 是　　　　□B 否

30. 若有工作经验，您曾从事过哪类工作？（多选题）

□A 管理类　□B 服务类　□C 操作类　□D 技术类　□E 研发类

□F 其他（请注明）＿＿＿＿＿＿

31. 您目前是否有就业打算？

□A 有强烈意愿　　□B 有意愿　　□C 无所谓　　□D 不打算

32. 如果正处于失业状态，您是否愿意参加由政府组织的职业培训？

□A 非常愿意　　　□B 一般　　　□C 无所谓　　　□D 不愿意

33. 您对自身就业前景的评价：

□A 乐观　　□B 一般　　□C 不乐观　　□D 不知道

34. 您认为将来您有能力并期望从事哪类工作？

□A IT　□B 家政　□C 环卫　□D 烹饪　□E 安保　□F 驾驶

□G 维修　□H 行政　□I 创业　□J 不知道　□K 其他（请注明）＿＿＿＿＿

35. 除本问卷所涉及的内容，针对即将对您实行的社区矫正，您还有哪些想法和建议？

＿＿＿＿＿＿＿＿＿＿＿＿＿＿＿＿＿＿＿＿＿＿＿＿＿＿＿

四、介入实施

介入实施是入矫教育工作的具体贯彻。通常来讲，社区矫正对象入矫宣告后的3个月是入矫教育期间。但社区矫正机构工作人员可以根据矫正时间长短予以规定。社区矫正机构工作人员接收时根据需求调查评估的结果，结合社区矫正对象的具体特点，分析其存在的主要问题，有分别、侧重地制定个性化教育计划与方案。主要包括：确定入矫教育的项目及重点；通过个别谈话、思想汇报、情感交流等手段，扩大社区矫正对象的认知范围；通过警示教育等手段，加强刑事执行的严肃性，提高社区矫正对象的在矫意识，督促其认真接受社区矫正。社区矫正机构工作人员可以以周为时间单位制定教育计划，列出教育学习的内容及重点，认真准备教学内容，并填写教学日志以及教学反馈情况。

五、考核鉴定

考核鉴定是在入矫教育结束之前，社区矫正机构对社区矫正对象教育情况的考核与鉴定工作。在入矫教育结束前，社区矫正机构应当组织社区矫正对象考试，重点考核《刑法》《社区矫正法》等法律法规以及相关规章制度的掌握情况，了解入矫教育的效果，为接下来的常规教育奠定基础。有些地方结合矫正表现和考试成绩，对社区矫正对象作出入矫教育期满合格与否的评估，并填写《入矫教育评估》（见【专栏5-4】），并告知社区矫正对象。

专栏5-4　入矫教育评估表[1]

社区矫正对象＿＿＿＿＿自＿＿年＿＿月＿＿日起接受入矫教育。经教育，该对象（能/不能）正确认识社区矫正，树立良好的在刑意识，以积极的心态面对社区矫正。

现经矫正中心通过综合评估，认定该社区矫正对象入矫教育（合格/不合格）。

评估人：

评估单位（盖章）：

评估日期：

---

〔1〕　陈耀鑫主编：《上海市社区矫正"三分矫正"工作实务指南》，上海人民出版社2019年版，第35页。

任务2　社区矫正对象的解矫教育

任务2.1　解矫教育的概念

解矫教育是社区矫正工作者对处于解矫前的社区矫正对象进行的，以适应社会生活为主题的，带有总结性、补课性的专项教育活动。它是教育矫正的最后一道工序，是针对即将解矫的社区矫正对象如何适应正常社会生活，防止重新违法犯罪而进行的教育活动是贯彻落实二十大报告"坚持安全第一，预防为主，建立大安全大应急框架，完善公共安全治理模式向事前预防转型""加强重点行业、重点领域安全监管"精神的具体体现。

注重上好社区矫正对象解矫前"最后一堂课"，在解矫前一个月，对社区矫正对象进行期满总结教育、回归社会适应性教育、形势政策教育和基本国情教育等，巩固教育矫治成果，使社区矫正对象解矫后能顺利适应社会、融入社会，不致重新违法犯罪。

解矫教育的目的是指导社区矫正对象做好自我鉴定，填写《社区矫正期满鉴定表》，结合自我鉴定，引导社区矫正对象巩固教育成果，增强社会责任意识；根据社区矫正对象的就学、就业、创业、生活等情况，有针对性地开展安置帮教政策教育，进一步强化社会关系修复、职业技能培训、就业创业辅导及生活工作方向引导，为其全面适应社会提供帮助。

任务2.2　解矫教育的内容

一、期满总结教育

期满总结教育是指辅导社区矫正对象回顾并总结接受社区矫正以来的思想转变、矫正表现、矫正效果等情况，进一步认识不足，明确努力方向的教育。司法所应当在矫正期限届满前，指导社区矫正对象进行自我总结，填写《社区矫正期满鉴定表》。开展期满总结教育是为了教育引导社区矫正对象客观地总结过去取得的成绩和存在的问题，巩固矫正成果。总结教育过程中，教育工作者要告诫社区矫正对象克服"松口气"的思想，消除浮躁心态，要求他们客观、全面地总结教育矫正过程，重点总结在法治观念、思想道德、文化技术及纪律作风等方面的变化或收获，特别要注意目前存在的不足，以明确真正回归社会后的努力方向。

在自我总结过程中，社区矫正对象要坚持实事求是原则，不能夸大也不能缩小，更不得杜撰。在总结过程中，教育工作者可以运用对比和启发的方法。所谓对比法，就是引导社区矫正对象进行自身矫正前后的对比，自己与其他社区矫正对象进行对比，在比较中发现进步及不足的方法。启发法，就是通过个别谈话或总结座谈会等方式，启发社区矫正对象思路及感悟的方法。

二、适应社会教育

适应社会教育是指社区矫正对象如何顺利实现社会角色转变的教育。角色是对群体或社会中具有一定身份的人的行为期待。[1] 社会赋予不同社会角色以不同的期望。违法犯罪行为导致社区矫正对象的社会地位贬降，并被赋予"罪犯""坏人""服刑人员"等社会角色，社会对这些角色的期望是认罪服法，遵纪守法。大多数社区矫正对象希望通过努力，改变社会赋予角色，重获社会地位。解矫后，社区矫正对象的角色转变为自由公民，社会要求他们遵纪守法，不再违法犯罪。这就要求教育工作者在解矫中开展必要的教育，如加强守法意识，通报再犯罪案例，开展再犯罪警示教育，并引导他们理性地看待生活中的挫折，学会处理人际关系紧张等社会问题。

三、形势政策教育

形势政策教育和基本国情教育，是社区对象解矫前教育工作的一个重要方面。开展解矫前的形势政策教育和基本国情教育，有利于帮助社区矫正对象正确认识形势，有利于其回归社会。

（一）坚持把握正确方向

坚定不移同以习近平同志为核心的党中央保持高度一致，坚持团结稳定鼓劲、正面宣传为主。统筹好网上网下，加强传播手段和话语方式创新，唱响主旋律，壮大正能量，着力营造良好社会氛围。把好政治关，旗帜鲜明支

---

〔1〕　［美］戴维·波普诺：《社会学》，李强等译，中国人民大学出版社 1999 年版，第 97 页。

持正确思想言论，旗帜鲜明反对和抵制各种错误观点、错误倾向和错误现象。特别是对党的十八大、十九大、二十大报告精神的宣讲应作为重点内容。

（二）坚持突出思想内涵

要把深入学习宣传贯彻习近平新时代中国特色社会主义思想摆在首要位置，贯穿形势政策教育和基本国情教育的各方面各环节。

1. 开展国情教育，让社区矫正对象认清我国社会主义初级阶段基本特征和社会主要矛盾。

2. 开展理想信念教育，加强党史、新中国史、改革开放史、社会主义发展史教育，加强爱国主义、集体主义、社会主义教育，充分宣传展示党和国家事业发展的光辉历程、伟大成就和宝贵经验，引导矫正对象深刻理解只有共产党才能领导中国、只有社会主义才能救中国、只有中国特色社会主义才能发展中国、只有坚持和发展中国特色社会主义才能实现中华民族伟大复兴。

3. 创新方式方法，注重实际效果，增加时代元素，生动活泼地开展特色鲜明、富有实效的各类教育活动，让矫正对象共享祖国荣光、感受生活美好。

（1）可以组织开展主题宣讲活动。围绕中国特色社会主义和中国梦宣传教育，推动习近平新时代中国特色社会主义思想深入人心、落地生根。聚焦群众生产生活、衣食住行实际，紧密联系城乡变化、家庭变化、身边变化，以真人真事、真情实感，讲好履职敬业、追梦筑梦、奋斗圆梦的故事，激励和引导矫正对象在解除矫正后坚定跟党走、建功新时代。

（2）可以组织编制各类宣传资料。围绕重大宣传主题和重要时间节点，运用现代时尚元素，精心创作推出思想性、艺术性、观赏性俱佳的宣传挂图、公益广告、动漫作品等，深入宣传形势政策和基本国情。

（3）积极拓展全媒体传播渠道。抓住新技术新应用推动手段载体创新，开拓形势政策教育传播渠道。注重运用"两微一端"和移动多媒体等新技术新手段，把工作从线下做到线上，努力用先进技术传播先进思想。围绕重大宣传主题和重大时间节点，充分利用各种新媒体传播渠道，主动设置议题、推出系列话题，运用个性化制作、可视化呈现、互动化传播的方式开展形势政策教育和基本国情教育，构建网上网下同心圆，更好凝聚社会共识。

除上述内容外，教育工作者还应当加强以下两个方面的教育：

第一，加强心理辅导。通过期满前心理测试，教育工作者了解社区矫正对象矫正初期和结束前的心理变化情况，肯定积极成果，提示存在不足，帮助社区矫正对象调节不良情绪，做好正式回归社会的心理准备。

第二，安置帮教衔接教育。对于即将解矫的社区矫正对象，告知安置帮教工作的性质及相关工作内容，引导社区矫正对象树立生活信心，全面开始创造新的生活，坚决摒弃错误观点、不良心理及行为习性；放下包袱，一路向前向上，绝不重蹈覆辙；有困难、有疑惑及时向安置帮教部门沟通，请求帮助。

任务2.3　解矫教育的组织实施

一、组织撰写总结

根据《社区矫正法实施办法》第53条第2款之规定，社区矫正对象一般应当在社区矫正期满30日前，做出个人总结。据此，社区矫正机构应当督促和指导社区矫正对象在期满前30日内，完成矫正期满书面总结。矫正总结是社区矫正对象对自身思想观念、遵纪守法、服刑态度、行为表现、矫正体会以及今后计划等方面的梳理归纳。

二、调查矫正情况

社区矫正机构工作人员应当对即将解矫的社区矫正对象在矫期间的情况进行全面调查，并对其做出客观分析。社区矫正机构工作人员通过查阅社区矫正对象的档案，如考核奖惩材料、思想汇报、社区服务与教育矫正记录、走访记录等，了解他们的日常表现。此外，社区矫正机构工作人员可以通过个别谈话的方式，让社区矫正对象自述矫正体会，以达到对档案材料的印证。

三、开展解矫教育

根据解矫教育的内容，为社区矫正对象适时地开展期满总结教育、回归社会适应性教育和形势政策与基本国情教育、心理健康教育和安置帮教衔接教育。

四、提出希望要求

在社区矫正对象提交总结鉴定后，社区矫正机构应当组织召开矫正小组评议会，对期满鉴定表进行审核，对社区矫正期间的表现进行综合评议，并出具鉴定意见及安置帮教意见。

社区矫正期满评议会的基本程序为：社区矫正对象回顾总结自身矫正情况；矫正小组组长结合社区矫正对象的实际表现进行讲评，并介绍奖惩考核等方面的有关情况；与会的公安派出所民警、居委会（社区）干部、帮教小组代表以及社区矫正志愿者，对社区矫正对象的矫正表现进行评议；社区矫正对象对评议提出的意见或要求表态，其中如涉及对其家属的意见或要求时，家属也应当进行表态；矫正小组组长对评议情况进行小结，在此基础上形成明确的评议结果并当场宣读；公安派出所所长或民警对社区矫正对象再次提出希望和要求，告诫其遵纪守法，避免重蹈覆辙。

此外，上海市社区矫正系统将解矫承诺仪式作为解矫教育的重要内容之一，其程序主要由社区矫正对象发言表态、佩戴黄丝带（可选）、宣誓承诺三个环节组成。解矫承诺仪式具有仪式感，能够达到鼓励、警示以及震撼心灵的作用。这种现场式教育的方式也值得借鉴、推广。

任务 3　实训项目：入矫和解矫教育组织实施技能训练

任务 3.1（实训项目 1）　入矫教育组织实施技能实训

案例 5 – 2

入矫教育组织实施实训

社区矫正对象谢某因为犯罪导致失业，家庭的经济压力比较大，自己的职业前景也蒙上了一层阴影，因此在入矫后表现为心情低落、情绪敏感、悲观，不愿意见人，也不愿意与社区矫正工作人员接触，对社区矫正的监督管理措施消极应付甚至抵触对立。

请根据以上资料，完成以下实训任务：

1. 根据案例提供的资料，为社区矫正对象谢某制定入矫教育方案。

2. 根据入矫教育方案开展具体的入矫教育工作。

附：实训任务书和实训考核表

实训任务书

实训项目	1. 根据案例提供的资料，为社区矫正对象谢某制定入矫教育方案 2. 根据入矫教育方案开展具体的入矫教育工作
实训课时	2 课时
实训目的	学生通过模拟实训，具备对社区矫正对象开展入矫教育的核心职业能力
实训任务	1. 学会制定入矫教育方案 2. 学会对案例中的资料进行整理、分析 3. 学会入矫教育的介入实施，即学会如何开展入矫教育 4. 总结影响入矫教育效果的因素
实训要求	1. 学生应提前掌握社区矫正教育的相关知识 2. 指导教师熟悉教育矫正的理论知识与实践技能 3. 学生要积极配合指导教师的指导完成实训 4. 根据实训需要将学生分成若干小组，采用角色扮演的方式完成实训任务 5. 指导教师进行点评总结，每组学生根据教师的点评总结找出不足
实训成果形式	实训总结
实训地点	理实一体化教室
实训进程	1. 教师讲解（介绍实训步骤、注意事项、进行角色分配） 2. 阅读准备好的实训案例 3. 根据实训需要将学生分成若干小组 4. 对案例中所提供资料进行整理、分析 5. 小组讨论案例中谢某的现实表现、存在的问题 6. 制定有针对性的入矫教育方案 7. 开展模拟的入矫教育工作 8. 指导教师进行点评总结，每组学生根据教师的点评总结找出不足

实训考核表

班级＿＿＿＿＿＿＿＿＿＿　姓名＿＿＿＿＿＿＿＿＿＿　学号＿＿＿＿＿＿＿＿＿＿

任务描述：通过模拟实训，学会制定入矫教育方案，初步具备开展入矫教育的能力。

项目总分：100 分

完成时间：100 分钟（2 课时）

考核内容	评分细则	等级评定
一、实训过程与要求 1. 根据实训需要学生迅速分成若干小组 2. 小组成员自行分配好所扮演的角色 3. 小组讨论案例中社区矫正对象的现实表现、存在的问题等，并据此制定出入矫教育方案 4. 根据入矫教育方案，开展模拟的入矫教育工作 5. 指导教师进行点评总结，每组学生根据教师的点评总结找出不足	分值：50 分 1. 实训过程与小组成员合作良好（15 分） 2. 入矫教育方案制定的科学、合理（15 分） 3. 能成功完成所有实训演练任务（20 分）	实训成绩评定为四等： 1. 优（100 分 ~ 85 分） 2. 良（84 分 ~ 70 分） 3. 及格（69 分 ~ 60 分） 4. 不及格（59 分 ~ 0 分）
二、实训表现与态度	分值：20 分 1. 无迟到（1 分） 2. 无早退（1 分） 3. 无旷课（3 分） 4. 实训预习、听讲认真（2 分） 5. 实训态度认真（5 分） 6. 实训中不大声喧哗（1 分） 7. 能爱护实训场所、设备，保持环境整洁（2 分） 8. 能完全遵守实训各项规定（1 分） 9. 实训效果好，基本掌握了入矫教育方案制定的技巧，具备开展入矫教育工作的职业技能（4 分）	注意事项： 1. 实训期间做与实训无关的操作，不能评定为"优" 2. 有旷课现象，不能评为"优、良" 3. 旷课××节及以上，评为"不及格" 4. 实训内容没有完成，评为"不及格" 5. 两份实训总结雷同，评为"不及格"

三、实训总结 1. 实训中出现的问题及解决办法（对遇到的问题、问题产生的原因进行分析判断，把解决过程写出来） 2. 实训效果（本次实训有哪些收获，掌握了哪些知识、技能，哪些不明白，有什么疑问，等等）	分值：30 分 1. 按规定时间上交（5 分） 2. 格式规范（5 分） 3. 字迹清楚（5 分） 4. 内容详尽、完整，实训分析总结正确（5 分） 5. 无抄袭现象（5 分） 6. 能提出合理化建议或有创新见解（5 分）	
合计		

评分人：　　　　　　　　　　　　　日期：　　年　月　日

任务 3.2　（实训项目 2）解矫教育组织实施技能训练

案例 5 – 3

解矫教育组织实施实训

社区矫正对象王某，因盗窃罪被判有期徒刑 1 年，缓刑 2 年。矫正期限为 2019 年 3 月 3 日~2021 年 3 月 2 日。王某在矫正期间能够认罪服法，安心改造。平时积极接受执行地县级社区矫正机构和受委托的司法所的监督管理与教育矫正，遵纪守法，严格按照社区矫正监督管理规定行事作为，受到了社区矫正机构表扬 2 次。2021 年 2 月，王某已经进入解除矫正的最后一个月。根据《社区矫正法》《社区矫正法实施办法》的相关规定，执行地社区矫正机构或者受委托的司法所应抓紧时间对王某进行解除矫正教育。

请根据以上所给资料，完成以下实训任务：

1. 如何指导矫正对象王某进行期满总结？

2. 如何组织实施解矫教育？

附：实训任务书和实训考核表

实训任务书

实训项目	根据案例提供的资料，帮助矫正对象王某完成期满总结 为社区矫正对象王某确定解矫教育的内容并组织解矫教育的实施
实训课时	2 课时
实训目的	学生通过模拟实训，具备对社区矫正对象开展解矫教育的核心职业能力
实训任务	1. 指导矫正对象王某完成期满总结 2. 掌握解矫教育的内容与方法 3. 学会解矫教育的介入实施，即学会如何开展解矫教育 4. 学会与安置帮教部门相衔接
实训要求	1. 学生应提前掌握社区矫正教育的相关知识 2. 指导教师熟悉教育矫正的理论知识与实践技能 3. 学生要积极配合指导教师的指导完成实训 4. 根据实训需要将学生分成若干小组，采用角色扮演的方式完成实训任务 5. 指导教师进行点评总结，每组学生根据教师的点评总结找出不足
实训成果形式	实训总结
实训地点	理实一体化教室
实训进程	1. 教师讲解（介绍实训步骤、注意事项、进行角色分配） 2. 阅读准备好的实训案例 3. 根据实训需要将学生分成若干小组 4. 对案例中所提供资料进行整理、分析 5. 小组讨论并找出案例中王某在矫正期间的表现、存在的问题 6. 指导矫正对象完成期满总结 7. 开展解矫教育的实训演练 8. 指导教师进行点评总结，每组学生根据教师的点评总结找出不足

实训考核表

班级＿＿＿＿＿＿＿＿＿＿　姓名＿＿＿＿＿＿＿＿＿＿　学号＿＿＿＿＿＿＿＿＿＿

任务描述：通过模拟实训，掌握解矫教育的内容和方法，初步具备开展解矫教育的能力。

项目总分：100 分

完成时间：100 分钟（2 课时）

考核内容	评分细则	等级评定
一、实训过程与要求 1. 根据实训需要学生迅速分成若干小组 2. 小组成员自行分配好所扮演的角色 3. 小组讨论案例中社区矫正对象矫正期间的表现、存在的问题等，并据此帮助其做出矫正期满总结 4. 根据解矫教育的要求，开展模拟的解矫教育工作 5. 指导教师进行点评总结，每组学生根据教师的点评总结找出不足	分值：50 分 1. 实训过程与小组成员合作良好（15 分） 2. 能精准找出矫正对象存在的问题，并制定科学合理的解矫教育方案（15 分） 3. 能成功完成解矫教育实训演练任务（20 分）	实训成绩评定为四等： 1. 优（100 分 ~ 85 分） 2. 良（84 分 ~ 70 分） 3. 及格（69 分 ~ 60 分） 4. 不及格（59 分 ~ 0 分）
二、实训表现与态度	分值：20 分 1. 无迟到（1 分） 2. 无早退（1 分） 3. 无旷课（3 分） 4. 实训预习、听讲认真（2 分） 5. 实训态度认真（5 分） 6. 实训中不大声喧哗（1 分） 7. 能爱护实训场所、设备，保持环境整洁（2 分） 8. 能完全遵守实训各项规定（1 分） 9. 实训效果好，基本掌握解矫教育的内容与方法，具备开展解矫教育工作的职业技能（4 分）	注意事项： 1. 实训期间做与实训无关的操作，不能评定为"优" 2. 有旷课现象，不能评为"优、良" 3. 旷课××节及以上，评为"不及格" 4. 实训内容没有完成，评为"不及格" 5. 两份实训总结雷同，评为"不及格"

续表

| 三、实训总结
1. 实训中出现的问题及解决办法（对遇到的问题、问题产生的原因进行分析判断，把解决过程写出来。）
2. 实训效果（本次实训有哪些收获，掌握了哪些知识、技能，哪些不明白，有什么疑问，等等） | 分值：30分
1. 按规定时间上交（5分）
2. 格式规范（5分）
3. 字迹清楚（5分）
4. 内容详尽、完整，实训分析总结正确（5分）
5. 无抄袭现象（5分）
6. 能提出合理化建议或有创新见解（5分） | |
| 合计 | | |

评分人：　　　　　　　　　　　　　　日期：　　年　月　日

【课堂活动 5 – 1】

李某，男，汉族，1989 年 11 月生于陕西省宝鸡市，家住宝鸡市陈仓区川原乡镇，无前科。2019 年 12 月 20 日，经宝鸡市陈仓区人民法院判决，李某因开设赌场罪被判处有期徒刑 1 年 6 个月，缓刑 1 年 6 个月。并处罚金 7500 元（已缴纳）。缓刑考验期限自 2020 年 4 月 23 日至 2021 年 10 月 22 日止。2020 年 4 月 23 日李某到宝鸡市陈仓区司法局社区矫正机构报到，正式成为一名社区矫正对象。

经调查了解，李某因被判刑，原有的工作也丢了，目前是待业在家，基本无经济来源。

请问，对李某应开展哪些内容的入矫教育？如何组织实施入矫教育？

【课堂活动 5 – 2】

葛某某，男，1972 年 11 月生，小学文化，户籍地、居住地均为陕西省汉中市西乡县。2020 年 6 月 29 日，因犯故意伤害罪被西乡县人民法院判处有期徒刑 8 个月，缓刑 1 年 3 个月，缓刑考验期自 2020 年 7 月 11 日至 2021 年 10 月 10 日止。2020 年 7 月 17 日，葛某某到西乡县司法局社区矫正机构报到，成为一名社区矫正对象。

经调查了解，葛某某与妻子离婚多年，有一女儿和其母亲共同生活。葛某某独自一人生活，其侄儿葛某为其社区矫正监督人。

　　请问，针对葛某某的情况，应如何为其制定入矫教育方案，应开展哪些内容的入矫教育？

【思考题】

　　1. 入矫教育和解矫教育的意义是什么？

　　2. 入矫教育和解矫教育与日常教育的区别有哪些？

　　3. 如何组织形式多样、内容丰富的解矫教育？

拓展 学习

一、河北省社区矫正工作细则（节选）

　　第七十六条　……执行地社区矫正机构、受委托的司法所根据社区矫正对象实际情况实行分阶段教育。分阶段教育分为入矫教育、日常教育、解矫教育，各阶段教育主要以集中教育、分类教育、个别教育相结合方式进行，教育频率应当对照分类管理等级，做到由严到宽、相应适度。

　　第七十八条　执行地县级社区矫正机构、受委托的司法所根据需要。可以采取下列形式开展集中教育：

　　（一）课堂式，在规定的时间和地点，组织社区矫正对象进行集中授课、观看警示教育影片、集体讨论、现身说法等；

　　（二）网络式，组织社区矫正对象参加在线网络学习；

　　（三）现场式，组织组织社区矫正对象参观学习、参加社会活动等；

　　（四）座谈式，对社区矫正对象开展集体谈话等；

　　（五）其他形式。

　　第七十九条　执行地县级社区矫正机构、受委托的司法所根据需要，开展以下集中教育：

　　（一）入矫集中教育，对新入矫的社区矫正对象开展入矫集中教育，主要包括认罪悔罪、监管规定、权利义务、警示等教育；

　　（二）解矫集中教育，对社区矫正期满前的社区矫正对象开展解矫集中教育。引导社区矫正对象巩固教育成果，增强社会责任意识，了解帮教和就业政策等。

第八十一条 执行地县级社区矫正机构、受委托的司法所根据需要，开展以下个别教育：

（一）入矫个别教育：社区矫正对象报道后，及时开展入矫个别教育，重点了解社区矫正对象基本情况，告知其应遵守的规定和违反规定后果；

（三）解矫个别教育：社区矫正对象矫正期满前，开展解矫个别教育，总结社区矫正期间表现，讲解安置帮教政策。

二、河南省社区矫正工作细则（节选）

第一百一十条 在社区矫正对象入矫期，社区矫正机构、受委托的司法所应当开展社区矫正告知教育、认罪服法教育、社区矫正监管规定教育、社区矫正对象权利义务教育等入矫教育。矫正期满前一个月是解矫期，应当开展遵纪守法、依法办事教育，预防、减少再犯罪教育等解矫教育，引导社区矫正对象做好矫正总结、自我鉴定，接受安置帮教。其它时间应当开展法律政策教育、思想道德教育、文化知识教育、行为矫正教育、职业技能教育、心理健康教育等在矫教育。

三、强化解矫教育，帮助社区矫正对象顺利回归社会[1]

2022 年 9 月 16 日下午，湖南省至仁社会工作服务中心对宁乡市 38 位社区矫正对象开展 2022 年宁乡市 9 月份解矫教育培训。

为了解社区矫正对象在法纪和道德观念、行为特征、心理与素质特征、认知水平等方面的情况，检验其矫正成果，培训设置讲师授课、书写个人总结和填写教育效果问卷等环节，引导社区矫正对象在社区矫正期满解除后遵纪守法、远离犯罪。

讲师从"回顾过往，做好总结""调整心态，回归社会""找准定位，重

---

〔1〕 来源：新湖南客户端（hunantoday.cn），https：//m. voc. com. cn/xhn/news/202209/16313297.html，最后访问时间：2022 年 10 月 20 日。

启新生""提高警惕，严防再犯"四个方面开展解矫教育，带领他们放下内心疑虑和压力，找好自己的生活与工作方向，塑造全新的自我。

社工为解矫对象分发了个人总结表与社区矫正的检验测试题，引导他们对自己的整个矫正过程进行清晰的总结与反思、展望未来；并且，通过答卷对自己的入矫以来的学习教育进行检验与监督，直观地反映出矫正对象对于自己的错误所做的努力与弥补，他们纷纷表示要更加珍惜以后的生活。

宁乡市社区矫正管理局局长许浩作现场讲话，强调本次解矫相关注意事项，并鼓励在场社区矫正对象振作精神、告别过去，努力迎接与拥抱新生活。

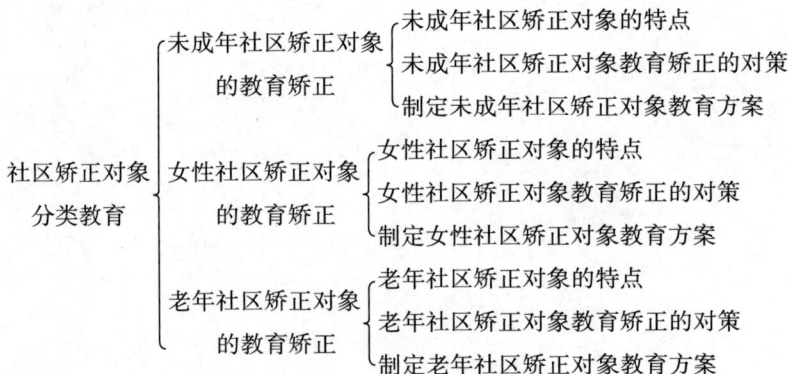

项目六

社区矫正对象分类教育（一）

学习目标

知识目标：了解不同年龄社区矫正对象的特点和犯罪原因，掌握对不同年龄社区矫正对象的教育内容和方法。

能力目标：具备为不同年龄社区矫正对象开展教育的能力。

思政目标：具备忠诚、担当、奉献的政治品质；爱岗敬业、履职尽责的职业道德和以人为本，全心全意为人民服务的精神。

知识树

```
                          ┌ 未成年社区矫正对象的特点
         未成年社区矫正对象 ─┤ 未成年社区矫正对象教育矫正的对策
           的教育矫正       └ 制定未成年社区矫正对象教育方案

社区矫正对象              ┌ 女性社区矫正对象的特点
 分类教育   女性社区矫正对象 ─┤ 女性社区矫正对象教育矫正的对策
           的教育矫正       └ 制定女性社区矫正对象教育方案

                          ┌ 老年社区矫正对象的特点
         老年社区矫正对象 ─┤ 老年社区矫正对象教育矫正的对策
           的教育矫正       └ 制定老年社区矫正对象教育方案
```

案例 6 - 1

社区矫正对象汪某，男，户籍地广西壮族自治区××县，居住地为广东省东莞市××街道。汪某因犯贩卖毒品罪被广西壮族自治区××县人民法院判处有期徒刑 3 年，缓刑 4 年。因其入矫时未满 18 岁，父母常年在东莞居住生活，汪某以未成年跟随父母生活、工作为由正式变更来东莞接受社区矫正，由东莞市司法局社区矫正机构负责对其执行社区矫正监管工作。

汪某是家中老大，有一个妹妹和一个年幼的弟弟，其父母十几年前就离开广西老家到东莞工作打拼，汪某一直在广西老家读书、生活，由奶奶独自带大。他与父母聚少离多，在生活中与父母缺乏沟通和交流，也较少感受到父母对子女的关爱。

汪某自高中读书以后开始住校，离开了亲人与家庭，便感觉到一个人的"自由"。在住校期间，通过学校里的一些"坏学生"认识了社会上的不良人士，在交往中，逐渐学会了逃学、抽烟、酗酒，沾染了吸食 K 粉的恶习。除了自己吸食之外，还多次向其他在校学生售卖 K 粉，直到案发。

对社区矫正对象汪某依法实施教育矫正的情况：

（一）结合青少年社区矫正对象特点和具体情形，有针对性地制定矫正方案

司法局接收社区矫正对象汪某后，发现他表现比较消极，对工作人员的关心和提出的帮助置之不理，在随后开展的集中教育和公益活动中，汪某也多次以"睡过了""走错路"等理由迟到，态度散漫。

走访其父母了解到，其在家里表现也相对以前更沉默，每天除了看手机就是睡觉。

工作人员就汪某的表现多次集体讨论分析，认为造成汪某目前状况的原因：一是生活中一直缺乏父母的关爱，成长过程中缺少家庭的正确引导；二是年纪小自控能力差，在学校接触到不良的朋辈群体，产生了错误的认知；三是自身法律知识淡薄，较容易受他人影响而走上犯罪的道路；四是原执行地社区矫正监管相对松懈，居住地变更后监管严格了，产生抗拒心理。除此之外，工作人员还多方了解汪某的兴趣爱好。

针对以上情形，矫正小组制定了适合青少年矫治的工作方案。

（二）采取多种手段深入内心，展开教育矫正

工作人员首先从汪某感兴趣的方面展开工作，汪某在网络中较为活跃，愿意用微信与人交流，工作人员便经常通过微信与其互动交流，关心其生活情况，提醒报到、参加集中教育学习的时间等，使其对工作人员的信任感与日俱增，逐渐消除其抗拒心理。

考虑到青少年叛逆的心理，工作人员采取尊重、接纳、友善的态度，及时对其进行法制教育，让其以志愿者的身份参与司法局举办的各项法制宣传教育活动，使其在服务大众的同时也感受到现场浓烈的法治教育氛围，提高了其学法的兴趣。

组织其参与团市委重点青少年帮扶项目举办的各种公益活动，在与同龄人的多次接触中，不仅改善了其内向腼腆的性格，也培养了正确的人生观和价值观，为王某提供一个融入社会的平台，拓宽了其人际交往圈，使其对矫正各项规定做到变被动配合为主动履行。

利用个别或集中教育等工作方法进行法制和警示教育，引导其树立正确的价值观念，协助进行认知重建，改善犯罪心理和行为陋习，对之前的违法行为进行深刻反省，防止其重新犯罪，达到矫正效果；根据社区矫正对象青少年的心理状态、行为特点，实施心理健康辅导，倾听他的烦恼，协助其释放不良情绪，恢复健康心理。

（三）整合家庭力量做好帮教工作，促使家庭关系实现良性转变

汪某的父母希望他改过自新，重新融入社会，但因长期分离两地，难以沟通。

工作人员为汪某及家人制定了亲子关系改善方案。邀请汪某敞开心扉，正面向他人表达自己的想法，也使其父母了解到如何更有效地与孩子沟通，加强了家庭间的良性互动。

同时工作人员多次与汪某的父母探讨关于青少年不良行为的矫治方法，希望其父母在儿子矫正期间对孩子多一些关怀鼓励和陪伴，多关注孩子的行为及想法，借助亲情的力量，协助汪某消除心理障碍，重构社会认知。

这是一例成功的未成年人教育矫正的个案。因为未成年人有自己独特的

生理、心理特点，所以，社区矫正机构工作人员必须掌握未成年社区矫正对象的特点，进行有针对性的教育矫正，转化其不良心理及行为恶习，帮助其顺利回归社会。[1]

任务1　未成年社区矫正对象的教育矫正

对未成年人开展社区矫正不仅避免了犯罪标签的负面效应，减少了狱内交叉感染，还可以为未成年犯创造一个宽松的环境以矫正其犯罪心理和行为恶习，使未成年犯在与社会的密切接触中不再排斥社会、仇视社会，这对于预防未成年人重新犯罪，使其顺利回归社会具有重要的作用。

党的二十大报告指出，"以良法促进发展，保障善治。"未成年人是祖国的希望和未来，必须"加强和改进未成年人思想道德建设"。

对未成年社区矫正对象开展教育矫正必须符合未成年人特点，才能做到有的放矢，事半功倍。

任务1.1　未成年社区矫正对象的特点

未成年社区矫正对象是指已满 12 周岁不满 18 周岁，因触犯国家刑律而被判处刑罚并被实施社区矫正的矫正对象。

未成年社区矫正对象正处于人生中身心发展不平衡的青春期，是从儿童向青年转变的关键时期。思想意识和行为心理的不稳定性使他们不同于其他类型的社区矫正对象，因此国家根据未成年社区矫正对象的身心特点，对未成年社区矫正对象的教育矫正制定了特殊的政策。《社区矫正法》第七章以专章的形式对未成年人社区矫正处遇作出了较为广泛的特别规定，主要涉及：①个别化矫正处遇。《社区矫正法》规定，应当根据未成年社区矫正对象的特殊情况，采取有针对性的矫正措施；社区矫正机构为未成年社区矫正对象确定矫正小组时应吸收熟悉未成年人身心特点的人员参加；对未成年人的社区

---

〔1〕　案例来源于："以案释法：对未成年社区矫正对象汪某依法实施教育矫正"，载"澎湃号·政务"，https：//m. the paper. cn/baijiahao_7783279，访问时间：2022 年 10 月 20 日。

矫正应与成年人分别进行；未成年社区矫正对象的监护人应当履行监护责任等。②未成年人信息隐私处遇保护。《社区矫正法》第54条规定："社区矫正机构工作人员和其他依法参与社区矫正工作的人员对履行职责过程中获得的未成年人身份信息应当予以保密。除司法机关办案需要或者有关单位根据国家规定查询外，未成年社区矫正对象的档案信息不得提供给任何单位或者个人。依法进行查询的单位，应当对获得的信息予以保密。"③未成年社区矫正对象教育就业处遇保护。《社区矫正法》第55条规定："对未完成义务教育的未成年社区矫正对象，社区矫正机构应当通知并配合教育部门为其完成义务教育提供条件。未成年社区矫正对象的监护人应当依法保证其按时入学接受并完成义务教育。年满十六周岁的社区矫正对象有就业意愿的，社区矫正机构可以协调有关部门和单位为其提供职业技能培训，给予就业指导和帮助。"《社区矫正法》第57条规定："未成年社区矫正对象在复学、升学、就业等方面依法享有与其他未成年人同等的权利，任何单位和个人不得歧视。有歧视行为的，应当由教育、人力资源和社会保障等部门依法作出处理。"④成年续期处遇保护。《社区矫正法》第58条规定："未成年社区矫正对象在社区矫正期间年满十八周岁的，继续按照未成年人社区矫正有关规定执行。"以上全面而细致的规定都是关乎未成年社区矫正对象精细矫正、易侵权益精准保护的且关涉其健康成长、顺利融入社会的关键点，内容务实，体现了立法完全是为了未成年社区矫正对象的利益，具有极强的亲和性。

针对未成年社区矫正对象的身心特点，正视他们之间的个性差异，针对不同的个性特点采用不同的教育矫正方法，这种以人为本的个性化矫正教育理念能调动未成年社区矫正对象学习的积极性和主动性，促进每个个体的人格完善和身心发展，对他们的思想和行为改造将产生深刻而持久的影响力，促进他们与社会保持良好的互动关系，增强其社会和责任意识，顺利实现再社会化，有效预防其重新违法犯罪。

未成年社区矫正对象特点比较鲜明：

一、数量占比较低

未成年社区矫正对象总体数量较少，在社区矫正对象总数中所占比例较低。根据司法部近几年的相关数据统计，在全部社区矫正对象中，18周岁以下的未成年社区矫正对象占比不到2%。

二、心理上的闭锁性与开放性

未成年社区矫正对象处于生理、心理的快速发展成熟期，转型期的特点决定了其基本需要也处于一个快速扩张期，而其基本需要若过度膨胀则与其个人能力发展的速率、个人生存条件和生活状态改善的进度极易形成断层，不和谐性或冲突性由此发端，而处于矛盾心理状态情形下，为了追求独立性意向，与父母之间形成心理上的闭锁性状态，使之较为容易与同龄人结成关系密切的群体。这种对成年人的闭锁性与对同龄人的开放性心理，使未成年社区矫正对象容易形成团伙犯罪，这种现象容易发生在实施犯罪行为的过程中，而且在犯罪之后的社区矫正期间也是如此。易结群这一特点也给未成年社区矫正对象的监督、管理和教育带来大量挑战。

三、行为自控能力弱

1. 行为的模仿性。未成年人的求知欲相对较强，处于快速摄取知识的年龄区间，对新鲜事物的感知灵敏度也较高，正确加以引导，无疑会成为其资源优势；但若误入歧途，则会贻害自己和他人。一方面，当暴力、凶杀及黄赌毒等犯罪亚文化侵袭、冲击健康社会时，这类人群辨识能力差、效仿能力强，易于被这种不健康的亚文化所浸淫，模仿这些文化载体中所渲染的违法犯罪行为，走向堕落；另一方面，在违法犯罪团伙中，这类人群极易被教唆，且在同类人群中互感连动、交叉感染，使社会危害呈几何倍数增长。因此，一方面应尽可能地给未成年社区矫正对象创造健康良好的文化氛围，补给以健康的精神食粮，另一方面则应善于以正面的榜样力量规范其模仿取向。

2. 行为的纠合性。在以江湖义气、哥们义气等亚文化为内核的不良意识支配下，不良少年、犯罪少年之间很容易产生趋同性，纠合成一定的群体，并在其成员间巩固、强化着这种文化气息，而每位成员从中也获得了精神上的寄托和安全感，偶有恶行的忐忑和羞耻在这种氛围中令人遗憾地归于泯灭，留下的只是相互助长的"坦然"和"荣耀"。未成年人犯罪中多为团伙犯罪，行为的纠合性特征异常显著，若不及时地加以规制疏散，极易恶性发展为各种犯罪集团，成为社会毒瘤和痼疾。在对这类未成年社区矫正对象进行矫治过程中，工作者不仅要关注、清理他们的交往圈，从而使其规避、远离恶性传染源，更重要的是要在其内心深处营建健康、积极的文化积淀层，唤醒主体意识中阳光的一面，才能逐渐化被动为主动。

3. 缺乏自我控制能力。未成年社区矫正对象由于年龄较小，身心正处在快速发育和生长阶段，思想发展不成熟，认识能力低下，社会经验不足，遇事缺乏自我控制能力，情绪容易冲动，行为容易盲从，不计后果。同时，未成年社区矫正对象在心理和行为上容易冲动但不固执，容易悔改但不够稳定。

四、发展性

未成年社区矫正对象是一个可塑性较强的特殊社区矫正对象群体，年龄阶段决定了他们的生理、心理和行为具有非常明显的发展性。他们正处于从儿童阶段向成人阶段的过渡期，一方面度过了儿童期，摆脱了对父母和其他关系密切成人的依赖，另一方面还没有进入成年期，因此，他们在各个方面成熟度不够，人生观、价值观等还不固定，人格尚未形成。由于社会经验和相关阅历不足，他们对于事物的认识和判断力较差，在形成认识和作出决定的时候，往往要参照别人的情况。这些共同决定了未成年社区矫正对象在各方面都具有很强的发展性。也正是基于此，在对未成年社区矫正对象的管理中，要十分重视对他们的启发和教育，通过这方面的活动引导他们向社会需要和认可的方向发展。

任务 1.2　未成年社区矫正对象教育矫正的对策

不同于其他社区矫正对象，未成年社区矫正对象有其自身独特特点，其教育的预期目标不仅需要让其在社区矫正期间不再继续危害社会，更要通过教育矫正，为其创造社会实践与就学或就业机会，使其重新融入社会生活、家庭生活，不断激发其回归社会需要的内在动力，实现自身价值。根据未成年社区矫正对象的身心发展特点，对他们的教育首先需要考虑让他们有就学需求的有学可上，有就业需求的具备相应就业技能，不能让他们闲散在社会上无所事事。

未成年社区矫正对象主观恶性不大，社会危害性相对较小，具备发展性，矫正好回报社会率高。因此，教育矫正未成年社区矫正对象要坚持"教育、感化、挽救"的方针，坚持因人施教、说服疏导，结合未成年人身心发展规律和自身特点，以及各自家庭情况，制定有针对性的教育措施，开展思想、道德、法治、文化、职业技术等教育。努力增强未成年社区矫正对象与党同心、跟党奋斗的坚定意志，继承优良传统，传承红色基因，守好"红色根脉"，厚植爱党爱国情怀，牢记"少年强，则国家强"的谆谆嘱托，做"有理想、敢担当、能吃苦、肯奋斗"的新时代强国少年。

一、坚持教育为主，惩罚为辅的原则

《未成年人保护法》第 113 条第 1 款规定："对违法犯罪的未成年人，实行教育、感化、挽救的方针，坚持教育为主、惩罚为辅的原则。"未成年社区矫正对象正值青春发育期，从生理上来说，如果思想压力过大，会导致内分泌活动失常而影响身体发育；从心理上来说，未成年社区矫正对象还不是心理成熟的个体，如果给予强刺激，易于引起他们感知偏颇和扭曲，导致他们人格发展偏离正轨，进而影响心理的发展和健康。因此，对未成年社区矫正对象的教育，应当将教育为主、惩罚为辅的原则贯穿全过程。

未成年社区矫正对象的生理和心理尚未完全成熟，知识水平有限，辨别能力不强，依附心理极强。因此，在教育矫治过程中，矫正工作人员应当为未成年社区矫正对象树立榜样，同时也要求矫正工作人员要身体力行，以身示范，坚持在教育矫治中落实"三像"政策，即像父母照顾孩子、像医生照顾病人、像教师教育学生一样去教育犯罪的未成年人。

在矫正过程中，矫正工作人员要注意以下几个方面：

第一，矫正工作人员要给予未成年社区矫正对象更多的关怀、鼓励和帮助。粗暴式、命令式的管理方法，特别是歧视他们，容易使其失去再社会化的信心，并产生对抗心理。

第二，矫正工作人员要尊重未成年社区矫正对象的人格，善于发现他们自身的积极因素和潜在优势，培养他们积极向上的自信心以及克服困难的意志力。在帮助那些因犯罪受刑罚处罚而否定自身价值的未成年社区矫正对象时，引导其恢复对自己的信心，让他们相信自己，从而做一名对社会有用的人。

第三，矫正工作人员可以运用"移情换位"的方法，即矫正工作人员设身处地，站在社区矫正对象的位置上，从他们的角度体会其内心感受，将心比心，进行说服教育，同时，利用自身的亲身经历教育他们改正错误的认知结构，认清江湖义气的虚伪性和危害性，用真正的友谊代替江湖义气。而在矫正过程中，面对顽固、反复的未成年社区矫正对象，矫正工作人员切不可失去信心，只要找准问题原因，采取有针对性的矫正措施，就会取得良好的矫正效果。

二、分类管理，实施差别化管理教育

《社区矫正法》第 52 条第 1 款规定："社区矫正机构应当根据未成年社区矫正对象的年龄、心理特点、发育需要、成长经历、犯罪原因、家庭监护教育条件等特殊情况，采取针对性的矫正措施。"第 3 款规定："对未成年人的社区矫正，应当与成年人分别进行。"一方面，要将未成年社区矫正对象列为重点对象，进行专门的管理和教育。应当遵循教育、感化、挽救的方针，坚持教育为主、惩罚为辅的工作理念，因人而异、因案制宜制定矫正方案，实行个别化矫正。在社区矫正过程中，要保障其正常就学、就业和生活，要对其有关信息和情况严格保密。另一方面，要针对未成年人的身心特点和需要，严格按照与成年社区矫正对象分别进行的方式，开展未成年社区矫正工作，采取思想、法治、道德教育和心理辅导等措施，促使未成年社区矫正对象改过自新、顺利回归社会。

三、根据未成年人的身心发育特点，狠抓思想教育

针对未成年社区矫正对象正确思想缺失、恶习较多的特点，要大力加强对他们的思想教育和行为养成教育的比重和强度，强化社会主义道德观、价值观、人生观和世界观教育，让他们了解美与丑、野蛮与文明、英雄与亡命的区别和标准，自觉用社会主义信念，规范自己的行为。由于未成年人存在逆反心理，在对其进行思想矫正时，一味地进行说教有时并不能取得预期的效果，反而会适得其反，因此，矫正工作人员除了采取主动的谈话教育、课堂教育之外，还应开展形式多样的互动教育，组织他们学习先进人物事迹、阅读法律书籍、观看富有教育意义的影片、接受革命传统教育、邀请改造好的典型人物现身说法等生动活泼的形式，提高他们的思想认识，激发、增强他们参与教育活动的积极性，真心实意地接受教育矫正。

针对未成年社区矫正对象年幼无知、思想幼稚、行为盲动、知识贫乏、没有理想等弱点，采取集中教育、分类教育和个别教育相结合的办法，对他

们进行理想信念方面的教育，帮助他们树立正确的人生观、价值观和世界观。可以积极与妇联、教育、共青团等部门加强联系，根据未成年社区矫正对象思想活跃、精力旺盛等特点，开展形式多样的帮教活动，为未成年社区矫正对象营造健康向上、宽松文明的矫正环境。采用"请进来，走出去"的办法，让未成年社区矫正对象接受社会洗礼。如可以组织开展未成年社区矫正对象法律知识竞赛，理想、道德、前途和学雷锋等内容的演讲比赛活动；聘请专家、军人、教师、道德模范和在校大学生作为志愿者，与未成年社区矫正对象结对开展帮教活动，给这些失足的未成年人传递正向能量，抑制不良思想文化的侵蚀，使他们受到熏陶和教育。

道德教育应以塑造社会品格为主，组织未成年社区矫正对象学习社会主义道德规范、村规民约等内容，着重帮助未成年社区矫正对象提高遵守社会公德的意识，改正不良恶习，养成良好的行为习惯。首先从培养其文明礼貌的行为习惯开始，让他们懂得诚实、公正、善良等最基本的人类美德。着重从他们自身的生活体验出发，引导他们正确辨别是非善恶，学会运用公民道德原则和规范指导自己的行为，评价别人的行为和社会现象。让文明礼貌、尊老爱幼、助人为乐、诚实守信成为他们的自觉行动。通过教育，使他们在社会规范上识对错，在道德伦理上断善恶，在交往处事中明是非，在意识追求中分美丑，最终形成良好的道德修养。

同时要加强未成年社区矫正对象的法制教育。法制教育的目的是教会他们在遇到问题时利用法律加以解决，而不是非法使用暴力等手段解决；帮助他们形成法治理念，增强法律意识，做守法公民。

针对一些未成年社区矫正对象轻视劳动、好逸恶劳的思想，可以组织他们到敬老院、儿童福利院等帮助孤残儿童，照顾孤寡老人，为老人清扫房间、读书读报等。体验帮助他人给自己带来的快乐，增强他们的社会责任感和正确的劳动观念。

四、重视心理健康教育，培养健康人格

《预防未成年人犯罪法》第 12 条规定："预防未成年人犯罪，应当结合未成年人不同年龄的生理、心理特点，加强青春期教育、心理关爱、心理矫治和预防犯罪对策的研究。"心理健康教育是矫正未成年社区矫正对象违法犯罪的重要治本之策。社区矫正工作人员要根据未成年社区矫正对象的生理、心理发展特点，运用有关心理教育方法和手段，消除他们违法犯罪的心理原因，培养他们良好的心理素质，促进他们身心全面和谐发展。入矫初期，通过心理测评，全面了解他们的心理特点，准确、直观、科学地反映其悔罪态度。针对其存在的心理问题，制定专门的有针对性的心理矫治措施，适时给予心理辅导，有效化解矛盾，培养健全人格。

在对未成年社区矫正对象进行心理健康教育时要特别注意以下事项：一是注意培养他们的自我控制能力，使他们能够主动、有效地调节自己的心理和行为，在面对外界的刺激或犯罪诱因时能够有效地分辨是非，控制好自己。二是要注重疏导他们的消极情绪，如紧张、焦虑、抑郁、悲观、自卑等，促使他们情绪平衡，形成良好的情绪反应方式。

五、加强家庭教育和文化教育，落实帮教工作

家庭教育对孩子行为习惯的养成起着重要作用。为此，需要实施"家庭教育治疗模式"，纠正病态的家庭教育方式方法。可依托社区家长学校，通过开设"家长课堂"、家庭访问等形式，对未成年社区矫正对象的家长进行家庭教育的相关辅导，帮助他们改善与子女的关系，促使其改进教育方式，改正自身的错误行为，缓解家庭矛盾，保证家庭成员在健康和谐的氛围中生活。

对未成年社区矫正对象的文化知识教育以初等教育为主。文化教育有利于提高他们的认知水平。对未成年社区矫正对象没有完成国家规定的义务教育内容的，应当积极协调相关教育部门并督促其法定监护人，使未完成九年义务教育的未成年社区矫正对象能继续就学。为保护未成年社区矫正对象的隐私，提高矫正效果，可以采用异地就学的方式，将知悉范围缩到最小。

家庭成员的感化、帮助和监督能够促使未成年社区矫正对象改变不良心理和行为，有利于实现再社会化的目标。在矫治过程中，矫正工作人员应当充分利用社区环境资源，发挥家庭、学校和其他社会力量的作用，与未成年社区矫正对象的家庭及其他社会力量签订帮教协议，重视亲人对他们的规劝工作。

六、开展职业技术培训，鼓励未成年社区矫正对象自谋职业或推荐就业

对未成年社区矫正对象进行职业技术教育，以学习生产技能为主，在内

容上要加强基础知识培训、生产性训练和技能教育。社区矫正工作人员应当与当地教育部门联系，发挥当地职业教育资源的优势，将未成年社区矫正对象的职业技术教育纳入所在地区教育体系之中，协调有关部门对未成年社区矫正对象开展职业技术教育，重点对有劳动能力、有就业愿望的未成年社区矫正对象进行职业技能培训，尝试推荐未成年社区矫正对象进入职业技术学校试读，也可以出资聘请适合的职业教育机构专门对他们进行职业技术教育，帮助他们掌握一定的职业技术技能，实现自食其力的目标，为其顺利就业、生活创造有利条件。

七、未成年社区矫正对象"禁止令"的适用与执行

禁止令是指法院对罪犯判处的禁止他们在刑事执行期间从事特定活动，进入特定区域、场所，接触特定人的判令。

在我国刑法中，禁止令是 2011 年 2 月 25 日通过的《刑法修正案（八）》所新设立的刑法制度。根据《刑法修正案（八）》的规定，对于被判处管制或者被宣告缓刑的犯罪分子，法院可以根据犯罪情况同时适用禁止令。2011 年 4 月 28 日，最高人民法院、最高人民检察院、公安部、司法部联合发布《关于对判处管制、宣告缓刑的犯罪分子适用禁止令有关问题的规定（试行）》，对如何适用禁止令作出了具体规定。自 2011 年 5 月 1 日起，各地审判机关陆续根据上述规定，适用禁止令。

从审判实践来看，对于未成年社区矫正对象适用禁止令的情况较为多见。因为这类禁止令特别适合于那些具有缺乏自我控制能力、养成不良嗜好、有很强的结群性特点的未成年社区矫正对象。如审判机关已经对多个有"网瘾"的未成年社区矫正对象适用禁止令。

对未成年社区矫正对象适用禁止令应注意：

（一）增加社区矫正工作人员在监督方面的投入

被适用禁止令的未成年社区矫正对象是需要给予更严密监督的重点人群，社区矫正工作人员应当在监督这类社区矫正对象方面投入更多的精力，把他们作为"重中之重"予以监督，避免他们进行违反禁止令的行为和由此引发更加严重违法、犯罪的行为。

（二）加强对被适用禁止令的未成年社区矫正对象的评估

即使对于被适用禁止令的未成年社区矫正对象而言，他们在从事违反禁止令的行为的倾向或可能性方面，也是有个别差异的。做好这类人群的评估工作，根据评估结果，安排相应的监督和管理措施，对于提升教育矫正质量具有重要意义。

（三）动员更多的社会力量参与未成年社区矫正对象的监督和帮教工作

为了更加严密地监督和管理被适用禁止令的未成年社区矫正对象，使其遵守禁止令，应当调动更多的社会力量如其父母、监护人、保证人等监督他们的行为，促使他们遵守禁止令规定的事项。

（四）发挥智慧矫正系统监督被适用禁止令的未成年社区矫正对象的作用

监督未成年社区矫正对象遵守禁止令规定的事项，需要经常性地准确确定他们所在位置，因此，智慧矫正系统的相关技术和措施可以发挥较好作用。

（五）做好对违反禁止令者的处理工作

判处管制的未成年社区矫正对象违反禁止令，或者被宣告缓刑的未成年社区矫正对象违反禁止令尚不属情节严重的，由负责执行禁止令的社区矫正机构所在地的公安机关依照《治安管理处罚法》第60条的规定处罚。对违反禁止令情节严重的未成年缓刑犯，应当依法提请撤销缓刑，执行原判刑罚。原作出缓刑裁判的人民法院应当自收到当地社区矫正机构提出的撤销缓刑建议书之日起1个月内作出裁定。人民法院撤销缓刑的裁定一经作出，立即生效。

任务2　女性社区矫正对象的教育矫正

任务2.1　女性社区矫正对象的特点

案例6-2

社区矫正对象张某，女，1958年3月出生，高中文化，户籍地和居住地均为北京市石景山区。张某因以虚假房屋所有权证为抵押骗取他人钱物计人民币300余万元，于2018年11月被石景山区人民法院以诈骗罪判处有期徒刑

10 年，退赔全部赃款，并处罚金人民币 10 万元。之后，由于张某突发脑梗阻，并患有高血压 3 级、2 型糖尿病、冠状动脉粥样硬化性心脏病等多种疾病，法院决定将其暂予监外执行。2019 年 2 月接收张某入矫时，正值其发病住院期间，考虑其身体健康状况，石景山区社区矫正机构和受委托的司法所工作人员前往医院，在病床前依照法律程序对其进行了接收入矫宣告。

社区矫正工作人员对张某存在的主要问题进行了深入分析，根据张某实际情况制订了针对性的矫正措施。两年多来，通过社区矫正工作人员的不懈努力，张某发生可喜变化。主要表现在两个方面：一是法治意识有所增强。通过接受法治教育，张某认识到所犯罪错对被害人造成的损失、给自身家庭带来的负面影响，以及对社会造成的危害，坦诚表示认罪认罚。此外，对于与涉案债权人的矛盾问题，张某表示自己及家属将不再冲动，必要时会报警走法律程序。二是不良情绪得到疏解。在家人和司法所工作人员的关心鼓励下，张某的心理负担和精神压力有所缓解，能够正确面对病痛、积极配合医疗、适度锻炼身体，与人正常交流交往，精神面貌改观明显。

此外，2020 年初，新冠疫情肆虐之际，张某主动向司法所提出捐款用于抗击新冠疫情。当工作人员表示理解其心意，让其权衡经济能力时，张某在每月医药费都很紧巴的情况下，仍坚持捐款 1000 元，并由其口述、女儿执笔表达了其意愿："通过司法所的教育学习使我认识到，我们没有被社会放弃，我要开始积极面对生活，我应该在自己有限的能力下为国家做贡献。所以在这次疫情最严重的时候、在国家危难之时，我愿意拿出亲属给自己的看病积蓄为国家进行捐款，我想为了防控疫情而站在一线的同志比我更需要这笔钱……"[1]

女性社区矫正对象是指因实施犯罪行为而触犯刑律，依法受到刑罚处罚，在社区服刑的女性罪犯。女性社区矫正对象的类型主要有杀人、伤害、抢劫等暴力型罪犯；盗窃、诈骗、贪污、拐卖人口、贩毒等财产型罪犯；重婚、强奸及强迫、引诱、容留妇女卖淫犯罪等婚姻家庭和性罪错型罪犯；"法轮

---

〔1〕"社区矫正教育帮扶案例——北京市石景山区对暂予监外执行社区矫正对象张某依法实施教育帮扶案例"，载中国法律服务网，alk.12348.gov.cn/LawSelect/Detail？dbID＝82&dbName＝SJJXBF&SysID＝729，最后访问时间：2022 年 8 月 26 日。

功"及其他邪教类罪犯。

女性社区矫正对象的特点主要包括：

一、感性思维较强，心理敏感

由于社会总体上对女性犯罪的宽容度要低于男性，大多数女性社区矫正对象感觉在社会关系上受到了疏远和隔阂，因此在主观心理上产生了被孤立的负面感受。加之社会上对罪犯的普遍歧视，进一步加深了她们的自卑和自我否定感，使其心理极其敏感，长此以往，容易导致其自暴自弃和抑郁，对重新生活失去信心，抵触社区矫正。主要表现为：其一，认知范围的狭窄性。女性社区矫正对象对自己的罪行不能正确评价，对法律法规、政策等许多问题不能正确理解，不是牵强附会，就是发生抵触。其二，认知过程的直观性。女性社区矫正对象普遍有教育程度不高的特点，使得她们在认识、理解和接受事物时受到限制，不能做出正确的判断，并且在遇到挫折和困难时，相对于男性，较容易出现犹豫、不稳定情绪，更多地去寻求心理依赖和寄托。同时，这一点也表现在女性社区矫正对象在进行社区矫正过程中，思想反省上容易出现反复。

二、感情丰富细腻，情绪波动较大

女性社区矫正对象生理和心理上的特殊性，导致其情绪上的共同性，对情绪管控较弱，情绪起伏较大，特别是在遇到挫折和困难时，在直接和间接的人情交往中，情绪容易释放，稍欠控制力和掌控力。

三、积极悔改，能够克制和忍耐

大部分女性社区矫正对象主观恶性不大，恶意攻击与报复心理不强，具有较为积极的认罪悔过态度，能较为自觉地抵制不良诱惑，同时，大多数成家女性都会把家庭和子女放在第一位，克制和忍耐性较强。

四、再社会化过程中的社会特殊性

第一，女性社区矫正对象犯罪对婚姻家庭关系直接影响较大。女性社区矫正对象的现状直接影响其婚姻家庭状况，而且通常是负面消极的影响，状况整体上差于男性社区矫正对象。例如很多女性犯罪进行社区矫正后，夫妻关系破裂离异，但男性社区矫正对象同等情况下，离异的比例较低，明显表现出了性别差异性，这既与中国传统的婚姻观念文化有关，也与个体婚姻状况有关。社区矫正的主要目的是使矫正对象回归社会、融入社会，实现社会化，社会化的第一点就是回归家庭，但在这一点上女性心理负担显然大于男性。

第二，再就业能力待增强，劳动力市场不公平，经济来源不稳定。女性社区矫正对象最困扰的难题就是就业安置问题，由于受教育程度低、体力差等因素，回归社会的女性社区矫正对象大部分只能谋求到一些临时性的工作。受"标签"理论影响，一些用工企业、单位甚至明文规定不录用有前科的人。劳动力市场的排斥，导致女性社区矫正对象没有稳定的经济来源，即使能再就业，能获得的劳动报酬也不稳定，工作待遇差。就业成了女性社区矫正对象回归社会的关键系数和难点指标。

任务2.2 女性社区矫正对象教育矫正的对策

一、坚持感化教育与感性教育相结合的原则

在教育矫治女性社区矫正对象的过程中，社区矫正教育工作者要根据女性的性别特征，遵循宽严相济的原则来进行，寓管于教，坚持感化教育与感性教育相结合的原则。由于某种原因，女性社区矫正对象感情丰富细腻，情绪容易受客观环境影响且不稳定，特别是在审判后、入矫之初、节假日、纪念日及生病或遇到困难时、社会交往异常时、解除矫正之前，情绪波动极为明显。矫正工作人员应当把握时机，以情对情，以自己的真挚感情和工作热情来感化教育她们。

同时，社区矫正教育工作者要加强感性教育。由于大多数女性社区矫正对象知识文化水平较低，倾向于直观、形象的思维方式。因此，对她们的矫正应当避免教条式、空洞式的理论说教，尽量采用她们喜欢又易于接受的直观、具体、生动、形象的教育方式，如组织文艺汇演、开展手工制作、参观等，这种感性教育方式有利于提高教育矫正效果。

二、强化个别教育力度，增强教育转化效果

女性社区矫正对象具有虚荣心强的特点，矫正中比较希望得到社区矫正教育工作者的重视和认可，渴望得到关怀，更希望得到尊重和表扬，但在公共场合不善于表达自己的真实思想及内心世界，害怕在公众面前受到批评。

通过个别教育，可以建立起她们对社区矫正教育工作者的信任感，提高她们改造的积极性。由于某种原因，女性社区矫正对象在社会化过程中所形成的人格缺陷不同，文化、智力、能力、个性、兴趣等也不同。同时，由于某种原因，当前女性社区矫正对象因犯罪性质、犯罪恶习等不同，有不同的特点，这就需要矫正工作者根据各类女性社区矫正对象的实际情况，制订相应的个别教育方案，进行个别教育。例如，针对眼浅心细的女性社区矫正对象要以细对细进行教育；针对心存疑虑的女性社区矫正对象要以诚开导，进行心理矫治；针对心灰意冷的女性社区矫正对象，则以热对冷进行鼓励教育；针对爱慕虚荣的女性社区矫正对象，注意尊重她们的人格；针对情感脆弱的女性社区矫正对象则以情动人，循循善诱。

三、加强伦理道德和法纪教育

有关道德发展理论的研究认为，与男性相比，妇女更具有"关怀道德"，即考虑别人的感情和关怀别人的道德；"关怀道德"水平的降低会导致女性犯罪。因此，对女性社区矫正对象进行的矫治要重视关怀道德的培养，从而减少女性的犯罪行为。同时，要加强法纪教育，让她们学会通过用法律的武器来维护自己的合法权益，其内容包括《宪法》《刑法》《妇女权益保障法》等与妇女自身权益密切相关的法律。

四、重视文化知识教育和职业技术教育，全面提高生存能力

文化知识水平的高低直接影响到人们分析、判断和解决问题的能力。女性社区矫正对象的文化水平较低，因此，要加强女性社区矫正对象的知识技能教育，通过各种层次的文化知识教育，消除她们的愚昧，使她们掌握一定的自然科学知识和社会科学常识，提高其思维能力和认知水平，真正成为有一定知识修养的遵纪守法公民。除了对女性社区矫正对象进行文化知识教育外，还要强化职业技能培养的力度，提升她们在社会中的生存能力。应为她们提供适合的技能培训，如烹饪、缝纫、美容美发、花木栽培、机械修理及医护等传统综合技术，使她们具有一技之长，解矫后能够自谋生路，不再因为生存问题而走上违法犯罪的道路。

五、以情感人，强化亲情教育和社会帮教力度

由于女性的情绪、情感居第一位，在教育矫正女性社区矫正对象过程中，

尤其要重视她们的情绪、情感变化，强化其积极的情绪、情感，弱化其消极的情绪、情感。而积极的情绪、情感的培养离不开感化教育。社区矫正教育工作者应满怀热情地对待女性社区矫正对象的生活、工作和学习，注意发现其心灵深处的"闪光点"，在可能范围内尽最大努力帮助女性社区矫正对象解决情感纠葛、家庭矛盾、孩子扶养、身体疾病等问题。同时应注意恩威并施，掌握其思想动态。对其出现的违规行为及时发现，准确处理，对其他不良言行及时批评教育。

社区矫正教育工作者要充分发挥家庭教育的优势。女性社区矫正对象具有家庭观念重、对亲人依附感强的特点，社区矫正教育工作者应当积极主动地与女性社区矫正对象亲属加强联系，通过与亲属签订帮教协议，充分发挥家庭成员的帮助、支持、配合及监督作用，千方百计使女性社区矫正对象与亲属增进感情交流，更多地感到家庭的温暖。特别是女性社区矫正对象与其家庭成员关系不融洽的，社区矫正工作人员应当多花些精力，走访、动员家庭成员，通过家庭成员的关心、关爱，她们感受到亲情和真情，消除被亲人鄙视、抛弃的顾虑，重新树立家庭责任感和生活信心，以巩固教育矫正的效果，提高教育矫正质量。对女性社区矫正对象家庭中存在的特殊性问题，如丈夫提出离婚、父母病危、子女入学等，在条件许可的情况下，派人前去调解或者通过当地政府或民政部门协调解决。

六、构建以情感支持为主的心理帮扶体系

绝大部分女性矫正对象因犯罪导致自我认同危机，对她们来说情感支持尤为重要。女性获得情感支持主要有两种途径，一是以家庭支持（主要是配偶或父母）为主的非正式支持系统；二是以心理辅导为主的正式支持系统。

当前家庭支持已经发挥了很大的作用，但并非所有女性都获得了家庭成员的理解和支持，因此，家庭支持方面仍需有效引导，如某区采取了家庭支持系统的做法，与家属恳谈，让家属成为社区矫正的重要参与者、女性社区矫正对象的帮教者、家庭责任人和联系人，对家属的责任和义务予以明确化，切实缓和了女性矫正对象的家庭矛盾，提供了有效的情感支持。除了家庭之外，朋友、同事、邻里也是重要的情感支持来源，是女性矫正对象扩大社交范围，克服心理障碍的重要力量，可以在宏观层面构建宽容的文化氛围。

同时，女性社区矫正对象有其特殊的生理现象和与其相伴的心理反应，但有些女性社区矫正对象对女性基本的生理卫生常识知之甚少，在遇到月经期和更年期这样的生理反应时，不能很好地调节自己的心理变化和情绪反应，给她们的生活和矫正带来了很多麻烦。对女性社区矫正对象开展基本的女性生理、心理知识教育和心理矫治十分必要。

（一）认知疗法

认知疗法是指通过纠正认知和矫正行为来改变当事人心理的治疗方法的总称。认知疗法是用认知重建、适应性技能训练、问题解决等技术进行心理辅导和治疗。

第一，认知重建。偏差、错误性认知影响女性社区矫正对象的情绪和行为。认知重建强调改变女性社区矫正对象的错误认知，帮助她们建立正确的认知。社区矫正工作人员通过倾听、解释、自我暴露等咨询技术，了解女性社区矫正对象的错误认知及其来源。并且，社区矫正教育工作者帮助女性社区矫正对象划清并区别主观认知与客观现实的界限，避免将思想与事实混淆。同时，社区矫正教育工作者帮助女性社区矫正对象明确自己与周围发生事情的关系，把那些与她们没有关系的事情剥离出去，让她们认识到究竟哪些事情与她们有关，哪些事情与她们无关，不要让后者影响到她们的心理和行为，产生严重的心理负担。此外，在帮助女性社区矫正对象重新建立认知的同时，社区矫正教育工作者要尽可能消除社区公众对她们的偏见，避免她们将社会偏见夸大，导致认知偏差。

第二，适应技能训练。缺乏解决问题的适应性技能是女性社区矫正对象走上违法犯罪道路的根本原因之一，也是促进再社会化的主要障碍因素。通过适应性技能训练，社区矫正教育工作者教给女性社区矫正对象以恰当的认知技能，促使她们摆脱焦虑、自闭、自卑、恐惧等负性情绪。大量的研究证实了认知技能训练在重新违法犯罪率方面有很好的效果。研究发现，如果心理矫治工作重视对社区矫正对象思维的改变，重视他们的认知技能训练，就会产生积极的效果。

第三，问题解决。问题解决技能强调，使用不恰当的问题解决方法是女性社区矫正对象引起消极情绪的重要因素。女性社区矫正对象的挫折、仇视、怨恨、焦虑、抑郁等消极情绪的产生，都与不恰当的问题解决方式有关。积极面对，学会求助是值得提倡的问题解决方式，而采用退避、幻想和自责方式则是不成熟的表现。因此，社区矫正教育工作者应辅助女性社区矫正对象学会新的问题解决方式，从而减少其消极情绪。

（二）行为疗法

行为疗法之理论基础可谓建立于条件化与学习。在矫正过程中，矫正工作人员根据操作性条件反射原理，应当为女性社区矫正对象提供良好的学习环境，通过公平合理的奖惩措施，磨砺她们的意志，促进她们养成良好的行为习惯。意志缺乏坚定性和自觉性是女性社区矫正对象的普遍心理。在开放而复杂的社区中接受矫正，女性社区矫正对象面临各种压力，意志不坚定或自控力差必将导致越轨，甚至重新违法犯罪。因此，只有对女性社区矫正对象的不良行为进行矫正，不断增加其正向行为，才能提高矫正质量。

在应用行为疗法时，矫正工作者要准确地使用奖惩措施。奖惩的程序和内容必须客观、真实、公平，这样才能充分发挥区别对待的作用。同时，对于她们日常生活以及矫正活动中的良好表现，都要及时给予奖励，以促进其克服不良行为，激发其接受矫正的热情。

（三）运用团体心理辅导

团体心理辅导是指在团体情境下为女性社区矫正对象提供心理帮助与指导的一种心理咨询形式。它是一种通过团体内人际相互作用，促使女性社区矫正对象在交往中通过观察、学习、体验，认识、探索、发展和改变自我，学习新的价值观念和行为方式，进而形成良好适应性的助人过程。

团体辅导的独特价值在于：首先，参与团体本身就可能达到治疗的作用。因为女性社区矫正对象进入团体后，会产生"和别人一样"的体验。过去，部分女性社区矫正对象认为受排斥、遭冷落等感受为自身独有，别人难以理解和体会。进入团体后，她们很快会认识到，其他女性也有类似的经历和体验。这对安慰心理，平复感情具有辅助作用。其次，参与团体活动有助于新知应用。团体辅导在女性社区矫正对象熟悉的日常生活中进行，有助于她们进入角色，也有助于她们将学习的知识与技能和形成的观念与态度迁移到现实生活之中。最后，参与团体能获取更多资源与资讯。与个案矫正相比，参与主体的多元化，以及沟通交流的深入性，能够使女性社区矫正对象获得更多更好的经验和信息，有利于开阔她们的视野，也有助于其更深刻地认识到自身的缺陷。

女性社区矫正对象是情绪色彩特别浓且容易发生情绪障碍和人格障碍的一类服刑人员。因此，社区矫正教育工作者要运用心理学的有关知识，以心理健康知识讲座、心理辅导、面谈、电话咨询、书信咨询等方式对女性社区矫正对象进行心理健康教育和心理咨询，深入落实党的二十大报告指出的"加强家庭家教家风建设"，以化解她们的郁结情绪，消除她们的压抑感和对立情绪，建立双方信赖的关系，寻求针对性的矫正方法，培养她们的健康心理和良好人格。

任务3　老年社区矫正对象的教育矫正

任务3.1　老年社区矫正对象的特点

案例6-4

夏某某，男，1939年10月出生，户籍地、居住地均为江苏省海安市。2020年7月，因犯盗窃罪被江苏省海安市人民法院判处拘役5个月，缓刑6个月，并处罚金人民币1000元。缓刑考验期自2020年7月28日至2021年1月27日止。2020年8月3日，海安市司法局社区矫正管理大队工作人员到海安市某医院为夏某某（生病住院）办理入矫报到手续，由执行地司法所负责对其实施社区矫正日常教育管理。

夏某某入矫时已81岁，为五保户，无婚史，常年独居。该社区矫正对象文化程度低，性格偏激，暴躁易怒，有小偷小摸的恶习。夏某某的极端性格与其成长环境密不可分。夏某某母亲早逝，父亲常年在外务工，年少叛逆的夏某某不愿学习，与其父亲交流甚少，且夏父对其关爱不足，在其20多岁时，父亲又去世。青少年时期失去双亲的夏某某无人管教，与社会闲散人员交往频繁，没有一技之长且缺少正常的收入来源，养成了小偷小摸的习惯，最终走上了犯罪道路。

夏某某入矫后，司法所对其情况进行分析评估，需要重点解决以下三个方面的问题：

1. 对社区矫正的抵触情绪强烈，悔罪意识不强，对矫正小组成员态度恶劣，需要强化矫正意识、身份意识。

2. 法治意识淡薄，道德素质不高，自认为小偷小摸不算违法犯罪，需要增强法治道德观念和素养。

3. 夏某某年事已高，常年独居，心态自卑且身体健康状况不佳，人际关系紧张，需要对损害的社会关系进行修复。

针对夏某某存在的问题和需求，司法所为其量身定做了社区矫正教育方案。

在夏某某的教育矫正阶段，工作人员循序渐进，综合施策，让夏某某意识到自己所犯的错误。通过六个月的社区矫正，夏某某在反省自身的同时，既增强法律知识，又提高道德认知。在社区矫正的后期，夏某某已能够主动遵守社区矫正的各项管理规定，认罪悔罪态度良好，最终顺利解矫。[1]

老年社区矫正对象是指进入老年期的社区矫正人员。在中国，一般将60岁作为进入老年期的起点年龄，[2]因此，老年社区矫正对象就是年满60岁的社区矫正人员。

老年社区矫正对象具有以下特点：

一、老年社区矫正对象人数逐年增加

近年来，随着人均寿命的延长，人口老龄化的加剧，使得老年人犯罪所占的比例逐渐增加，老年社区矫正对象数量也呈不断上升趋势。在最高人民法院公布的全国法院司法统计公报中，2017年60岁以上的罪犯人数为25 441人，2018年60岁以上的罪犯人数为44 173人，同比增长73.6%，相较于人口增长比例，60岁以上犯罪人数比例显著增加，2017年也是最高人民法院首次将60岁以上罪犯单列出来，老年人犯罪正成为一个不可忽视的问题。在这样的大背景下，老年社区矫正对象在社区矫正对象总数中的占比也逐年升高。

同时，《刑法》中对于老年社区矫正对象从宽处罚的规定，也会使老年社

---

〔1〕　"社区矫正教育帮扶案例——江苏省南通市海安市对老年社区矫正对象夏某某教育帮扶案例"，载中国法律服务网，alk. 12348. gov. cn/LawSelect/Detail？dbID = 82&dbName = SJJXBF&sysID = 711，最后访问时间：2022年8月28日。

〔2〕　参见吴宗宪、曹健主编：《老年犯罪》，中国社会出版社2010年版，第7页。

区矫正对象的数量增加。2011 年 2 月 25 日通过的《刑法修正案（八）》规定："已满七十五周岁的人故意犯罪，可以从轻或者减轻处罚；过失犯罪的，应当从轻或者减轻处罚"；"审判的时候已满七十五周岁的人，不适用死刑，但以特别残忍的手段致人死亡的除外"；"对于被判处拘役、三年以下有期徒刑的犯罪分子，同时符合下列条件的，可以宣告缓刑，对其中不满十八周岁的人、怀孕的妇女和已满七十五周岁的人，应当宣告缓刑"。上述规定的适用，会使老年社区矫正对象的数量日趋增加。

二、老年社区矫正对象多为非暴力型犯罪，社区矫正期限相对较短

由于受身体机能老化的限制，老年社区矫正对象一般难以实行抢劫、杀人等暴力犯罪，他们往往采取教唆、诱骗、包庇等具有智能性、隐蔽性和间接性的犯罪手段，社会危害性相对较轻，多以缓刑为主，使得他们的矫正期限也相对较短。根据 2018 年全国法院司法统计公报中统计的罪犯情况，全国老年人的犯罪类型数量处于前三的犯罪类型为妨害社会管理秩序罪、危害公共安全罪以及侵犯财产罪，此三类犯罪类型占老年人犯犯罪类型的 72.27%。

三、健康状况不佳

老年社区矫正对象中的大部分人身心状况较差，往往患多种身心疾病，从而也给他们的情绪状态产生负面影响，容易诱发其产生抑郁情绪，甚至有可能导致自残、自杀等自我毁灭的行为，这都会给矫正教育效果和监管安全带来影响。老年人犯身体状况不佳是社区矫正中的难点。老年人犯中身体健康者少，状况不佳者较多，甚至有生活不能自理者，极大地增加其社区矫正的难度，使得社区矫正工作人员处于两难的境地。一是社区矫正工作人员严格按照社区矫正制度对老年人犯进行监督管理，大部分老年人犯因身体状况无法完成矫正措施；二是社区矫正工作人员放宽老年人犯的监督管理，又失去了社区矫正作为一项刑事执行措施的本意。

四、性情比较固执

与其他守法的老年人一样，老年社区矫正对象也是一个性情比较固执的人群。在进入老年期后，由于心理功能的衰退，老年社区矫正对象很容易产生近事遗忘现象，并容易敏感多疑和产生自卫倾向，总感到别人要侵害自己，因而总想保护自己的利益。这种现象也是导致老年社区矫正对象固执己见的重要因素。性情固执给社区矫正的管理和教育等工作带来新的问题，要求社区矫正工作人员在工作中必须对老年社区矫正对象更加细心、更有耐心。

任务3.2　老年社区矫正对象教育矫正的对策

一、对老年社区矫正对象教育矫正的内容

对老年社区矫正对象的教育矫正主要应从以下几方面着手：

（一）开展法制教育

开展法制教育，应当是对老年社区矫正对象进行教育矫正的主要内容。应当围绕老年社区矫正对象实施的犯罪行为，开展相关的法律知识教育，使其认识到自己犯罪行为的性质、其犯罪行为给社会造成的损害等，从而教育他们树立法律意识，避免再次发生犯罪行为。

（二）其他有针对性的教育

老年社区矫正对象已经处在人生暮年，具有大量的社会经验、生活常识等，而且往往形成了自己的人生观和价值观，并且普遍表现出有主见、不盲从甚至固执、倔强等心理特点。因此，缺乏针对性的教育活动既无必要，也无效果，应当尽量避免。相反，应当根据老年社区矫正对象的具体情况，分析他们在哪些方面存在问题、需要进行教育矫正。他们存在的需要矫正的"问题"，应当是与他们的犯罪行为和重新犯罪有关的问题，即这些问题不仅是引发他们实施犯罪行为的重要因素，而且如果不加以矫正，还有可能导致他们再次实施犯罪行为。

（三）分类教育

老年社区矫正对象是一个在生理、心理等方面有巨大差异的人群。因此，在社区矫正中要注意分类管理。由于个人身心状况、职业种类、家庭关系、生活方式等多方面的差异，进入老年期的人在很多方面都有巨大的差异。对于老年社区矫正对象而言，也是如此。例如，一些老年社区矫正对象虽然进入高龄阶段，但是，身体硬朗，思维敏捷，有很强的行动能力。相反，有些老年社区矫正对象虽然刚刚迈入老年阶段，但可能百病缠身，思维迟钝，缺乏起码的行动能力。又如，一些老年社区矫正对象有很强的道德感，对于自己的犯罪行为深感懊悔，经常产生不安和自责的心理。相反，另一些老年社

区矫正对象可能缺乏道德感，为老不尊，寡廉鲜耻，对于自己的犯罪行为没有什么懊悔的感觉，反而感到自己遭受了种种委屈等。因此，在社区矫正机构接收老年社区矫正对象后，应对他们的心理状态、犯罪后的态度、身体情况、社会危险性等进行恰当评估，并且根据评估结果对他们进行适当分类，然后对不同类型的老年社区矫正对象采取不同的教育矫正内容。

二、对老年社区矫正对象教育矫正的方法

（一）注意教育矫正方式

在对老年社区矫正对象进行社区矫正的过程中，在教育矫正方式上，应当注意三个方面的问题：首先要重视个别教育，老年社区矫正对象往往具有强烈的自尊心，特别是在比自己年轻的人面前，往往很注意保持尊严。如果社区矫正工作人员不注意这个特点，就有可能激起老年社区矫正对象的反感、对立和其他消极情绪。因此，社区矫正工作人员在对老年社区矫正对象进行教育矫正活动时，应当尽量以个别教育的方式进行，应当尽量避免将他们与其他年轻社区矫正对象聚集到一起开展活动。

其次，注意耐心细致。老年社区矫正对象有一些独特的心理和生理变化，例如他们的性格会逐渐变得固执起来，不会轻易相信别人的言论；他们的感觉器官的功能也会逐渐衰退弱化，出现重听（听觉迟钝）、视力下降、记忆减退等现象，75 岁以上的高龄老人在这些方面的衰退变化更加明显；他们的思维会变得迟钝起来，不能迅速地对外界刺激产生反应。因此，在对老年社区矫正对象进行教育矫正活动时，要耐心细致：讲话声音要大一些，讲话速度要慢一些，讲话的层次要清晰，语句要简短；要注重讲道理，而不能简单地提要求、下命令；每讲完一方面的内容，要仔细询问他们是否听清楚、是否理解，在得到确认和肯定的回答之后，再进行下面的活动；布置重要的活动时，最好能够有书面文字，以免老年社区矫正对象事后忘记。

最后，要尽量避免干预。对老年社区矫正对象实行社区矫正的主要目的，应当是预防他们重新犯罪，而不是对他们进行更多的惩罚。对于 75 岁以上的高龄老年社区矫正对象而言更是如此。因此，应当避免和预防与他们重新犯罪无关的教育矫正活动。如果根据多方面的了解，判断老年社区矫正对象能认真遵守法律和相关规定，重新犯罪的可能性不大，就没有必要频繁地对他们

进行教育矫正活动。尽量让老年社区矫正对象保持正常的日常生活，避免对他们进行无必要的干扰，这对老年社区矫正对象和社区矫正工作人员都是有益的。

（二）重视发挥家庭作用

在开展社区矫正工作的过程中，老年社区矫正对象是否再次违法犯罪，与他们的家庭关系有直接的联系。进入老年期后，老年社区矫正对象从过去的家庭支柱变成了家庭中的受照顾者、被赡养扶助者，在发生这样的角色转变后，他们的心理变得敏感、多疑起来，并且往往会产生消极、绝望情绪，在这种情绪状态下，他们很有可能实施激情性的违法犯罪行为。因此，社区矫正工作人员要重视发挥家庭在社区矫正中的积极作用，说服、动员、鼓励老年社区矫正对象的家庭成员配合政府部门做好社区矫正工作，特别是要做好老年社区矫正对象的行为监督等工作，监督、促进老年社区矫正对象遵纪守法，顺利度过社区矫正期限。

（三）重视发挥邻里作用

处在社区矫正状态下的老年社区矫正对象，平时主要在社区中生活，因此，重视发挥邻里作用，是对老年社区矫正对象进行有效监督管理、教育矫正的重要方面。对于老年社区矫正对象而言，特别是对于高龄老年社区矫正对象而言，由于受社会地位的变化（从有业者变成退休者）、生理状况的变化（变得年老体衰）等因素的影响，他们的社会交往大大减少，行动范围往往局限于较为狭小的邻里，平时的大部分时间可能都是在家庭周围的邻里中度过的。因此，重视发挥邻里的作用，在邻里中聘请矫正工作志愿者参与对老年社区矫正对象的监督管理、教育矫正等工作，可以大大提高教育矫正的效果。

（四）通过帮困扶助发挥教育矫正的作用

对于进入人生暮年期的老年社区矫正对象而言，他们对社区矫正机构的帮困扶助工作可能有强烈的需要，社区矫正机构的重要工作就是帮助老年社区矫正对象解决他们在生活中遇到的多种问题。特别是对于很多高龄老年社区矫正对象而言，社区矫正机构开展社区矫正工作的主要内容就是帮困扶助而不是说服教育。

一般而言，在社区矫正中，需要社区矫正机构帮助老年社区矫正对象解决的困难问题主要包括以下几个方面：

1. 家庭关系。进入老年期后，由于自身能力的下降，老年社区矫正对象对于家庭的需求和依赖性增加。对于很多老年社区矫正对象而言，有无正常的家庭关系和家庭生活，往往是决定他们是否再次违法犯罪的关键性因素。如果有一个正常的家庭环境和家庭生活，他们就可能在家庭中过守法的生活，服从社区矫正机构的管理。相反，如果没有一个起码的家庭环境，没有正常的家庭关系，他们难以得到家庭的温暖，就有可能在绝望情绪下实施新的违法犯罪行为。因此，社区矫正工作人员要把帮助老年社区矫正对象建立和维护适当的家庭关系，作为社区矫正工作的重要方面。

特别是对于长期服刑之后假释的老年社区矫正对象而言，建立和维护适当的家庭关系，对于预防他们重新犯罪具有极其重要的意义。这些老年社区矫正对象从监狱假释之后，首先要有一个可以栖身的家庭。如果没有可供食宿的家庭，社区矫正工作人员要尽力帮助他们建立一个合适的家庭。如果家庭成员不接纳被假释的老年社区矫正对象，或者家庭成员对被假释的老年社区矫正对象有歧视、虐待等现象，社区矫正工作人员要通过多方面的工作有效地解决这类问题。因此，社区矫正工作人员不仅要帮助没有家庭的老年假释犯重建家庭，还要帮助重建家庭关系。

对于无家可归、无亲可投、生活无着落的"三无"型老年社区矫正对象，社区矫正机构要通过当地民政局等部门，将他们安置在敬老院、福利院等，使其住有所居、老有所养。

良好的家庭关系、温暖的家庭生活，是预防犯罪和重新犯罪的关键因素。社区矫正工作人员一定要高度重视良好的家庭关系对于预防老年社区矫正对象重新犯罪的关键作用，调动一切积极性做好这方面的工作。

2. 日常生活。解决好老年社区矫正对象的日常生活问题，是社区矫正工作的重要方面。进入老年期后，老年社区矫正对象丧失了自谋生路的能力，不管他们过去是否对社会做出了贡献、对家庭付出了辛劳，进入老年期之后，他们都应得到社会和家人的扶助、赡养。因此，为了解决好老年社区矫正对象的日常生活问题，社区矫正工作人员要做好两方面的工作：其一，要解决好他们的基本生活保障问题。要积极协调民政、人力资源和社会保障等有关部门，将符合最低生活保障条件的老年社区矫正对象纳入最低生活保障范围，使他们有起码的生活来源，能够过上最低限度的物质生活。其二，要动员老年社区矫正对象的家人照料好他们的日常生活。

3. 医疗卫生。由于身心功能的衰退，老年期也是一个体弱多病的时期。因此，解决好老年社区矫正对象的医疗卫生问题，也成为社区矫正机构的重要工作。社区矫正工作人员要尽力帮助老年社区矫正对象解决好医疗保障问题，使他们患病后能够得到必要治疗，避免由于无钱治病而发生重新犯罪等悲剧性事件。对于既无医疗保障，也无其他经济来源的老年社区矫正对象，在发生严重疾病时，社区矫正机构应当通过与民政部门等的协商合作，帮助老年社区矫正对象解决医疗费用问题。同时，还要督促老年社区矫正对象的子女等履行义务，照料老年社区矫正对象的身心健康。

4. 心理关怀。老年期也是一个心理问题增多的时期。在进入老年期后，由于社会地位下降、生理功能衰退和心理功能弱化，老年社区矫正对象的心理、性格等方面往往发生不利的变化。例如，社会地位的下降，会引起他们不同程度的自卑、抑郁心理；生理功能的衰退，会引起他们的自我防卫、猜疑、被害妄想等心理，总担心自己受到别人的侵害；思维僵化、迟钝，难以接受新事物等心理变化，往往会使他们变得性格固执、以自我为中心、容易嫉妒别人、情绪容易激动、自我控制能力降低等。这些方面的变化和现象，很容易引发多方面的心理问题。在一些情况下，可能会使老年社区矫正对象产生攻击性的心理问题，从而导致他们通过不同形式的攻击性行为解决心理问题。在另一些情况下，可能会使老年社区矫正对象产生退缩性的心理问题，从而导致他们产生自贬性的身心反应，包括发生抑郁性身心疾病、产生自杀念头和自杀行为等。

因此，社区矫正工作人员应当针对老年社区矫正对象的这些心理问题，通过心理咨询等恰当方式给他们以心理关怀，帮助他们预防和解决心理问题，避免由于心理问题的困扰而产生危害社会、损害自身的行为。

党的二十大报告提出，"实施积极应对人口老龄化国家战略，发展养老事业和养老产业，优化孤寡老人服务，推动实现全体老人享有基本养老服务"。老年社区矫正对象自然在此之列，通过以上的帮困扶助行为，让老年社区矫正对象感受到党和政府对他们的关心关怀，从而感到温暖，产生感恩之心。这是教育矫正中不可或缺的重要手段。

三、预防老年社区矫正对象对未成年人的消极影响

随着年龄的增大，老年社区矫正对象自己的行动能力受限，他们自己从事犯罪行为的可能性会不断降低，但是，他们言语、思维能力的衰退要迟于行动能力的衰退，在这种情况下，他们有可能性对未成年人施加消极影响，唆使未成年人进行违法犯罪活动。因此，对老年社区矫正对象进行教育矫正的重要内容之一，是预防他们对周围的未成年人施加消极影响。如果社区矫正机构发现老年社区矫正对象有这方面的言行，应当立即进行有效的批评教育、训诫等活动，坚决制止老年社区矫正对象的这类行为。

任务4 实训项目：不同年龄社区矫正对象教育矫正的技能训练

任务4.1 （实训项目1）制定未成年社区矫正对象教育方案

案例6-5

小A，男，17岁，2017年在读初中的他受同学教唆，参与到因口角问题而打群架的行为中，因寻衅滋事罪被判决有期徒刑3个月，缓刑后需接受为期10个月的社区矫正。社工在接触小A时，小A正在接受社区矫正。

2018年7月，小A遭遇了车祸，车祸发生后，被及时送医院治疗。据医生诊断，小A右腿膝盖骨折，身上多处轻微擦伤，虽情况不算太严重，身体康复后可以恢复从前未伤状态，但医生仍然建议小A卧床休养。

小A父母是建筑工人，平时忙于工作，早出晚归，对孩子疏于照料。小A发生安全事故后，需要卧床休养，生活暂不能自理，正常的生活起居面临挑战。

小A初中未毕业，但根据社工了解，小A没有再读书的意向，并表达希望外出工作的期望，但至于从事哪方面的职业，以后的打算等，小A均没有想法，呈现出对前途感到迷茫的状态。

此外，小A有与朋友夜间吃夜宵喝酒的习惯，而喝酒对于未成年人的身心健康会产生一定程度的不良影响，且小A还处在社矫期，喝酒行为一定程

度上增加了社矫期间小 A 行为的不稳定性。

根据案例，完成以下实训任务：

1. 找出小 A 存在的问题。

2. 根据小 A 的存在的问题为其制定一个教育矫正方案。

3. 根据教育矫正方案开展具体的教育矫正工作。

附：实训任务书和实训考核表

实训任务书

实训项目	1. 根据案例提供的资料，找出小 A 存在的问题 2. 为小 A 制定教育矫正方案 3. 根据教育矫正方案开展模拟的矫正教育实训演练
实训课时	2 课时
实训目的	学生通过模拟实训，具备分析问题、解决问题的能力；具备对未成年社区矫正对象制定教育矫正方案和开展教育矫正的核心职业能力
实训任务	1. 根据案例梳理、分析问题，并找出解决问题的方法 2. 掌握未成年矫对象教育矫正方案制定的步骤、内容与方法 3. 模拟真实工作情境对未成年矫正对象小 A 开展教育矫正的实训演练
实训要求	1. 学生应提前掌握未成年社区矫正对象教育矫正的相关知识 2. 指导教师熟悉未成年教育矫正的理论知识与实践技能 3. 学生要积极配合指导教师的指导完成实训 4. 根据实训需要将学生分成若干小组，采用角色扮演的方式完成实训任务 5. 指导教师进行点评总结，每组学生根据教师的点评总结找出不足
实训成果形式	实训总结
实训地点	理实一体化教室
实训进程	1. 教师讲解（介绍实训步骤、注意事项、进行角色分配） 2. 阅读准备好的实训案例 3. 根据实训需要将学生分成若干小组 4. 对案例中所提供资料进行整理、分析 5. 小组讨论案例中小 A 的现实表现、存在的问题 6. 制定有针对性的教育矫正方案 7. 开展模拟的教育矫正工作 8. 指导教师进行点评总结，每组学生根据教师的点评总结找出不足

实训考核表

班级 _____ 姓名 _____ 学号 _____

任务描述：通过模拟实训，掌握未成年矫正对象教育矫正方案制定的步骤、内容和方法，初步具备开展教育矫正的能力。
项目总分：100分
完成时间：100分钟（2课时）

考核内容	评分细则	等级评定
一、实训过程与要求 1. 根据实训需要学生迅速分成若干小组 2. 小组成员自行分配好所扮演的角色 3. 小组讨论案例中社区矫正对象的现实表现、存在的问题等，并据此制定出教育矫正方案 4. 根据教育矫正方案，模拟实训演练 5. 指导教师进行点评总结，每组学生根据教师的点评总结找出不足	分值：50分 1. 实训过程与小组成员合作良好（15分） 2. 教育矫正方案制定得科学合理（15分） 3. 实训演练效果好（20分）	实训成绩评定为四等： 1. 优（100分~85分） 2. 良（84分~70分） 3. 及格（69分~60分） 4. 不及格（59分~0分）
二、实训表现与态度	分值：20分 1. 无迟到（1分） 2. 无早退（1分） 3. 无旷课（3分） 4. 实训预习、听讲认真（2分） 5. 实训态度认真（5分） 6. 实训中不大声喧哗（1分） 7. 能爱护实训场所、设备，保持环境整洁（2分） 8. 能完全遵守实训各项规定（1分） 9. 实训效果好，基本掌握了未成年矫正对象教育矫正方案制定的技巧，具备对未成年矫正对象开展教育矫正的职业技能（4分）	注意事项： 1. 实训期间做与实训无关的操作，不能评定为"优" 2. 有旷课现象，不能评为"优、良" 3. 旷课××节及以上，评为"不及格" 4. 实训内容没有完成，评为"不及格" 5. 两份实训总结雷同，评为"不及格"

三、实训总结 1. 实训中出现的问题及解决办法（对遇到的问题、问题产生的原因进行分析判断，把解决过程写出来） 2. 实训效果（本次实训有哪些收获，掌握了哪些知识、技能，存在哪些疑问等）	分值：30 分 1. 按规定时间上交（5 分） 2. 格式规范（5 分） 3. 字迹清楚（5 分） 4. 内容详尽、完整，实训分析总结正确（5 分） 5. 无抄袭现象（5 分） 6. 能提出合理化建议或有创新见解（5 分）	
合计		

评分人：　　　　　　　　　　　　　　　日期：　　年　月　日

任务 4.2　（实训项目 2）制定女性社区矫正对象教育方案

案例 6-6

李某，女，52 岁，初中文化，已婚，因涉嫌生产、销售假药罪被判处有期徒刑 1 年，缓刑 1 年，现在长沙市天心区社区矫正中心进行社区矫正。

李某原籍湖南省祁阳县，家中经济条件较差，靠低保生活，年轻时辗转各地，生活非常艰辛，与现任丈夫结婚后才在长沙定居下来，但是由于自己没有手艺，很难找到合适的工作，丈夫也只能靠"跑摩的"为生，有一子现已毕业，收入也不多，整个家庭经济情况不好，让李倩常处于焦虑之中。判决下来的近一个月，情绪非常低落，觉得对不起儿子，心情烦躁，只要想到自己所做的事情就精神紧张。因担心出门后别人会议论自己的罪行，经常将自己关在家中，常有失眠，头痛、胸痛等症状。

李某自述：我本来是一个挺老实本分的人，也比较内向。在发生此次事情之前自己连派出所都没有进去过。我一心想着做这个事就是帮别人跑跑腿补贴点家用，改善一下家里的经济条件，没有想到自己会触犯法律，感觉自己有点委屈，有点冤枉。现在自己不仅背了这个罪名，先前赚的一点钱都没收了，还交了 5 万元的罚款，家里条件本来就不好，真的是雪上加霜啊！我现在自己想想，就觉得自己挺笨的，为了一点点小利让自己处于这样的境地，现在我非常怕别人对我指指点点，说我是犯人，我也尽量避免和别人说这些，只是自己心里苦，情绪也好不起来……

根据以上案例，请同学们完成以下实训任务：

1. 运用小组探究的方法，分析李某存在的问题，并制订相应的矫正教育矫正方案。

2. 模拟真实工作情境，根据教育矫正方案，对李某开展教育矫正的实训演练。

附：实训任务书和实训考核表

实训任务书

实训项目	1. 根据案例，运用小组探究的方法，分析矫正对象存在的问题，并制订教育矫正方案 2. 模拟真实工作情境，根据教育矫正方案，对李某开展教育矫正的实训演练
实训课时	2 课时
实训目的	1. 学会运用小组探究的方法，分析李某存在的问题 2. 学会制定女性社区矫正对象教育矫正方案并能具体开展教育矫正工作 3. 培养同学们分析问题、解决问题的能力和团队协作精神
实训任务	1. 运用小组探究的方法，分析李某存在的问题 2. 根据分析出来的问题制订有针对性的教育矫正方案 3. 根据教育矫正方案，进行模拟的实训演练
实训要求	1. 学生应提前掌握女性社区矫正对象生理、心理专业知识 2. 指导老师熟悉女性社区矫正对象矫正教育的实践做法 3. 学生积极配合指导教师的指导完成实训 4. 根据实训需要将学生分成若干小组，采用小组探究和模拟真实工作情境的方式完成实训任务 5. 指导教师进行点评总结，每组学生根据教师的点评总结找出不足
实训成果形式	实训总结
实训地点	理实一体化教室

续表

实训进程	1. 教师讲解（介绍实训步骤、注意事项、进行角色分配） 2. 阅读准备好的实训案例 3. 根据实训需要将学生分成若干小组 4. 对案例中所提供资料进行整理、分析 5. 通过小组分析案例中的矫正对象存在的问题 6. 制定有针对性的教育矫正方案 7. 开展模拟的教育矫正工作 8. 指导教师进行点评总结，每组学生根据教师的点评总结找出不足

实训考核表

班级_____　　姓名_____　　学号_____

任务描述：通过模拟实训，掌握女性矫正对象教育矫正方案制定的技巧，初步具备开展女性教育矫正的能力。

项目总分：100 分

完成时间：100 分钟（2 课时）

考核内容	评分细则	等级评定
一、实训过程与要求 1. 根据实训需要学生迅速分成若干小组 2. 小组成员自行分配好所扮演的角色 3. 小组探究讨论案例中社区矫正对象存在的问题等，并据此制定出有针对性的教育矫正方案 4. 根据教育矫正方案，模拟实训演练 5. 指导教师进行点评总结，每组学生根据教师的点评总结找出不足	分值：50 分 1. 实训过程与小组成员合作良好（15 分） 2. 教育矫正方案制定的科学合理（15 分） 3. 实训演练效果好（20分）	实训成绩评定为四等： 1. 优（100 分~85 分） 2. 良（84 分~70 分） 3. 及格（69 分~60 分） 4. 不及格（59 分~0 分） 注意事项： 1. 实训期间做与实训无关的操作，不能评定为"优" 2. 有旷课现象，不能评为"优、良" 3. 旷课××节及以上，评为"不及格" 4. 实训内容没有完成，评为"不及格" 5. 两份实训总结雷同，评为"不及格"
二、实训表现与态度	分值：20 分 1. 无迟到（1 分） 2. 无早退（1 分） 3. 无旷课（3 分） 4. 实训预习、听讲认真(2分)	

二、实训表现与态度	5. 实训态度认真（5分） 6. 实训中不大声喧哗（1分） 7. 能爱护实训场所、设备，保持环境整洁（2分） 8. 能完全遵守实训各项规定（1分） 9. 实训效果好，基本掌握了女性矫正对象教育矫正方案制定的技巧，具备对女性矫正对象开展教育矫正的职业技能（4分）	
三、实训总结 1. 实训中出现的问题及解决办法（对遇到的问题、问题产生的原因进行分析判断，把解决过程写出来） 2. 实训效果（本次实训有哪些收获，掌握了哪些知识、技能，哪些不明白，有什么疑问，等等）	分值：30分 1. 按规定时间上交（5分） 2. 格式规范（5分） 3. 字迹清楚（5分） 4. 内容详尽、完整，实训分析总结正确（5分） 5. 无抄袭现象（5分） 6. 能提出合理化建议或有创新见解（5分）	
合计		

评分人：　　　　　　　　　　　　　　日期：　　年　月　日

任务4.3 （实训项目3）制定老年社区矫正对象教育矫正方案

案例 6-7

李某某，男，1957年8月4日出生，高中文化程度，已婚，系湖南绥宁县武阳镇人。2019年秋天，李某某与其同犯在没有办理采伐手续的情况下，私自在他们购买的武阳镇"黄鳝水"山场砍伐集体的树林烧炭，活立木蓄积114.091立方米，结实材57.0455立方。于2020年11月16日被判处滥伐林木罪，判处有期徒刑 3 年，缓刑 3 年。

李某某出生在农村，父母都是农民，高中毕业后，李某某回到本村以种田为生，改革开放后同村的村民都走向致富的道路，使得李某某也萌生了自己创业的想法。于是他与其同伴合伙开办了木炭加工厂，开窑烧炭，为了获得更大的利润，李某某受私欲的驱使，在没有办理采伐手续的情况下，私自在武阳镇"黄鳝水"山场砍伐集体的树林烧炭，触犯刑法。

被判刑后，李某某能主动到司法所接受社区矫正，并且服从管理，遵守纪律，积极参加公益活动和教育培训。但他由于此次以身试法，不仅没有创业成功，反而将原有的积蓄用于交罚款、赔偿，赔了个精光，家里经济一下子变得十分困难，只能借钱度日。亲朋好友唯恐他借钱都避之不及，渐渐疏远了他，这使得他意志消沉，整天唉声叹气，失望、内疚。

根据案例所给资料，完成以下实训任务：

1. 根据案例中李某某的情况和老年社区矫正对象的生理、心理特点，制定出有针对性的教育矫正方案。

2. 根据教育矫正方案，模拟真实工作情境，对李某某开展教育矫正的实训演练

附：实训任务书和实训考核表

实训任务书

实训项目	1. 根据案例，通过小组探究，制订老年社区矫正对象教育矫正方案 2. 根据教育矫正方案，模拟真实工作情境，对李某某开展教育矫正的实训演练
实训课时	2 课时
实训目的	1. 学会制定老年社区矫正对象教育矫正方案 2. 能模拟真实工作情境，对老年社区矫正对象开展教育矫正 3. 培养同学们分析问题、解决问题的能力和团队协作精神
实训任务	1. 根据案例所给资料制订有针对性的矫正教育方案 2. 根据教育矫正方案，模拟真实工作情境，对李某某开展教育矫正的实训演练

实训要求	1. 学生应提前掌握老年社区矫正对象生理、心理专业知识 2. 指导老师熟悉老年社区矫正对象矫正教育的实践做法 3. 学生积极配合指导教师的指导完成实训 4. 根据实训需要将学生分成若干小组，采用小组探究方式完成实训任务 5. 指导教师进行点评总结，每组学生根据教师的点评总结找出不足
实训成果形式	提交矫正教育方案
实训地点	理实一体化教室
实训进程	1. 教师讲解（介绍实训步骤、注意事项、进行角色分配） 2. 阅读准备好的实训案例 3. 根据实训需要将学生分成若干小组 4. 对案例中所提供资料进行整理、分析 5. 通过小组分析案例中的矫正对象存在的问题，制定有针对性的教育矫正方案 6. 开展模拟的教育矫正工作 7. 指导教师进行点评总结，每组学生根据教师的点评总结找出不足

实训考核表

班级＿＿＿＿＿＿＿＿＿＿　姓名＿＿＿＿＿＿＿＿＿＿＿　学号＿＿＿＿＿＿＿＿＿＿＿

任务描述：通过模拟实训，掌握老年矫正对象教育矫正方案制定的技巧，初步具备开展老年教育矫正的能力。

项目总分：100 分

完成时间：100 分钟（2 课时）

考核内容	评分细则	等级评定
一、实训过程与要求 1. 根据实训需要学生迅速分成若干小组 2. 小组成员自行分配好所扮演的角色 3. 小组探究讨论案例中社区矫正对象存在的问题等，并据此制定出有针对性的教育矫正方案	分值：50 分 1. 实训过程与小组成员合作良好（15 分） 2. 教育矫正方案制定的科学合理（15 分） 3. 实训演练效果好（20 分）	实训成绩评定为四等： 1. 优（100 分～85 分） 2. 良（84 分～70 分） 3. 及格（69 分～60 分） 4. 不及格（59 分～0 分）

4. 根据教育矫正方案，模拟实训演练 5. 指导教师进行点评总结，每组学生根据教师的点评总结找出不足		
二、实训表现与态度	分值：20 分 1. 无迟到（1 分） 2. 无早退（1 分） 3. 无旷课（3 分） 4. 实训预习、听讲认真（2 分） 5. 实训态度认真（5 分） 6. 实训中不大声喧哗（1 分） 7. 能爱护实训场所、设备，保持环境整洁（2 分） 8. 能完全遵守实训各项规定（1 分） 9. 实训效果好，基本掌握了老年矫正对象教育矫正方案制定的技巧，具备对老年矫正对象开展教育矫正的职业技能（4 分）	注意事项： 1. 实训期间做与实训无关的操作，不能评定为"优" 2. 有旷课现象，不能评为"优、良" 3. 旷课××节及以上，评为"不及格" 4. 实训内容没有完成，评为"不及格" 5. 两份实训总结雷同，评为"不及格"
三、实训总结 1. 实训中出现的问题及解决办法（对遇到的问题、问题产生的原因进行分析判断，把解决过程写出来。） 2. 实训效果（本次实训有哪些收获，掌握了哪些知识、技能，哪些不明白，有什么疑问，等等）	分值：30 分 1. 按规定时间上交（5 分） 2. 格式规范（5 分） 3. 字迹清楚（5 分） 4. 内容详尽、完整，实训分析总结正确（5 分） 5. 无抄袭现象（5 分） 6. 能提出合理化建议或有创新见解（5 分）	
合计		

评分人：　　　　　　　　　　　　　　　　　　　日期：　　年　月　日

【课堂活动6-1】

刘某，女，1960年4月出生，2020年1月因驾车操作不当致车辆失控，造成车辆副驾驶座位上的被害人因颅脑损伤而死亡。长宁区人民法院以过失致人死亡罪判处其有期徒刑1年6个月，缓刑1年6个月。缓刑考验期自2020年2月2日起至2021年8月1日止，于长宁区司法局天山路司法所接受社区矫正。刘某离异，一个人不仅要承受巨大的经济压力，还要承受巨大的心理压力，经常感到悲观失望，对生活失去信心。

请问：刘某有哪些特点？如何为其制定教育矫正方案？

【思考题】

1. 如何根据未成年社区矫正对象的特点对其开展有针对性的教育？
2. 对未成年社区矫正对象适用禁止令应当注意哪些方面？
3. 如何对女性社区矫正对象开展有针对性的教育？
4. 对老年社区矫正对象进行教育管理有何对策？

拓展 学习

《河南省未成年社区矫正对象教育管理工作指南（2022年版）》[1]

在《中华人民共和国社区矫正法》施行两周年之际，河南省司法厅制定《河南省未成年社区矫正对象教育管理工作指南（2022年版）》（以下简称《工作指南》），规范未成年社区矫正对象教育帮扶工作，促进未成年社区矫正对象顺利融入社会。

《工作指南》明确，县级以上地方人民政府及其有关部门应当通过多种形式为教育帮扶未成年社区矫正对象提供必要场所和条件。县级社区矫正机构要利用社区矫正委员会、联席会议等制度，广泛动员组织社会力量参与未成

---

〔1〕"河南省出台工作指南规范未成年社区矫正对象教育帮扶工作细化入矫在矫教育13项基础内容"，载河南省人民政府网，https://www.henan.gov.cn/2022/05-20/2452758.html，最后访问时间：2022年10月22日。

年人社区矫正工作，吸纳社会上专业社会工作者、志愿者以及共青团、妇联、关工委、基层群众性自治组织人员等参与未成年社区矫正工作。

《工作指南》进一步细化入矫教育阶段的社区矫正告知教育、认罪服法教育、社区矫正监管规定教育，在矫教育阶段的法律政策教育、思想道德教育和解矫教育阶段的遵纪守法、依法办事教育等 13 项基础内容，规范个别教育、心理辅导、入户走访和线上教育等教育形式，指导县级社区矫正机构从丰富内容、分类施教、注重融合等方面组织开展好未成年社区矫正对象的教育矫正活动。

《工作指南》结合河南省近年社区矫正分类管理、个别化矫正实践创新成果，指导各级社区矫正机构按照河南省社区矫正对象分类教育管理工作指引，探索未成年社区矫正对象综合评估工作机制，提升社区矫正工作成效。

社区矫正对象分类教育（二）

知识目标：了解不同矫正类型社区矫正对象的特点和犯罪原因，掌握对其的教育内容和方法。

能力目标：具备对不同矫正类型社区矫正对象开展教育矫正的能力。

思政目标：培养法治思维和创新思维，具备忠诚、担当的政治品质，以人为本、耐心细致、认真负责的职业道德和勇于奉献的职业精神。

知识树

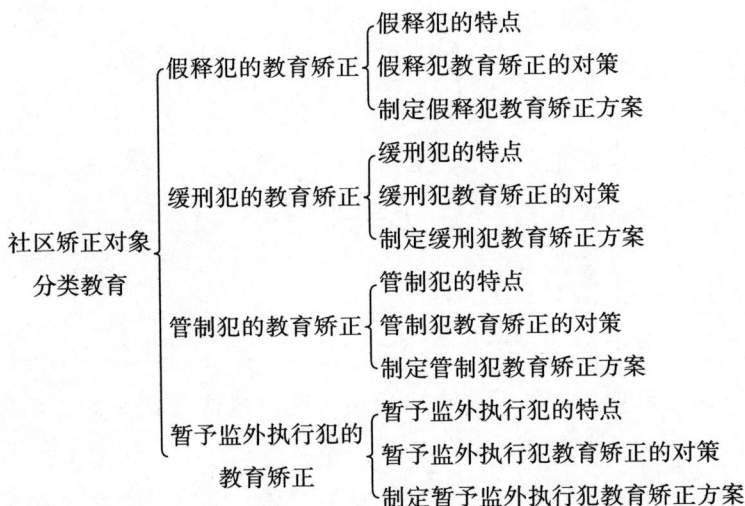

对不同矫正类型的矫正对象进行教育矫正工作，必须"坚持辩证思维、创新思维、法治思维和底线思维"，结合实际情况，制定不同的矫正对策，以取得良好的矫正效果。

任务1 假释犯的教育矫正

任务1.1 假释犯的特点

案例 7-1

黄某某，男，1976 年 10 月出生，户籍地为江西省赣州市定南县，居住地为江西省赣州市定南县。因伙同他人盗窃爆炸物，黄某某于 2012 年 6 月 20 日被福建省永定县人民法院判处有期徒刑 10 年 6 个月，服刑地为福建省漳州监狱。黄某某服刑期间曾减刑 2 次，减去有期徒刑 1 年 2 个月（刑期自 2011 年 12 月 10 日起至 2021 年 4 月 9 日止）。黄某某在监狱服刑期间能认罪悔罪，接受教育改造，遵守监规纪律及《监狱服刑人员行为规范》，积极参加"三课"学习，成绩良好，劳动积极肯干，服从分配，能保质保量完成劳动任务，表现稳定，故福建省漳州监狱向福建省漳州市中级人民法院提出假释建议。福建省漳州市中级人民法院认为黄某某在服刑期间确有悔改表现，执行刑期已过 1/2，没有再犯罪的危险，符合假释条件，对罪犯黄某某予以假释（假释考验期自 2019 年 4 月 3 日起至 2021 年 4 月 9 日止）。2019 年 4 月 4 日，黄某某到定南县司法局社区矫正中心办理报到入矫手续，并由执行地司法所负责其社区矫正期间的日常管理。

黄某某未婚，服刑期间父母离世，兄弟姐妹已成家，目前独自一人在县城租房生活。

黄某某服刑时间长，长期脱离社会。再加上因为父母离世，假释后独自一人生活，经济困难，思想压力大，导致短时间内适应社会生活存在一定的困难。执行地司法所本着"教育、感化、挽救"的方针，通过加强心理健康服务，让社区矫正对象重新树立起对生活的信心；为其及时提供就业信息和就业技能培训，帮助其就业，促进其顺利融入社会，取得了良好效果。[1]

假释是对被判处剥夺自由刑罪犯的一种附条件的提前释放制度。作为行刑社会化理念的产物，假释对于激励罪犯的改造热情，促使其改过自新，重新回归社会具有重大作用；对调动罪犯改造的积极性、克服监禁刑的弊端，有着重要的现实意义。因而成为社区矫正的重要组成部分。假释是对原判刑罚在执行方式上的变更，即将监禁刑变更为非监禁刑，旨在为罪犯从完全无自由的监禁生活进入相对自由的社会生活搭建起桥梁，提供一个缓冲地带。在这个缓冲地带里，假释犯所受到的监管和所获得的自由都是相对的，一方面对假释犯需要施以适当的约束和监管，避免他们初返社会即行为不当，造成无法挽回的错误；另一方面要给予假释犯必要的自由，使他们了解社会动态、参与社会交往、直面生存困难，为最终融入社会打下基础、做好准备。因此，假释犯的社区矫正对象有其自身的特点。

一、假释犯自由的不完整性

假释犯享有的自由是不完整的，无论是因为迁居还是因为其他任何原因离开所属的行政辖区都需要经过社区矫正机构的批准，假释犯在假释期间应当不折不扣地履行法律规定的假释义务，当出现违反假释义务情节严重或者假释犯人身危险性增高的情形时，可以撤销假释，重新将罪犯收监执行。

二、社区矫正的过程也是重新融入社会生活的过程

多年的监禁生活使假释犯基本丧失了正常的社会生活能力，再加上社会生活的急剧变迁，假释犯回到社会后很难依靠自身力量生存下来。此时，他们亟需社会向他们伸出援手，为其融入正常的社会生活提供帮助，否则，他们将会处于孤立无援的境地。社区矫正为假释犯向正常的社会生活过渡提供了有利条件。生活在社区内，假释犯可以与家庭成员保持联系，并获得家庭的支持和帮助，这在一定程度上保证了犯罪人的日常生活，为假释犯回归社

---

[1] "社区矫正教育帮扶案例——江西省赣州市定南县对假释社区矫正对象黄某某依法依政策开展社会适应性帮扶案例"，中国法律服务网，alk. 12348. gov. cn/LawSelect/Detail? dbID = 82&dbName = SJJXBF&sysID = 279，最后访问时间：2022 年 8 月 30 日。

会提供了有利的环境。

三、假释犯在社区矫正对象中具有独特性

（一）对社区环境的不适应

假释犯在监狱内经历了或短或长的刑期，这段经历已经使他们与家庭分离，与社会脱节。从高墙回归社会，先后面对监狱和社会这样两个反差很大的生活环境，假释犯就不可避免地会产生对社区环境的不适。完全与社会隔离的监禁生活使他们基本丧失了社会生存能力，罪犯的身份又会使他们受到歧视和排斥，极易对生活失去信心，难以恢复过去的生活。这种状况持续下去，就会有部分假释犯由于忍受不了社会对他们的强烈冲击，而又重新走上犯罪道路，成为影响社会稳定和发展的重大隐患。在社区矫正过程中，社区矫正工作人员对此要给予高度的重视。

（二）罪犯标签身份明显

假释犯身上"蹲监狱""犯罪人"的烙印与其他矫正对象相比更加深刻，"犯罪人"的标签深深地烙印在他们身上，成为其身份象征。相比较缓刑犯来说，他们的"标签化"问题更加严重，监狱生活在他们身上留下了深深的"犯罪人"的烙印，使他们一出狱就背负着"犯罪人"的标签。在监狱的时候，大家都一样，都是罪犯，不会感到自卑或不舒服。可是回到社区，尤其是自己生活的社区，他们是被众人排斥的"罪犯"。身份的不同，使得他们难免会产生自卑感。尤其在假释初期，刚回到社区的假释犯，对社会、对家人、对他人的态度是很复杂的，反应也很敏感，任何一句歧视的话语、一个鄙视的眼神，都会加重他们对自我的标签化。反过来，这种严重的标签化也给社区矫正教育工作带来了挑战。

（三）更加容易形成自卑心理

监狱压抑的监禁生活和复杂的环境使得大多数假释犯产生各种各样的心理问题，由于监狱条件所限，这些心理问题很难得到及时解决，久而久之会造成较严重的心理障碍，影响出狱后的生活。再加上重回社会后假释犯在家庭生活、亲情、婚姻、再就业、身份、邻里关系以及其他社会关系等方面都处于弱势地位，处处受限，极易产生自卑心理。这种自卑心理来自两个方面：自我和他人。前者受监禁影响和自身因素而产生自卑心理，麻木、消极甚至绝望。后者关键

在于他人的态度，假释犯怕别人看不起，因为他人的嘲讽而自卑，并自我封闭。

四、假释犯更加容易遭到排斥

（一）受到家庭排斥

受传统文化的影响，一名"劳改犯"会使得一个家庭甚至一个家族在当地抬不起头来，让其家属在心理上产生一系列的细微变化。从而当假释犯出狱回到家之后，家庭成员生活上不照料，感情上不接纳他们的事情时有发生。其他家属也会自觉或不自觉地给假释犯贴上罪犯的标签，并且用看待监狱罪犯的眼光来看待假释犯。很多家属认为，矫正对象给自己丢脸，让整个家庭蒙羞，甚至希望他们永远待在监狱，所以对他们出狱后的生活不管不问，使假释犯很难真正融入家庭生活。

（二）受到社区排斥

社区排斥是指社区居民不接纳矫正对象，与其保持距离，甚至歧视矫正对象。社区居民对社区矫正缺乏认识，加上传统监禁思想的根深蒂固，他们一时间难以理解社区矫正的意义所在，对假释犯充满担忧。有些社区居民认为把这些假释犯放在社区，就像是安放了一颗定时炸弹，不让人放心。他们对假释犯充满了担忧，甚至是恐惧，而且对他们的评价很低。

（三）就业歧视

一个被贴上罪犯标签的人，很容易成为别人怀疑的对象。用人单位对他们存在戒备心理，拒绝给他们提供就业机会；单位同事也会歧视、排斥他们。社区矫正工作人员在为社区矫正对象联系工作的时候，很多劳动部门和用人单位负责人一听是社区矫正对象，就百般推辞道："我们这里大学生都不要，怎么可能要犯人呢？"，"正常人的工作都无法安排，更何况是罪犯了"。对社区矫正对象的严重标签化使得社区矫正对象在获得职业、物质利益等方面遭遇到极大困难。

任务1.2　假释犯教育矫正的对策

一、帮助假释犯确立自己的生活目标

假释犯从监狱回到社区，生活状况完全改变。如今社会正以极快的速度

发生变迁，假释犯与社会脱节太久，无法跟上时代的步伐，现实的世界对他们来说是一个相对陌生的世界。在一个陌生的世界里，人们很容易找不到自己的生活目标，甚至失去活下去的斗志。社区矫正教育的首要任务就是要利用社区各种资源帮助假释犯重新确立最基本的生存目标。这就需要社区整合各种力量，给予假释犯物质上的帮助、情感上的支持，为其创造一个和谐、温馨的社区环境。而且要指导他们确立正确的、合理的生存目标，面对社会现实，正确理解自我，在此基础上树立艰苦奋斗、踏实肯干的思想，走勤劳致富之路。比如创办针对假释犯的社区学校，开设各种社团组织，举办各种有意义的活动，让假释犯参与其中，亲身体验和感受社会的发展变化以及就业的形势，做好心理准备，确定切实可行的生活目标。

二、关注假释犯的心理健康

假释犯由于自身长时间在监狱服刑的经历，容易产生形形色色的心理问题。因此，关注假释犯在社区矫正过程中的心理状态，做好各个阶段的心理评估、心理健康教育、心理疏导、团体心理咨询等显得尤为重要。

第一，定期做好心理测试，有效评估假释犯的心理特性、人格缺陷、精神疾患，掌握其心理活动的特点和个体差异，为其社区矫正教育的分类、矫正管理和心理矫治提供依据。这种心理测试既包括了入矫之初的心理评估，也包括了矫正过程中的心理监测。入矫之初的心理评估主要有以下几个方面的目的：获得有关假释犯的心理问题及相关问题的信息；鉴别与问题相关联的控制及影响因素；获得心理指标的数据资料；运用从假释犯那里获得的信息，制定有效的心理矫治方案和矫正干预策略。

第二，及时跟进社区矫正过程中的心理咨询和心理疏导。由于假释犯这一社区矫正对象的特殊性，在社区矫正过程中要密切关注他们的心理状态，重点关注在矫正过程中他们的人际关系问题、婚姻家庭问题、政策法律问题、矫正前途问题等，可以通过面谈咨询、电话咨询、团体辅导等方式，及时干预和介入假释犯在社区矫正过程中遇到的心理问题，有效化解矛盾，引进各方资源，进一步提升矫正教育质量。

第三，强化对假释犯的心理健康教育。通过集中教育、个别教育、线上教育、参与主题活动等形式，加强对假释犯的心理健康教育，为其拥有健康的心理奠定基础。对于他们的心理健康教育主要围绕培养健康情绪和积极心态、提高对挫折的心理承受力、帮助增强处理人际关系的能力等方面来开展。

三、整合社会资源参与假释犯社区矫正

一是要深化监狱与社区矫正机构对接机制，定期组织召开监地衔接工作例会，通情况、排隐患、解难题，在信息资源上共享互通；二是要深化假释犯社区矫正对象来信来访共同处置机制，发挥监所单位和地方司法行政部门的各自优势，加强信息互通，在法定的职权、程序内，形成共保安全稳定的合力。三是要深化调查评估机制，对假释人员，社区矫正专门机构要认真开展重新违法犯罪可能性和社会危害性评估，监地共同做好假释人员的跟踪调查，共同提高预防再犯罪能力。四是统筹各方力量参与假释犯社区矫正工作。充分发挥检法机关、公安机关、社会义工组织、社区民众和社会媒体等的"监督者"作用，以确保司法部门对假释罪犯的监管和教育落到实处。

四、建立假释罪犯的分级管理和定期评估制度

假释罪犯相较于管制犯、缓刑犯而言具有较大的人身危险性，且不同的假释罪犯之间存在着个体性的差异。因此，在实施社区矫正前，社区矫正工作人员应对每一个假释犯的人身危险性结合其所犯罪行、个人特点和服刑表现等进行评估，在此基础上进行分级管理，从而决定对其采取什么监控措施和参加什么矫正项目。并且，应该根据个体的差异，制定符合矫正对象个人实际的个性化矫正方案，因人而异地开展矫正工作，其宗旨是对症下药，其矫正方案讲究的是量身定做，一一对应，其目的是药到病除，帮助社区矫正对象恢复新生。在对假释犯实施社区矫正的过程中，社区矫正工作人员要定期对假释罪犯的矫正情况进行评估，以及时地调整其矫正类别或级别，更准确地实施帮扶措施，帮助假释罪犯早日从思想上、行为上纠正其错误，重新回归社会。

五、深入推进智慧矫正

要积极运用数字化手段实行社区矫正智能化管理，依托信息化大数据平台，通过行为轨迹分析、预警监测、信用评价等手段，选准重点区域、重要时机，通过电子手环、手机定位等技术手段和严格的人员监管措施对假释人员实施精准化监管。

任务 2　缓刑犯的教育矫正

案例 7-2

王某某，男，1992 年 12 月出生，离异，户籍地、居住地均为江苏省淮安市清江浦区。2020 年 11 月 2 日，王某某因犯聚众斗殴罪被常州市武进区人民法院判处有期徒刑 1 年，缓刑 1 年 6 个月。缓刑考验期自 2020 年 11 月 16 日起至 2022 年 5 月 15 日止。2020 年 11 月 18 日，王某某到淮安市清江浦区社区矫正中心报到，由执行地司法所负责对其社区矫正期间日常管理。

王某某家庭经济比较困难，其父因去世并留下高额债务，其母年纪大，无稳定收入。王某某与前妻离婚后独自抚养两个女儿，加之其本人患病需长期服药，整个家庭经济状况捉襟见肘。之前，王某某长期在外地工作，与家人相处时间较少。后因家庭原因，王某某从外地返回，找到一份工作。王某某与母亲、女儿沟通交流不多，家庭关系相对疏远。由于工作环境鱼龙混杂，社会交往多为社会闲散人员，再加之婚姻不幸福、经济压力大等多方因素影响，王某某长期处于焦虑自卑情绪中，性格急躁，遇事易冲动，最终构成犯罪。

经过教育帮扶，王某某的法治意识得到了显著增强，对于过去的错误认知和行为均有深刻反省。严格遵守社区矫正监管规定，积极参加教育学习和公益劳动。无论是生活中遇到困难挫折，还是小孩取得优良成绩，王某某都会主动向矫正小组成员反馈，每日的陪伴和沟通也让家庭成员关系日益融洽。在人社部门组织的培训中，王某某掌握了面点制作技能，目前打算攒钱和母亲开早餐店。王某某表示自己一定会积极配合司法所教育监管，常怀敬畏法律之心，认真学法，自觉守法，努力工作，早日融入社会。[1]

任务 2.1　缓刑犯的特点

所谓缓刑犯的社区矫正，一般是指将符合社区矫正条件的缓刑犯安置于

---

[1] "社区矫正教育帮扶案例——江苏省淮安市清江浦区对聚众斗殴罪社区矫正对象王某某教育帮扶案例"，载中国法律服务网，alk. 12348. gov. cn/LawSelect/Detail? dbID = 82&dbName = SJJXBF&sysID = 1425，最后访问时间：2022 年 8 月 29 日。

社区内，由专门的国家机关在相关社会团体和民间组织以及社会志愿者的协助下，在判决、裁定或决定确定的期限内，矫正其犯罪心理和行为恶习，并促进其顺利回归社会的非监禁刑事执行活动。

缓刑犯社区矫正对象主要有以下特点：

一、人数最多，呈不断上升趋势

根据统计数据表明，随着宽严相济刑事政策的推行，宣告缓刑的罪犯人数逐年增加，占社区矫正对象总数的百分比从 2012 年的 82.2% 上升到 2017 年的 92.1%，可以说，缓刑犯构成了整个社区矫正对象的主体。对于缓刑犯的矫正教育是社区矫正工作人员开展帮教工作的重点。

二、缓刑犯矫正期限相对较短

与其他类型的社区矫正对象相比，缓刑犯社区矫正期限相对较短，因而对他们进行教育矫正的任务就更艰巨、更迫切。

三、经济犯罪适用缓刑比例高

社区矫正的缓刑犯犯罪类型中盗窃犯、诈骗犯居多，较前几年相比，抢劫犯减少、诈骗犯不断增加。随着科技信息时代的发展，犯人也抓住了时代的"新"和"奇"，用不同的手段犯罪，互联网犯罪、手机等新型电子科技、电话诈骗等犯罪屡见不鲜，经济犯增多，犯罪类型层出不穷。缓刑犯自身因素的多样性，不仅给社区矫正工作的开展带来影响，而且制约缓刑犯重新融入社会，给社区矫正工作带来新的工作难题，对社区矫正工作人员也提出了更高的要求。

四、缓刑犯心理状态呈多元化发展

缓刑犯进入社区矫正后，有的认罪悔罪态度较好，对社区矫正工作也比较配合；但有的缓刑犯则对社区矫正工作带有排斥、抵抗、甚至厌恶的心理，与社区矫正工作人员进行沟通、交流时，内心存在抵触情绪，往往不配合工作，特别是在开展教育矫正工作时，他们的抵触情绪更大，总觉得是社区矫正机构多此一举，情况严重的会直接影响社区矫正工作的有序进行。

五、缓刑犯对社区矫正认识不足

受传统监禁刑罚的影响，缓刑犯由于没有进入到监狱服刑，对于自己的

"罪犯"身份认识不足，甚至认为只是"犯错"，因此有些缓刑犯对社区矫正的管理产生抵抗，情况严重的会直接影响社区矫正工作的有序进行。所以，在缓刑犯入矫初期，对于其身份认同的教育活动不可或缺。

任务2.2　缓刑犯教育矫正的对策

一、细化分类，因人施矫

目前，在司法实践中，分类教育主要集中在四类不同类型的社区矫正对象上，而对于每一类型的社区矫正对象没有进行二次分类，对于人数相对最多的缓刑犯更是如此。由于基础分类措施缺少合理性，不适应当前社区矫正的发展，导致缓刑犯社区矫正效果较差。为了提高缓刑犯教育矫正的质量，应在入矫初期，加强对各类缓刑犯进行心理评估、调查走访、风险等级测试等，对缓刑犯进行详细而全面的了解，落实《社区矫正法实施办法》中的规定，制定有针对性的矫正措施，做到因人定案，因人施矫。比如针对未成年人和女性缓刑社区矫正对象的心理状态、生理特点和情感需求，有所区别地与其他缓刑社区矫正对象进行分类管理，这样不仅不会增加工作量，还会提高管理的效能和矫正工作的针对性。再比如根据危险评估报告，对评为最高类别的缓刑社区矫正对象，立即为其配备定位手机或电子手环，随时关注并实时监控，掌握行踪动态。如此，可以在人员较为紧张的情况下，让社区矫正工作人员突出重点，有的放矢，针对不同类别的缓刑社区矫正对象采取不同管理措施，事半功倍。

二、细化监督内容，确保监督实效

社区矫正工作人员对缓刑犯的监督考察主要是在遵纪守法、汇报情况、遵守规定、迁居上报等几方面，对考察内容的规定过于粗泛，缺少明确的解释，缺少对缓刑犯全面考察和客观评价其矫正情况的规定，缺乏操作性，适用起来难以真正反映缓刑犯的实际情况。所以，在监督管理方面，应细化内容，使之更具有可操作性。因为监督管理是教育矫正的基础，既要管得住还要管得好，在此基础上才能使教育矫正发挥出应有的作用。

三、进一步完善缓刑犯的帮扶制度

党的二十大报告提出，"完善重点群体就业支持体系，加强困难群体就业

兜底帮扶"。许多缓刑社区矫正对象正是因为被社会边缘化，遇到生活及精神的困境从而走上犯罪的道路。因此，在对缓刑社区矫正对象进行监管和教育，让他们在社区环境中进行日常生活的同时，应当给予其一些过渡性和临时性的适当辅助，尽可能帮助其解决平常工作上或生活中所碰到的困难。比如培养他们的劳动技能，使他们养成一种良好的日常生活状态，让其真正地重新融入社会的日常生活和学习中，朝着从善的方向去改变他们自己。

四、创新缓刑犯社区矫正疏导管理

疏导管理是对社区矫正对象加强管理、提高矫正效率的有效方法，根据缓刑犯犯罪类型、家庭背景、安全等级、心理差异、现存问题等分类测试，根据不同情况，进行不同程度的心理疏导、思想疏导等。首先，根据不同的特点采取不同的疏导管理方式，如宽松式疏导、普通式疏导、严重式疏导等，根据缓刑犯社区矫正时出现的问题，再结合缓刑犯自身特点，采取不同的疏导方法。其次，对重点缓刑犯，要采取重点疏导管理措施，重大节日、敏感时期要进行社区矫正对象思想工作、生活情况汇报，开展专项教育，必要时要签订安全责任协议书。发现社区矫正对象思想动态异常，要及时进行疏导，把危害降到最低。最后，要形成疏导动态管理，对存在心理问题、思想问题的人员要分别疏导、预防和化解各类心理疾病，提高自我控制能力，帮助缓刑犯学会自我疏导方法。同时每个时间段根据缓刑犯的状况，设定相应的疏导矫正措施，确定矫正方案。经过一定时间考察评估，条件符合的将进入下一段的矫正学习，阶段越高，相应获取的自由度就越大，疏导管理涉及面也就相应越少，充分保障疏导管理工作的有效开展。

任务3　管制犯的教育矫正

案例 7-3

家住湖南省湘潭县云湖桥镇的村民成某怎么也没想到，自己会因一个砍树的行为被法律制裁。2020年8月，成某在未取得采伐许可证的情况下，将自己购买的一片杉树林私自砍伐，结果却被公安部门逮捕。经湘潭县人民法院审理，以滥伐林木罪判处成某管制 1 年，并处罚金 5000 元。[1] 成某成了一名社区矫正对象。

入矫初期，成某到司法所报到时心情低落，沉默寡言。他对自己砍伐林木行为触犯了法律，自责后悔不已，平日格外在意他人眼光的他更加觉得在人前抬不起头，独自居住的他有苦无人诉说，对接下来的社区矫正充满未知的担忧。除了一对一心理咨询访谈外，司法所鼓励成军积极参加心理健康团体辅导活动。

成军在社区矫正期间，经历了人生低谷，在社区矫正工作人员及社会力量的共同帮助下，他能够直面过往错误、悔过自新、积极工作、发展兴趣特长，精神面貌有了较大转变。

任务 3.1　管制犯的特点

管制是指由人民法院依法判决，对犯罪分子不予关押，但限制其一定的人身自由，剥夺或者限制其一定的权利，在公安机关管束和人民群众监督下实行教育改造的刑罚方法。管制刑是我国特有的一种刑罚方法，它是一种限制自由刑，在我国的刑罚体系中属于最轻的主刑。我国《刑法》第 38 条规定，对判处管制的犯罪分子，依法实行社区矫正。《社区矫正法》规定，管制犯是我国社区矫正对象的一种类型。管制犯主要有以下特点：

一、管制犯社区矫正期限相对较短

《刑法》第 38 条规定，管制的期限为 3 个月以上 2 年以下；第 69 条规定，数罪并罚时，管制最高不能超过 3 年。这就直接决定了管制犯社区矫正期限不长。

二、管制犯在社区矫正过程中地位独特

管制刑是我国刑罚体系中唯一的限制自由刑，它只在一定程度上对犯罪分子的权利和义务作了限制，并不剥夺犯罪分子的人身自由，它是我国刑罚体系中最轻的主刑。管制刑的这种规定使其既区别于拘役、有期徒刑、无期

---

〔1〕《刑法》第 345 条第 3 款规定："非法收购、运输明知是盗伐、滥伐的林木，情节严重的，处三年以下有期徒刑、拘役或者管制，并处或者单处罚金；情节特别严重的，处三年以上七年以下有期徒刑，并处罚金。"

徒刑的剥夺自由的性质，也区别于死刑剥夺生命的性质，成为我国刑罚体系中独一无二的刑种，因而限制自由刑就成了管制区别于其他刑罚的特征之一。这其实也证明了作为社区矫正对象的管制犯区别于其他几类社区矫正对象的不同之处，同时也决定了他们在社区矫正过程中的独特地位。

三、管制犯人数占比小

管制刑是我国惩罚性最低的一种主刑，其最大的特点就是对犯罪分子不予关押，犯罪分子仍然可以留在原工作地或居住地，甚至与普通公民同工同酬，虽然管制刑的这一特征符合了当今社会刑罚缓和化的发展趋势，但根据《刑法》规定，违反管制刑禁止令义务的，仅按照《中华人民共和国治安管理处罚法》的规定给予行政处罚，惩罚力度较小。故在司法审判中，较少适用管制刑，使其逐渐成为一种边缘化的刑罚方式，这也直接导致了管制犯在社区矫正对象的四类群体中人数相对占比较小。

四、社会参与度低，群众监督难以进行

管制刑的良好发展不能缺少社会监督的力量，但就我国目前的实际来看，管制刑的社会参与度低，群众监督的积极作用无法充分体现。社会参与度低的原因主要有：首先，管制刑的适用对象虽然犯罪性质轻、人身危险性小，但其本质上仍然是罪犯，一般群众对于罪犯都是避而远之，更谈不上参与和监督管制刑的执行了；其次，随着当代社会的变化，城市流动的人口数量大且不稳定，这导致社区人口的流动性也随之增强，不但管理困难，对管制刑的监督也无法很好地进行。这就使得在社区矫正实践中，对管制犯的矫正教育同其他类型的社区矫正对象大体一致，没有针对性，进而影响到矫正教育的实效。

任务3.2 管制犯教育矫正的对策

一、提高社区居民、志愿者对管制犯的社区矫正的参与度

社区矫正具有一定开放性，离不开社会各界人士的参与和帮助。然而就当前实际情况来看，群众对管制犯的社区矫正工作的参与度不高、积极性不强。为了改善这一现象，可采取以下措施：首先，应当在社区定期开展普法教育活动，让社区居民从法律层面上了解管制这一刑罚执行方式，同时也要

大力宣扬建设和谐社会的理念，增强居民的社会责任感，提升其对社区矫正的参与度；其次，可在社区开展文化娱乐活动，让管制犯参与其中，使社区居民对社区矫正对象有深入的了解，从而协助他们更好地回归社会，充分发挥社会教育改造的积极作用；最后，在志愿者队伍建设方面，可优先选拔具有相关专业知识的人才，对于作出了较大贡献的，可给予其一定形式的奖励，从而加强志愿者对社区矫正工作的参与意愿，同时对志愿者参与社区矫正活动做好后勤保障工作。

二、具体细化管制刑的禁止令规定，提高管制犯禁止令制度的可行性

《刑法修正案（八）》新增了有关对判处管制、宣告缓刑的犯罪分子，人民法院可以根据犯罪情况，同时禁止其在管制执行期间、缓刑考验期限内"从事特定活动，进入特定区域、场所，接触特定的人"的规定。为确保禁止令这项新制度得到正确适用和执行，最高人民法院、最高人民检察院、公安部、司法部联合发布了《关于对判处管制、宣告缓刑的犯罪分子适用禁止令有关问题的规定（试行)》，自 2011 年 5 月 1 日起施行。由于我国对于管制刑禁止令的法律规定相对简单，我们应当根据犯罪分子的犯罪原因、犯罪性质、犯罪手段、犯罪后的悔罪表现、个人一贯表现等情况，充分考虑与犯罪分子所犯罪行的关联程度，有针对性地决定禁止其在管制执行期间，从事规定中的一项或者几项内容。例如，犯罪分子是因长期在网吧上网，形成网瘾，进而走上犯罪道路的，可作出禁止其进入网吧的决定；如果犯罪分子是因为在夜总会、酒吧沾染恶习实施犯罪的，则可作出禁止其进入夜总会、酒吧的决定；犯罪分子在犯罪前后有滋扰证人行为的，可作出禁止其接触证人的决定；犯罪分子是在酒后犯罪，且有酗酒习性的，可作出禁止其饮酒的决定；等等。

三、强化法制教育，增强其法律意识

法制教育是针对管制犯开展教育矫正工作的核心内容之一。矫正工作人员要通过法制教育让管制犯明白自己违法犯罪所带来的危害性，进一步明确其作为罪犯的身份，使他们充分认识到自己存在的心理、行为或认知方面的问题是导致其违法犯罪的直接原因，如此才能端正他们的矫正动机，从而使他们知法、懂法、守法和用法。矫正工作人员可以通过"以案学法"的辩论

会、"典型案例"的剖析讲座等教育形式，加深他们对自己罪行的认知，使他们端正认罪服法的态度，促使其道德感、愧疚感和负罪感的复归。

四、注重个别教育，因人施教

个别教育是对管制犯社区矫正对象进行教育矫正行之有效的手段之一，它可以解决集体教育难以解决的问题。在对管制犯进行个别教育时，要把握他们的心理和行为特点，注意方式方法；教育他们认识自己违法犯罪的原因以及给社会、家庭、他人和自己造成的危害，引导他们和受害者角色互换，设身处地地认识自己行为的错误。

任务4　暂予监外执行犯的教育矫正

案例 7 - 4

黄某，男，1986年2月出生，户籍地为湖北省随州市曾都区，居住地为湖北省武汉市江汉区。2014年4月，因犯绑架罪被湖北省武汉市江岸区人民法院判处有期徒刑11年，2017年2月17日，因病被湖北省监狱管理局决定暂予监外执行，暂予监外执行期限自2017年2月17日起至2024年5月21日止。2017年3月27日，黄某被正式移交到江汉区司法局，由执行地司法所负责对其社区矫正期间日常管理。

黄某被诊断C1-2椎间、椎管内占位性病变，神经鞘瘤（术后），高位截瘫，精神障碍，其实质性行为表现为除头部以外无法动弹。黄某由其父母照顾生活起居，其父母都没有退休工资，仅靠守店赚取微薄收入，家庭经济条件十分困难。

执行地司法所接收社区矫正对象黄某后，与社区工作人员一起对黄某家庭及居住地进行了走访，调查其家庭情况、社会交往情况、入矫前思想状况、存在的困难和问题等。社区矫正工作人员对其就社区矫正相关规定进行了宣读和讲解，针对其特殊情况制订了相对应的矫正方案。

黄某接受社区矫正已经两年有余，通过这几年来大家共同的努力，黄某思想行为都发生了明显改变。不仅对其犯罪行为有了正确认识，负面心理情绪得到了明显改善，重新恢复了自信的生活状态，还确定了生活的目标，并为之不断努力。黄某的父亲看到儿子的变化十分欣慰，他希望黄某能一直坚持，好好矫正。[1]

任务4.1　暂予监外执行犯的特点

一、暂予监外执行犯的法定性

《刑事诉讼法》第265条第1、2款对暂予监外执行条件作了明确规定："对被判处有期徒刑或者拘役的罪犯，有下列情形之一的，可以暂予监外执行：（一）罪犯有严重疾病需保外就医。（二）罪犯怀孕或者正在哺乳自己的婴儿。哺乳期限按婴儿出生后一年计算。（三）罪犯生活不能自理，适用暂予监外执行不致危害社会。对被判处无期徒刑的罪犯，有前款第二项规定情形的，可以暂予监外执行。"暂予监外执行主要有两种，一种是在交付执行前，由人民法院决定的；另一种是在交付执行后，由监狱或者看守所提出书面意见，报省级以上监狱管理机关或者设区的市一级以上公安机关批准。对暂予监外执行的罪犯，依法实行社区矫正。因此，暂予监外执行犯具有法定性。

二、暂予监外执行犯执行期限的时效性

适用暂予监外执行并非永久性适用，当罪犯的特殊情形消失以后，变回自动丧失适用该制度条件，其在监禁场所以外执行的刑罚将计入总刑期进行抵扣，如存在监外执行刑期抵扣不足情形，该类罪犯将要继续在监禁场所执行完剩余刑期。这是暂予监外执行犯在社区矫正过程中与其他类型社区矫正对象最大的不同之处。一般情况下暂予监外执行罪犯的刑罚并不随着社区矫正的解除而结束，在社区矫正期间期满的刑罚才与社区矫正同时结束，刑期未满的则是随社区矫正的解除而继续收监执行，所以针对这类罪犯进行的社区矫正是有暂时性的特点。因此，暂予监外执行的适用没有从根本上改变罪犯的身份，任何人触犯法律都要受到刑罚的制裁，对其采取社区矫正只是保

---

〔1〕"社区矫正教育帮扶案例——湖北省武汉市对暂予监外执行社区矫正对象黄某依法实施教育帮扶案例"，载中国法律服务网，alk. 12348. gov. cn/Lawselect/Detail？dbID = 82&dbName = SJJXBF&sysID = 458，最后访问时间：2022 年 8 月 30 日。

障罪犯的疾病诊治、婴儿的照顾等需采取的临时性措施。

三、暂予监外执行犯的执行意义重大

我国暂予监外执行制度基于法律价值产生，该制度确保了刑事法律能够得到有效执行且充分打击犯罪，亦保障了符合特殊情形的犯罪群体的人权，充分体现了我国刑事法律"刚柔并济"的特点。该制度的适用有利于保障罪犯基本的生存权利和需求，最大程度上保护了特殊情形的犯罪群体的尊严，展现出我国尊重和保障人权的理念。

该制度的有效实行，亦能够降低监狱、看守所等羁押场所的行刑成本，有利于羁押场所节省出为特殊情形的罪犯支付高额的治疗护理费用，将有限的行刑资源进行高效运用，缓和执行刑罚中所面临的资源匮乏困境，将节省出来的行刑资源投入到保障其他普通罪犯的教育改造中去，以全面提升罪犯改造质量。[1]

四、暂予监外执行犯人身危险性高、执法风险高

一方面，暂予监外执行犯在监狱服刑期间"衣食无忧"。决定暂予监外执行依法社区矫正后，发现这类犯人多因家境贫困、无正式工作、身患重病等无谋生能力，不能依靠自己获取稳定收入，对家庭依赖极大。当家庭无法负荷其高昂的医疗费用，一部分人迫于生存压力又踏上重新犯罪的旧路。出现了暂予监外执行犯生活保障问题，暗藏重新犯罪隐患的情形。因为这类犯人都具有较高的人身危险性和再犯可能性，所以在对这类犯人的社区矫正中社区矫正机构的执法人员承担着更多的风险。

另一方面，根据《刑事诉讼法》265 条第 3 款的相关规定，"对适用保外就医可能有社会危险性的罪犯，或者自伤自残的罪犯，不得保外就医"。由于法律对于"社会危险性"的认定，过于原则性化，导致在社区矫正执行中这类犯人可能包含患有严重肺结核、艾滋病等传染病人。实践中，这类犯人的社会接纳度较低、容易受到社会的歧视，极易使患有严重传染病的犯人发生心理扭曲、仇视报复社会等情况，无法实现社区矫正使其真正复归社会的目

---

〔1〕 高进："论暂予监外执行的适用"，载《法制博览》2017 年第 34 期。

的。由于这类犯人的特殊性，社区矫正工作人员对其进行监管有很大的风险性和困难性。如果不加以重视，不但社区矫正的实施效果会受影响，而且社区矫正工作人员自身的合法权益同样难以得到有效保障。

五、暂予监外执行犯悔改意识薄弱，不服从监管现象时有存在

一方面，在社区矫正实践中，对待不配合监管，屡屡挑衅的犯罪分子只能进行劝服教育。当面临需要采取强制措施的突发情况时只能向公安机关寻求帮助，给社区矫正的实施带来了很大的不便之处。

另一方面，实践中在对暂予监外执行罪犯实施社区矫正时，其中一部分社区矫正对象因为了解自身情况的特殊性，清楚认识到即使再犯罪，一般情况下也不会对其进行收监，再加上其自身缺乏真诚悔改的意识，所以，这类犯人在依法实施社区矫正时有恃无恐、不配合监管、顶撞挑衅执法人员、抵抗监管的现象频发，视法律规定于无物，更有甚者还会多次重新犯罪。目前，社区矫正工作人员只能对其进行劝解教育，无权采取强制措施，这就使得社区矫正工作中对于这类不配合的犯罪分子无法起到威慑作用，所以顺利的社区矫正难以得到保障和落实。

任务4.2　暂予监外执行犯教育矫正的对策

一、分类矫正教育，区分有度，重点关注

首先，社区矫正具有刑罚执行的性质，但并不必然像监狱行刑那样过于侧重惩戒。社区矫正对象大部分社会危险性较小，在社区进行矫正主要是为了避免"监狱化"管理的弊端，以促进罪犯重新返回社会。但不能因为矫正对象的社会危险小、不需要严格管理，就藉此来否认社区矫正的刑事执行属性。其次，形成对四类人员区分管理的格局观。社区矫正既要注重监督，也不能忽视帮助矫正对象修复社会关系，做到"区分有度，重点关注"。在当前管制人员极少的情形下，需要在观念上对假释、缓刑、暂予监外执行人员的管理予以区分。特别需要注意的是，适用暂予监外执行的罪犯本身可能并不具有悔罪意识，尤其是孕哺型和年轻的保外就医型罪犯，较其他矫正对象更容易重新犯罪，会给社会带来巨大的风险隐患和沉重负担，这就需要对此类

人员的监督控制等级予以区别体现。

二、保障罪犯收监运行顺畅

司法行政部门应当加强与人民检察院、法院、监狱、看守所等部门之间的有效沟通协作，建立长期联席机制、信息通报制度。对于暂予监外执行没有悔改，特别是重新犯罪的罪犯，要坚决予以收监执行。不能让这部分人逃脱法律的制裁，继续危害社会。在社区矫正过程中，一旦社区矫正机构发现女性罪犯有"恶意怀孕"规避刑罚执行之嫌，可对罪犯的育孕频次、配偶情况、生活状况、收入来源等进行调查和研判，查明属实后社区矫正机构要提出收监执行的建议，法院组织听证并作出裁定，监狱机关将此类罪犯收监后关押在为孕哺型妇女专设的监室，由女性狱警或看护人员对其进行日常监管。

三、创新暂予监外执行的监督手段

根据《刑事诉讼法》《社区矫正法实施办法》《暂予监外执行规定》等相关法律法规的规定，对暂予监外执行的监督以文字性的"书面意见"为主，其他实际权力仍为虚有。在社区矫正实践中，对于暂予监外执行犯的监督主要成了一种事后监督，只有当暂予监外执行犯"出事"后，司法部门才会收集相关证据，最后收监。而实际上，这种监督应当是贯穿始终的，应当将监督贯穿于整个社区矫正过程，变事后监督为事前监督、事中监督、事后监督并重的模式。同时，应当利用智慧矫正的相关技术，不断创新暂予监外执行犯监督手段，确保暂予监外执行犯在社区矫正过程中钻不到法律的空子。

四、强化对暂予监外执行犯的重点关注

暂予监外执行犯相较于其他社区矫正对象来说，是一个相对弱势的群体，每一位暂予监外执行犯都有自己特殊的问题，存在特殊的需求，而关注他们的需求是做好社区矫正工作的必要保障。比如，对年老患病的罪犯、体弱且丧失劳动能力的罪犯、身体有伤残的罪犯进行特殊登记，另外对有孕在身或在哺乳初生婴孩的暂予监外执行犯，要给予更多的关注。要为各个暂予监外执行犯建立专门的档案，定期核查其身体状态，做到档案中有记录。

五、建立科学的划分标准

第一，划分标准要考虑不同暂予监外执行犯的特殊性，建立信息数据库。

对不同情况的暂予监外执行犯要采取不同的教育矫正措施，以使其更具有针对性、实效性。所以，为了促使这些罪犯顺利融入社会，应当构建更为规范和科学的分类标准，可以通过提高社区矫正的信息化能力，完善社区矫正档案，为科学分类奠定基础。

第二，划分标准需要考虑暂予监外执行犯的人身危险性与所犯罪行的轻重。暂予监外执行犯本身所犯罪行并不轻，因为法定情形出现才转为社区矫正，对这类犯人实施社区矫正时应不同于其他矫正人员，应当侧重实施社区矫正中较为严厉的一面即监督管理，避免其利用社区矫正的环境脱离监管实施再犯。

第三，划分标准不能过于单一，除考虑其人身危险性、社会危害性外，亦应当考虑其年龄而进行分类。对于暂予监外执行犯，更重要的是加强对这类人的监督管理，避免其脱管及再犯。

任务5 实训项目：不同矫正类型的社区矫正对象教育矫正的技能训练

任务5.1 （实训项目1）制定假释犯教育矫正方案

案例 7-5

社区矫正对象彭某某，男，1977年8月21日出生，汉族，初中文化，湖南省湘乡人。2014年5月，彭某某因犯伪造、买卖国家机关证件、印章罪，伪造公司、企业、事业单位、人民团体印章罪，伪造居民身份证罪，数罪并罚，被瑞安市人民法院判处有期徒刑12年。2020年1月，彭某某因在狱中表现较好，被浙江省衢州市中级人民法院裁定假释，假释考验期自2020年1月25日至2023年2月26日止。

2020年2月1日，彭某某到湘乡市毛田司法所接受社区矫正，其因在监狱服刑多年导致与社会脱节，不能及时地融入社会，其个人的思想负担比较重，觉得对不起自己的家人和朋友，自尊心也极强；同时，由于没有找到合适的工作对生活感到茫然、悲观；表面认罪，但内心比较抗拒社区矫正。

根据案例，完成以下实训任务：

1. 找出案例中社区矫正对象彭某某存在的问题，并结合假释犯的特点，制定出有针对性的教育矫正方案。

2. 根据教育矫正方案，模拟真实工作情境进行实训演练。

附：实训任务书和实训考核表

实训任务书

实训项目	1. 根据案例，制订彭某某的教育矫正方案 2. 根据教育矫正方案，模拟真实工作情境进行实训演练
实训课时	2 课时
实训目的	1. 学会制定针对假释犯教育矫正方案的技能 2. 具备开展教育矫正的核心职业能力 3. 培养同学们分析问题、解决问题的能力和团队合作精神
实训任务	1. 找出案例中社区矫正对象彭某某存在的问题 2. 制订有针对性的教育矫正方案 3. 开展模拟的教育矫正实训演练
实训要求	1. 学生应提前掌握假释犯的特点和假释的相关知识 2. 指导老师熟悉假释犯教育矫正理论知识和实践做法 3. 学生积极配合指导教师的指导完成实训 4. 根据实训需要将学生分成若干小组，采用小组探究方式完成实训任务 1 和 2；采用角色扮演的方式完成实训任务 3 5. 实训任务完成后，指导教师进行点评总结，每组学生根据教师的点评总结找出不足
实训成果形式	1. 教育矫正方案 2. 撰写实训总结
实训地点	理实一体化教室
实训进程	1. 教师讲解（介绍实训步骤、注意事项、进行角色分配） 2. 阅读准备好的实训案例 3. 根据实训需要将学生分成若干小组 4. 对案例中所提供资料进行整理、分析 5. 通过小组分析案例中矫正对象存在的问题，制定有针对性的教育矫正方案 6. 开展模拟的教育矫正工作 7. 指导教师进行点评总结，每组学生根据教师的点评总结找出不足

实训考核表

班级_____ 姓名_____ 学号_____

任务描述：通过模拟实训，掌握假释矫正对象教育矫正方案制定的技巧，初步具备开展假释犯教育矫正的能力。

项目总分：100 分

完成时间：100 分钟（2 课时）

考核内容	评分细则	等级评定
一、实训过程与要求 1. 根据实训需要学生迅速分成若干小组 2. 小组成员自行分配好所扮演的角色 3. 小组探究讨论案例中社区矫正对象存在的问题等，并据此制定出有针对性的教育矫正方案 4. 根据教育矫正方案，模拟实训演练 5. 指导教师进行点评总结，每组学生根据教师的点评总结找出不足	分值：50 分 1. 实训过程与小组成员合作良好（15 分） 2. 教育矫正方案制定得科学合理（15 分） 3. 实训演练效果好（20 分）	实训成绩评定为四等： 1. 优（100 分~85 分） 2. 良（84 分~70 分） 3. 及格（69 分~60 分） 4. 不及格（59 分~0 分）
二、实训表现与态度	分值：20 分 1. 无迟到（1 分） 2. 无早退（1 分） 3. 无旷课（3 分） 4. 实训预习、听讲认真（2 分） 5. 实训态度认真（5 分） 6. 实训中不大声喧哗（1 分） 7. 能爱护实训场所，设备，保持环境整洁（2 分） 8. 能完全遵守实训各项规定（1 分） 9. 实训效果好，基本掌握了假释矫正对象教育矫正方案制定的技巧，具备对假释矫正对象开展教育矫正的职业技能（4 分）	注意事项： 1. 实训期间做与实训无关的操作，不能评定为"优" 2. 有旷课现象，不能评为"优、良" 3. 旷课××节及以上，评为"不及格" 4. 实训内容没有完成，评为"不及格" 5. 两份实训总结雷同，评为"不及格"

续表

三、实训总结	分值：30 分	
1. 实训中出现的问题及解决办法（对遇到的问题、问题产生的原因进行分析判断，把解决过程写出来） 2. 实训效果（本次实训有哪些收获，掌握了哪些知识、技能，哪些不明白，有什么疑问，等等）	1. 按规定时间上交（5 分） 2. 格式规范（5 分） 3. 字迹清楚（5 分） 4. 内容详尽、完整，实训分析总结正确（5 分） 5. 无抄袭现象（5 分） 6. 能提出合理化建议或有创新见解（5 分）	
合计		

评分人：　　　　　　　　　　　　　　　日期：　　年　月　日

任务 5.2 （实训项目 2）制定缓刑犯教育矫正方案

案例 7 - 6

袁某，男，现年 19 岁，高中文化。因盗窃罪被判处有期徒刑 1 年，缓刑 1 年 6 个月。2022 年 4 月袁某到汨罗市司法局白水司法所报到，并办理了入矫手续。案发前无业，住汨罗市万达广场。

袁某是家中独子，父母经商，家境较好，平时父母对他比较娇惯，又处于人生叛逆阶段，和父母关系比较紧张，总是喜欢和父母对着干，父母时间又不多，对于袁某难以管束。袁某在读书期间就跟社会闲杂人员混在一起，高中没读完就肄业在家。整天无所事事、游手好闲，以至于违法犯罪。但他本质并不坏，有一定的文化水平和较好的接受能力。

根据案例，完成以下实训任务：

1. 根据案例中袁某的情况，结合缓刑犯的特点，试分析袁某存在的问题，制订一份针对袁某的矫正教育方案。

2. 根据矫正教育方案开展模拟真实工作情境的教育矫正实训演练。

附：实训任务书和实训考核表

实训任务书

实训项目	1. 根据案例，通过小组探究的方式，制订缓刑犯袁某的矫正教育方案 2. 根据矫正教育方案，模拟真实工作情境开展教育矫正的实训演练
实训课时	2 课时
实训目的	1. 学会制定缓刑犯教育方案的技能 2. 具备为缓刑犯开展教育矫正的职业能力 3. 培养同学们分析问题、解决问题的能力和团队协作精神
实训任务	1. 分析社区矫正对象袁某存在的问题 2. 根据分析出来的问题制订有针对性的矫正教育方案 3. 根据矫正教育方案，开展模拟真实工作情境的实训演练
实训要求	1. 学生应提前掌握缓刑犯的相关知识 2. 指导老师熟悉缓刑犯矫正教育的理论知识和实践做法 3. 学生积极配合指导教师的指导完成实训 4. 根据实训需要将学生分成若干小组，采用小组探究方式完成实训任务 1 和 2；采用角色扮演法完成实训任务 3 5. 指导教师进行点评总结，每组学生根据教师的点评总结找出不足
实训成果形式	1. 矫正教育方案 2. 实训总结
实训地点	理实一体化教室
实训进程	1. 教师讲解（介绍实训步骤、注意事项、进行角色分配） 2. 阅读准备好的实训案例 3. 根据实训需要将学生分成若干小组 4. 对案例中所提供资料进行整理、分析 5. 通过小组分析案例中矫正对象存在的问题，制定有针对性的教育矫正方案 6. 开展模拟的教育矫正工作 7. 指导教师进行点评总结，每组学生根据教师的点评总结找出不足

实训考核表

班级_____ 姓名_____ 学号_____

任务描述：通过模拟实训，掌握缓刑矫正对象教育矫正方案制定的技巧，初步具备开展缓刑犯教育矫正的能力。

项目总分：100 分

完成时间：100 分钟（2 课时）

考核内容	评分细则	等级评定
一、实训过程与要求 1. 根据实训需要学生迅速分成若干小组 2. 小组成员自行分配好所扮演的角色 3. 小组探究讨论案例中社区矫正对象存在的问题等，并据此制定出有针对性的教育矫正方案 4. 根据教育矫正方案，模拟实训演练 5. 指导教师进行点评总结，每组学生根据教师的点评总结找出不足	分值：50 分 1. 实训过程与小组成员合作良好（15 分） 2. 教育矫正方案制定得科学合理（15 分） 3. 实训演练效果好（20 分）	实训成绩评定为四等： 1. 优（100 分 ~ 85 分） 2. 良（84 分 ~ 70 分） 3. 及格（69 分 ~ 60 分） 4. 不及格（59 分 ~ 0 分）
二、实训表现与态度	分值：20 分 1. 无迟到（1 分） 2. 无早退（1 分） 3. 无旷课（3 分） 4. 实训预习、听讲认真（2 分） 5. 实训态度认真（5 分） 6. 实训中不大声喧哗（1 分） 7. 能爱护实训场所、设备，保持环境整洁（2 分） 8. 能完全遵守实训各项规定（1 分） 9. 实训效果好，基本掌握了缓刑矫正对象教育矫正方案制定的技巧，具备对缓刑矫正对象开展教育矫正的职业技能（4 分）	注意事项： 1. 实训期间做与实训无关的操作，不能评定为"优" 2. 有旷课现象，不能评为"优、良" 3. 旷课××节及以上，评为"不及格" 4. 实训内容没有完成，评为"不及格" 5. 两份实训总结雷同，评为"不及格"

续表

| 三、实训总结
1. 实训中出现的问题及解决办法（对遇到的问题、问题产生的原因进行分析判断，把解决过程写出来。）
2. 实训效果（本次实训有哪些收获，掌握了哪些知识、技能，哪些不明白，有什么疑问，等等） | 分值：30 分
1. 按规定时间上交（5 分）
2. 格式规范（5 分）
3. 字迹清楚（5 分）
4. 内容详尽、完整实训分析总结正确（5 分）
5. 无抄袭现象（5 分）
6. 能提出合理化建议或有创新见解（5 分） | |
| 合计 | | |

评分人：　　　　　　　　　　　　　　　　日期：　　年　月　日

任务 5.3　（实训项目 3）制定管制犯教育方案

案例 7-7

2019 年 3 月 30 日，四川省凉山州木里县发生森林火灾，抢险救灾过程中，27 名消防人员和 3 名地方干部群众献出生命。同年 4 月 2 日，应急管理部、四川省人民政府批准这 30 名英勇牺牲的同志为烈士。同年 4 月 9 日，被告人傅某某为发泄个人不满，在 3000 多人的 QQ 群内，对火灾扑救中英勇牺牲的烈士的名誉进行侮辱、诽谤，侵害了英雄烈士们的名誉权，造成了恶劣的影响。依照《中华人民共和国刑法》及《中华人民共和国侵权责任法》相关规定，傅某某犯寻衅滋事罪，被判处管制 8 个月，并在判决生效后 10 日内，在媒体上公开道歉。

根据案例，完成以下实训任务：

1. 针对傅某某的情况，结合管制犯的特点，通过小组探究，分析傅某某存在的问题，并为其制订一份教育矫正方案。

2. 根据教育矫正方案，模拟真实工作情境进行实训演练。

附：实训任务书和实训考核表

实训任务书

实训项目	1. 根据案例，通过小组探究，制订管制犯傅某某的矫正教育方案 2. 根据教育矫正方案，模拟真实工作情境进行实训演练
实训课时	2 课时
实训目的	1. 学会制定管制犯教育矫正方案的技能 2. 具备为管制犯开展教育矫正的职业能力 3. 培养同学们分析问题、解决问题的能力和团队协作精神
实训任务	1. 分析社区矫正对象傅某某存在的问题 2. 根据分析出来的问题制订有针对性的矫正教育方案 3. 根据教育矫正方案，模拟真实工作情境进行实训演练
实训要求	1. 学生应提前掌握管制犯的相关知识 2. 指导老师熟悉管制犯矫正教育的理论知识和实践做法 3. 学生积极配合指导教师的指导完成实训 4. 根据实训需要将学生分成若干小组，采用小组探究方式完成实训任务 1 和 2 5. 指导教师进行点评总结，每组学生根据教师的点评总结找出不足
实训成果形式	1. 矫正教育方案 2. 实训总结
实训地点	理实一体化教室
实训进程	1. 教师讲解（介绍实训步骤、注意事项、进行角色分配） 2. 阅读准备好的实训案例 3. 根据实训需要将学生分成若干小组 4. 对案例中所提供资料进行整理、分析 5. 通过小组分析案例中矫正对象存在的问题，制定有针对性的教育矫正方案 6. 开展模拟的教育矫正工作 7. 指导教师进行点评总结，每组学生根据教师的点评总结找出不足

实训考核表

班级＿＿＿＿＿＿＿＿＿＿　　姓名＿＿＿＿＿＿＿＿＿＿　　学号＿＿＿＿＿＿＿＿＿＿

任务描述：通过模拟实训，掌握管制矫正对象教育矫正方案制定的技巧，初步具备开展管制犯教育矫正的能力。 项目总分：100 分 完成时间：100 分钟（2 课时）		
考核内容	评分细则	等级评定
一、实训过程与要求 1. 根据实训需要学生迅速分成若干小组 2. 小组成员自行分配好所扮演的角色 3. 小组探究讨论案例中社区矫正对象存在的问题等，并据此制定出有针对性的教育矫正方案 4. 根据教育矫正方案，模拟实训演练 5. 指导教师进行点评总结，每组学生根据教师的点评总结找出不足	分值：50 分 1. 实训过程与小组成员合作良好（15 分） 2. 教育矫正方案制定得科学合理（15 分） 3. 实训演练效果好（20 分）	实训成绩评定为四等： 1. 优（100 分~85 分） 2. 良（84 分~70 分） 3. 及格（69 分~60 分） 4. 不及格（59 分~0 分）
二、实训表现与态度	分值：20 分 1. 无迟到（1 分） 2. 无早退（1 分） 3. 无旷课（3 分） 4. 实训预习、听讲认真（2 分） 5. 实训态度认真（5 分） 6. 实训中不大声喧哗（1 分） 7. 能爱护实训场所、设备，保持环境整洁（2 分） 8. 能完全遵守实训各项规定（1 分） 9. 实训效果好，基本掌握了管制矫正对象教育矫正方案制定的技巧，具备对管制矫正对象开展教育矫正的职业技能（4 分）	注意事项： 1. 实训期间做与实训无关的操作，不能评定为"优" 2. 有旷课现象，不能评为"优、良" 3. 旷课××节及以上，评为"不及格" 4. 实训内容没有完成，评为"不及格" 5. 两份实训总结雷同，评为"不及格"

	分值：30 分	
三、实训总结 1. 实训中出现的问题及解决办法（对遇到的问题、问题产生的原因进行分析判断，把解决过程写出来。） 2. 实训效果（本次实训有哪些收获，掌握了哪些知识、技能，哪些不明白，有什么疑问，等等）	1. 按规定时间上交（5 分） 2. 格式规范（5 分） 3. 字迹清楚（5 分） 4. 内容详尽、完整，实训分析总结正确（5 分） 5. 无抄袭现象（5 分） 6. 能提出合理化建议或有创新见解（5 分）	
合计		

评分人：　　　　　　　　　　　　　　　　　　日期：　　年　月　日

任务5.4　（实训项目4）制定暂予监外执行犯教育方案

案例 7 - 8

　　杨某某，女，1983 年 10 月 27 日出生，住长沙市宁乡县大成桥镇永盛村。因贩卖毒品罪被宁乡县人民法院于 2014 年 11 月 14 日判处有期徒刑 15 年，并处没收财产人民币 3 万元。因身患尿毒症，每周需透析三次，宁乡县人民法院决定对其暂予监外执行。2015 年 6 月 23 日，杨某某又因贩卖毒品罪被宁乡县人民法院判处有期徒刑 4 年，并处罚金人民币 5000 元，合并原判有期徒刑，决定执行有期徒刑 20 年。鉴于其身体原因，宁乡县人民法院再次决定对杨某某暂予监外执行。在暂予监外执行期间，依法实行社区矫正。

　　杨某某在宁乡的吸贩毒人员中有很大的影响，近年来，因为其多次被抓而没有关押，使刑法执行的严肃性受到了挑战，同时也产生了新的尿毒症患者参与贩毒的现象，成了宁乡的一颗"毒瘤"，这种情况一直是宁乡禁毒的难言之痛。

　　根据案例所给资料，完成以下实训任务：

　　1. 针对杨某某的情况，结合暂予监外执行犯的特点，通过小组探究，分析杨某某存在的问题，并为其制订一份教育矫正方案。

2. 根据教育矫正方案，模拟真实工作情境开展实训演练。

附：实训任务书和实训考核表

实训任务书

实训项目	1. 根据案例，通过小组探究，制订暂予监外执行犯杨某某的矫正教育方案 2. 根据教育矫正方案，模拟真实工作情境开展实训演练
实训课时	2课时
实训目的	1. 学会制定暂予监外执行犯教育矫正方案的技能 2. 具备为暂予监外执行犯开展教育矫正的职业能力 3. 培养同学们分析问题、解决问题的能力和团队协作精神
实训任务	1. 分析社区矫正对象杨某某存在的问题 2. 根据分析出来的问题制订有针对性的矫正教育方案 3. 根据教育矫正方案，模拟真实工作情境开展实训演练
实训要求	1. 学生应提前掌握暂予监外执行犯的相关知识 2. 指导老师熟悉暂予监外执行犯矫正教育的理论知识和实践做法 3. 学生积极配合指导教师的指导完成实训 4. 根据实训需要将学生分成若干小组，采用小组探究方式完成实训任务1和2；采用角色扮演法完成实训任务3 5. 指导教师进行点评总结，每组学生根据教师的点评总结找出不足
实训成果形式	1. 矫正教育方案 2. 实训总结
实训地点	理实一体化教室
实训进程	1. 教师讲解（介绍实训步骤、注意事项、进行角色分配） 2. 阅读准备好的实训案例 3. 根据实训需要将学生分成若干小组 4. 对案例中所提供资料进行整理、分析 5. 通过小组分析案例中矫正对象存在的问题，制定有针对性的教育矫正方案 6. 开展模拟的教育矫正工作 7. 指导教师进行点评总结，每组学生根据教师的点评总结找出不足

实训考核表

班级_____ 姓名_____ 学号_____

任务描述：通过模拟实训，掌握暂予监外执行矫正对象教育矫正方案制定的技巧，初步具备开展暂予监外执行犯教育矫正的能力。

项目总分：100 分

完成时间：100 分钟（2 课时）

考核内容	评分细则	等级评定
一、实训过程与要求 1. 根据实训需要学生迅速分成若干小组 2. 小组成员自行分配好所扮演的角色 3. 小组探究讨论案例中社区矫正对象杨彩虹存在的问题等，并据此制定出有针对性的教育矫正方案 4. 根据教育矫正方案，模拟实训演练 5. 指导教师进行点评总结，每组学生根据教师的点评总结找出不足	分值：50 分 1. 实训过程与小组成员合作良好（15 分） 2. 教育矫正方案制定得科学合理（15 分） 3. 实训演练效果好（20 分）	实训成绩评定为四等： 1. 优（100 分～85 分） 2. 良（84 分～70 分） 3. 及格（69 分～60 分） 4. 不及格（59 分～0 分） 注意事项： 1. 实训期间做与实训无关的操作，不能评定为"优" 2. 有旷课现象，不能评为"优、良" 3. 旷课××节及以上，评为"不及格" 4. 实训内容没有完成，评为"不及格" 5. 两份实训总结雷同，评为"不及格"
二、实训表现与态度	分值：20 分 1. 无迟到（1 分） 2. 无早退（1 分） 3. 无旷课（3 分） 4. 实训预习、听讲认真（2 分） 5. 实训态度认真（5 分） 6. 实训中不大声喧哗（1 分） 7. 能爱护实训场所、设备，保持环境整洁（2 分） 8. 能完全遵守实训各项规定（1 分） 9. 实训效果好，基本掌握了暂予监外执行矫正对象教育矫正方案制定的技巧，具备对暂予监外执行矫正对象开展教育矫正的职业技能（4 分）	

| 三、实训总结
1. 实训中出现的问题及解决办法（对遇到的问题、问题产生的原因进行分析判断，把解决过程写出来。）
2. 实训效果（本次实训有哪些收获，掌握了哪些知识、技能，哪些不明白，有什么疑问，等等） | 分值：30 分
1. 按规定时间上交（5 分）
2. 格式规范（5 分）
3. 字迹清楚（5 分）
4. 内容详尽、完整，实训分析总结正确（5 分）
5. 无抄袭现象（5 分）
6. 能提出合理化建议或有创新见解（5 分） | |
| 合计 | | |

评分人：　　　　　　　　　　　　　　　　　日期：　　年　月　日

【课堂活动 7 - 1】

冯某，男，1974 年出生，未婚，户籍地和居住地均为嘉善县。因犯故意伤害罪被嘉善县人民法院判处有期徒刑 1 年 5 个月，缓刑 2 年，2021 年 3 月 16 日，冯某到嘉善县社区矫正中心报到，由受委托的司法所负责对其实施社区矫正日常管理。

冯某，无配偶、无子女、无业，与父母共同生活，患有"三高"但无钱治疗，身体缺钾，无法从事高强度体力劳动。父母年事已高，身体多病。家庭经济来源为每年 6000 元土地租金及父子打零工收入。冯某性格孤僻且嗜酒，酒后情绪易失控，与邻居张某（本案受害人）关系较差。

试分析：冯某具有哪些特点，存在哪些问题？如何为冯某制定有针对性的教育矫正方案？

【思考题】

1. 如何根据缓刑犯的特点对其开展有针对性的教育？

2. 对管制犯开展矫正教育应当注意哪些方面？

3. 如何对假释犯开展有针对性的教育？

4. 对暂予监外执行犯进行教育管理有何对策？

拓 展 学习

《安徽省社区矫正对象分期分级分类管理教育办法》政策解读[1]

从 2020 年 11 月开始，安徽省司法厅在部分市县开展社区矫正对象分类管理和个别化矫正工作试点，经过半年多的实践探索，全面总结基层经验做法，深入分析、研究解决实施过程中的困难和问题，在历经多次意见征集、吸纳多位业内专家意见、司法部社区矫正管理局直接指导的基础上，最终制定出台了《安徽省社区矫正对象分期分级分类管理教育办法》。

办法共 19 条，明确县（市、区）社区矫正机构应当根据社区矫正对象的个体差异，按照分期、分级、分类管理的原则，开展个别化的监督管理和教育帮扶，消除社区矫正对象可能重新犯罪的因素，帮助其成为守法公民。

一是明确分期矫正原则。按照"分类管理、个别化矫正"要求精神，将社区矫正对象矫正期间分为矫正初期、矫正中期和矫正末期。针对社区矫正对象所处的不同阶段，开展入矫教育、常规教育和解矫教育，确定相应的教育内容，提升教育矫正的针对性和实效性。

二是明确分级管理原则。县（市、区）社区矫正机构、司法所应当根据裁判内容、风险评估、现实表现、危险程度等因素，对社区矫正对象进行综合评定，划分为重点管理、普通管理两个管理等级。明确重点管理对象的认定条件和程序，针对不同管理等级的社区矫正对象，采取不同的管控措施。同时，对管理等级调整、列入矫情分析会、社会力量依法协助开展工作等作出规定。

三是明确分类管理原则。县（市、区）社区矫正机构、司法所根据社区矫正对象"四种情形"进行分类，实现分类管理、个别化矫正，在监督管理措施和教育矫正方法上有所区别。根据社区矫正对象的不同类别，成立由相关人员参加的矫正小组，制定有针对性的矫正方案。按照《社区矫正法》第七章精神，办法对未成年社区矫正对象分类管理作出特别规定。

---

[1] "《安徽省社区矫正对象分期分级分类管理教育办法》政策解读"，载六安市金安区人民政府网，https://www.ja.gov.cn/public/660/941/24054871.html，最后访问时间：2022 年 8 月 30 日。

社区矫正对象教育矫正质量评估

学习目标

知识目标：掌握社区矫正对象教育矫正质量评估的概念、原则、实施方法。

能力目标：具备组织实施质量评估工作的能力。

思政目标：具备客观公正、诚实正直的职业道德；具备勤勉尽责、专注认真的职业精神。

知识树

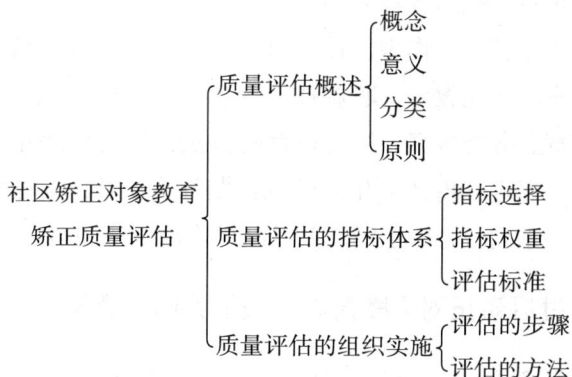

社区矫正对象教育矫正质量评估
- 质量评估概述
  - 概念
  - 意义
  - 分类
  - 原则
- 质量评估的指标体系
  - 指标选择
  - 指标权重
  - 评估标准
- 质量评估的组织实施
  - 评估的步骤
  - 评估的方法

案例 8 - 1

为了更好地开展社区矫正工作，在社区矫正对象罗某入矫即将满一个月之际，乐江司法所于 2021 年 5 月到江口村坝洞组开展了一起社区矫正对象教育矫正质量评估。司法所工作人员首先到村委会就罗某的基本情况走访了村主任，随后驱车来到当事人村里，详细了解罗某的家庭情况、邻里关系、社会关系、性格特点和平时表现等情况，认真书写调查笔录，最终形成了相应的评估意见，为他的矫正方案的调整提供依据。

社区矫正对象教育矫正质量评估作为社区矫正工作的一项重要内容，对于针对社区矫正对象，调整完善矫正方案，提高社区矫正教育和改造犯罪效果具有极其重要的作用。

任务 1　社区矫正对象教育矫正质量评估概述

任务 1.1　社区矫正对象教育矫正质量评估的概念

社区矫正对象教育矫正质量评估是指社区矫正机构或者专门评估机构，运用科学手段，通过多种方式系统地收集有关社区矫正对象的法治观念、心理健康状况、道德素质以及社会适应性的信息和数据资料，进行筛选、整理、统计分析，对社区矫正对象经过教育后的犯罪心理和行为恶习的转变情况进行评价的活动。在社区矫正教育工作中，社区矫正工作人员以社区矫正对象的法治教育、思想道德教育、文化教育、职业技术教育、心理健康教育为内容，采用集体教育、个别教育、分类教育、社会教育的方法，对社区矫正对象的心理和行为进行教育矫正，促进其再社会化并顺利回归社会。社区矫正对象教育矫正质量评估就是对这一系列教育矫正活动及其结果作出价值判断的过程。

任务 1.2　社区矫正对象教育矫正质量评估的意义

社区矫正对象教育矫正质量评估是关系到社区矫正工作质量和工作水平提高的一项重要工作，也是社区矫正工作发挥其完善社会治理体系，提升社会治理效能作用的具体做法。对于教育矫正质量的主观判断主要依赖职业能力和道德素养，无法保证科学性和准确性，因此对社区矫正对象教育矫正的效果做出有效的价值判断和准确的质量评估具有重要意义。

第一，有利于及时调整矫正方案，加强对社区矫正对象教育矫正的针对性，增强社区矫正工作的质量和效果。从司法实践来看，社区矫正对象或多或少存在着对非监禁刑的轻视，尤其是判处缓刑、管制的人员。这增加了司法行政机关矫正工作的复杂性，而通过对社区矫正对象教育矫正质量进行评估分析，及时准确地发现教育矫正中存在的问题，就可以对教育矫正方案进行及时的调整和完善，以提高教育矫正的效果。

第二，有利于健全科学的社区矫正工作机制和模式。社区矫正对象教育矫正质量评估的结果直接与社区矫正机构的工作成效挂钩，在社区矫正工作中，无论是日常矫正管理、教育帮扶还是矫正监督过程中出现了问题，都会影响到社区矫正对象教育矫正质量评估的结果，也能反映出社区矫正工作中的问题所在。社区矫正机构根据问题，及时提出解决对策，并在不断调整矫正思路和工作重心的过程中发现社区矫正工作规律，找到社区矫正活动和目标之间的偏差，以此来把握社区矫正工作方向，对社区矫正工作机制和模式的健全起推动作用。

第三，有利于社区矫正对象认识矫正效果，发现不足，并进一步自我矫正教育。社区矫正对象从入矫到解矫是一个再社会化的过程，如果社区矫正对象只是消极等待矫正期满解除矫正，就缺乏自我教育的主动性，社区矫正机构组织的教育矫正活动效果也会大打折扣。而进行社区矫正对象教育矫正质量评估能够帮助社区矫正对象直观地认识自己取得的成绩与存在的不足，通过指导社区矫正对象进行自我评价和自我教育，可以使社区矫正对象增强顺利实现再社会化的信心，并提高其接受教育矫正的积极性。

第四，有利于社会成员正确认识和评价社区矫正工作，共同完成对社区矫正对象的教育矫正。社区矫正对象在入矫前要进行调查评估，严把社区矫正的入口关。调查评估的主要内容是罪犯的社会危险性和对所居住环境的影响，所以，社区群众是否认同、接纳社区矫正是社区矫正机构在社区矫正对象入矫和解矫时都要考虑的重要因素。通过社区矫正对象教育矫正质量评估，群众可以直观且正确地认识社区矫正的实际矫正效果，逐步认同社区矫正，再将这种认同逐步转化为对社区矫正对象的包容和尊重，可以对社区矫正对象提供关心和帮助，帮助他们顺利回归社会。

第五，有利于社区矫正科学研究的进步。社区矫正对象教育矫正研究与其他研究一样，其目的是描述、解释和预测矫正教育活动过程，寻求其中的规律，即矫正教育的因果关系。矫正教育研究的一项中心任务就是对制约矫正教育质量的各种变量或因素进行因果分析和研究。典型的矫正教育实验，要求控制某些情境条件，以便使所确定的自变量与因变量之间的因果联系能够明确地显现出来。而不同自变量所导致的不同结果，往往需要用评估来加以测量和了解。各种不同的实验或研究设计，都需要创设因果分析的条件，控制自变量，观察或测量因变量的变化，从而测定自变量与因变量之间的关系。这些实验的结果，对认识矫正教育规律、改进矫正教育工作有很重要的意义。

任务1.3　社区矫正对象教育矫正质量评估的分类

社区矫正对象教育矫正质量评估属于社区矫正评估体系中的一部分，教育矫正质量评估应该发生在社区矫正对象入矫之后。从社区矫正对象教育矫正的实践来看，可以从评估目的、评估对象的不同进行分类。从评估的目的可以分为需求评估和回归评估；从评估对象角度可以分为个体评估和群体评估。

一、根据评估的目的进行分类

（一）矫正中的需求评估

社区矫正对象在矫正期间内随着教育矫正的不断深入，思想和行为会不断发生变化，仅仅靠入矫后的分类评估制订的矫正方案时常不能满足矫正期间内各阶段的矫正需要。因此，在社区矫正工作中，要对社区矫正对象进行动态评估，主要是根据社区矫正对象在矫正期间内接受矫正管理和矫正教育的具体情况，对社区矫正对象进行评估打分。一方面是可以通过分值来确定是否有变更管理级别的需要，另一方面则是可以通过分值高低来分析判断在教育矫正中还存在哪些问题，满足修正矫正方案的方向性需求，及时对矫正方案进行调整，进一步提升社区矫正工作的质效。

（二）解矫时的回归评估

社区矫正对象解矫时，所有监管措施撤离，意味着社区矫正对象重新回归社会，这个阶段的评估主要是反映社区矫正对象整个矫正期间的矫正情况，判断社区矫正对象解矫时的基本情况。通过科学的评估计算，给出一个具体的分数来衡量社区矫正对象的矫正成果，同时对社区矫正对象是否掌握劳动技能、是否有良好生活条件、家庭状况是否良好、心理素质是否提高、社会适应能力是否增强等因素进行判断，以此对社区矫正对象有无重新犯罪可能性，是否能顺利融入社会进行有效分析，也为后续的矫正帮扶工作提供参考。

二、根据评估的对象进行分类

（一）社区矫正对象的个体评估

社区矫正对象的个体评估，是指在不同阶段对某一社区矫正对象个体的心理健康水平、遵纪守法情况、社会适应能力等情况做综合或个别项目的分析评估，并就在评估中发现的心理和行为问题及时修正矫正方案、调整管理等级，实现分级处遇和个性化矫正，达到降低社区矫正对象社会危险性和再犯率的效果，这是针对性矫正的体现。因此，个体评估是社区矫正工作中最常用的一种评估方式。个体评估主要采用动态分析、阶段性分析、专项分析和综合分析等形式。

1. 动态分析。动态分析，也称为纵向分析，将社区矫正对象入矫前到矫正中再到解矫看成一个整体，将社区矫正对象的心理和行为在矫正期间的发展变化过程分为时间上的各个阶段。主要分析在社区矫正过程中社区矫正对象的心理、行为特征及其形成和发展。列宁说过："如果不把不间断的东西割断，不使活生生的东西简单化、粗糙化，不加以割碎，不使之僵化，那么我们就不能想象、表达、测量、描述运动。"动态分析将整个社区矫正过程中出现的问题进行收集并分析研究。

2. 阶段性分析。相较于动态分析，阶段性分析不考虑时间因素，而是就社区矫正对象矫正期间的某一阶段的各个方面来分析个案。主要分析社区矫正对象某一阶段的心理、行为状况，如入矫初期、中期和后期的心理、行为状况等。

3. 专项分析。专项分析就社区矫正对象在矫正过程中的某一特定内容进行分析研究，主要分析社区矫正对象矫正效果相关的某一具体心理、行为特征，如遵纪守法状况里的认罪悔罪情况、心理健康状况里的人际交往能力、社会适应能力的生活技能情况等都可以成为社区矫正对象个体评估中的专项分析内容。

4. 综合分析。综合分析是将各种分析方法进行结合，对社区矫正对象的教育矫正质量进行既有全过程，又有阶段性以及具体项目的分析。社区矫正对象个体教育矫正质量的评估一般采用综合分析的评估方法，主要采用资料法、数据分析法、心理测验法、面谈法等多种方法。

（二）社区矫正对象的群体评估

社区矫正对象的群体评估，是指在确定的时间内，通过选定对整体社区矫正对象教育矫正效果有重要影响的测定点来对社区矫正工作加以评价和检测，它反映的是社区矫正的宏观效果。[1]

任务1.4　社区矫正对象教育矫正质量评估的原则

社区矫正对象教育矫正质量评估的原则是指评估人员在评估过程中必须遵循的准则。社区矫正对象教育矫正质量评估的结果是否科学、准确，关系到是否能够充分发挥分级处遇的功能，实现个性化矫正，也关系到能否正确反映社区矫正对象教育矫正的规律性，推动教育矫正工作的发展完善。与此同时，社区矫正对象教育矫正质量评估是一项综合性评估，人的心理受到外界刺激又容易发生变化，因此，社区矫正对象教育矫正质量评估必须严格遵循以下原则。

一、科学性原则

科学性原则指运用科学的程序、标准和方法进行评估的原则。社区矫正对象教育矫正质量评估的科学性主要包括评估工具的科学性和评估主体的科学性。

评估工具的科学性主要是指收集并分析质量评估相关的数据时要选取科学的工具，比如在获取社区矫正对象再犯可能性的数据时，要选用科学规范

---

〔1〕 欧渊华：《社区服刑人员教育矫正理论与实务》，中国法制出版社2016年版，第252页。

的再犯罪风险测评量表；在分析社区矫正对象心理健康的数据时，要选用权威有效的心理健康测评量表。当然，对于科学规范的数据，在设计评估指标时应该赋予更高的权重。

评估主体的科学性是要求在评估主体的选择上要尽可能地选取专业素质强的评估人员，有条件的话可以引入第三方专业评估机构，依据科学的评估内容和评估标准，对评估结果进行科学的解释与应用。

二、客观性原则

客观性原则是指依据客观事实进行质量评估、对评估结果进行客观评价的原则。

客观性原则要求评估人员尽量克服主观因素的干扰，避免评估带有主观臆断或者是掺杂个人好恶等感情色彩。只有摆脱人的主观控制，尽可能多地保留客观性的评分，才能使得教育矫正质量评估真正体现社区矫正工作效果。

三、系统性原则

系统性原则是指根据系统的、全面的观点进行评估工作的原则。相较于监狱执行的监禁刑，社区矫正中能够直接参与到对服刑人员进行矫正管理的主体是多样的，所以社区矫正对象教育矫正质量评估指标体系在构建时，一是要考虑到社区矫正工作在我国的发展阶段仅仅是在初期，因此在评估工作者开展评估工作时，对教育矫正质量的要求也可以不那么严苛，既能体现实质公平，又能保护社区矫正工作人员的工作积极性。二是要考虑到社区矫正对象的工作涉及了较多的部门和组织，无论是哪个部门，都不能代替其他部门被评价，所以评估指标的选取范围应该包含各部门组织间的衔接，真正体现社区矫正的系统性。

四、可操作性原则

可操作性原则是指在教育矫正质量评估中应当使用可观察、可测量、可操作性的指标，能够从具体的行为、特征、指标上对变量的操作进行描述。在实证性研究中，可操作性是研究是否有价值的重要前提。

教育矫正质量评估中的社区矫正对象，其文化水平、理解能力参差不齐，含糊不定或过于深奥的语句有时容易使社区矫正对象产生困惑。因此，可操作性原则的内容包括以下方面：首先，评估指标的设置清楚，指标含义明确，既不会造成理解困难，也不会引起歧义。其次，评估指标要尽可能地数字化，便于在评估时维持足够的客观性。最后，评估方法要简便易行，容易操作。[1]

任务2 社区矫正对象教育矫正质量评估的指标体系

任务2.1 社区矫正对象教育矫正的评估指标选择

社区矫正对象教育矫正质量评估的指标选择应当以社区矫正对象的再社会化为中心，经过矫正后的自身状况改善为内容。

由于社区矫正效果受到个体情况和社会制度的制约，所以在构建指标体系前应当熟悉掌握社区矫正工作的相关依据。比如国家制定的社区矫正方针、政策以及中央和地方的相关法律法规；社区矫正的相关理论和知识；人类心理教育的规律；社区矫正工作的实践经验和实际情况等。

在充分了解上述情况的基础上，才能进行指标的选择。选择指标时，要通过认真查阅有关文献资料，全面掌握有关信息，确保指标体系的定位和导向正确；要深入研究教育科学和管理科学的理论知识；并运用实证研究的方法，开展调查研究，深入社区矫正各参与机关实际考察，并对社区矫正的效果进行分析总结，把握社区矫正的工作规律和工作特点。在确定一级指标后，再根据一级指标所包含的要素及各要素之间的关系，对一级指标进行细化和具体化，形成二级指标和三级指标。

一、一级指标选择

社区矫正对象教育矫正效果从层次上可作出如下划分：不再从事违法犯罪活动—能够自食其力—对社会有更多的贡献，因此在一级指标的选取上也可以进行相对应的设计。具体来说包括守法状况（对应"不再从事违法犯罪活动"）、社会适应（对应"能够自食其力"）、道德素质（对应"对社会有更多的贡献"），另外，为增加矫正效果评估的科学性和客观性，也将心理健康

---

〔1〕 吴宗宪主编：《社区矫正导论》，中国人民大学出版社2020年版，第304页。

作为一级指标加入质量评估指标体系。

专栏 8 - 1　社区矫正对象教育矫正质量评估体系一级指标

指标层级	指标内容	选取原因
社区矫正对象矫正质量评估一级指标	守法状况	体现最基础的不再从事违法犯罪活动
	社会适应	体现第二层次的能够自食其力
	道德素质	体现最高层次的对社会有更多贡献
	心理健康	为增加指标体系的科学性和客观性

二、二级指标选择

（一）守法状况

社区矫正对象守法状况从内容上说既包括作为普通公民的遵守法律法规情况，也包括作为社区矫正对象的遵守社区矫正管理规定情况。从外化程度上说既包括意识层面的认罪悔罪情况，也包括行为层面的遵规守法情况。

（二）社会适应

社区矫正对象能否适应社会，简单地看，就是能否与社会产生良性互动。人与社会的互动过程中，主要产生人身关系与经济关系。人身关系就是人际交往，经济关系包括收入与支出，就是就业劳动与消费理财。因此，社会适应的二级指标就包括人际交往、就业劳动和消费理财。

（三）道德素质

道德要求高于法律要求，社区矫正对象拥有良好的道德品质将必然的增加自身对社会的贡献。从道德素质本身来说，包括道德认识、道德情感和道德行为三部分。

（四）心理健康

从广义上讲，心理健康是一种高效而满意的持续的心理状态；从狭义上讲，心理健康是指人的基本心理活动的过程内容完整并协调一致的状态，也就是知、情、意、行、人格完整、协调，能适应社会的状态。[1]心理健康的二级指标主要是认知能力、控制能力和人格完整度。

---

〔1〕　张厚粲主编：《大学心理学》，北京师范大学出版社 2015 年版，第 400 页。

专栏 8 - 2　社区矫正对象教育矫正质量评估体系二级指标

指标层级	指标内容	选取原因
社区矫正对象矫正质量评估二级指标	认罪悔罪	体现社区矫正对象对自身犯罪行为的悔过和对法律的敬畏情况
	遵规守法	体现社区矫正对象将认罪悔罪的思想认识转化为实际行为表现的情况
	人际交往	与社会交往中产生的人身关系
	经济收入	与社会交往中产生的经济关系的收入部分
	消费理财	与社会交往中产生的经济关系的支出部分
	道德认知	考量社区矫正对象"三观"的树立情况
	道德情感	考量社区矫正对象的责任感
	道德行为	考量社区矫正对象实践道德认知和道德情感的能力
	认知能力	考量社区矫正对象对自我、家庭、社会的基本认识
	控制能力	考量社区矫正对象控制自身情绪和行为的能力
	人格完整度	考量社区矫正对象是否存在人格缺陷

三、三级指标选择

(一) 认罪悔罪

认罪悔罪包括认罪和悔罪两部分,认罪部分既包括所有罪犯都适用的正确认识犯罪危害,也应当包括社区矫正与监狱服刑所特有的正确看待社区矫正和承认罪犯身份;悔罪部分则主要包括真诚忏悔犯罪行为和积极减轻犯罪危害。

(二) 遵规守法

遵规守法主要分为四个层次,第一个层次是社会所有公民都要遵守国家刑事法律,对于社区矫正对象来说就是矫正期内没有重新再犯罪;第二个层次是社会所有公民都要遵守的行政法规,对于社区矫正对象来说就是矫正期内没有被处以行政拘留和司法拘留;第三个层次是社区矫正对象所特有的遵守社区矫正管理规定义务;从现实操作性考虑,第三层次的三级指标不宜设定为"没有被司法行政机关警告处罚",较为合适的是设定为"被司法行政机关警告处罚情况"。原因是,从目前司法行政机关执法严格程度来说,社区矫正对象有多次警告处罚的情况较为普遍;最后一个层次是最轻微的"被司法行政机关轻微违规处罚情况",指的是社区矫正对象发生违规情形,但尚够不到警告处罚情形的其他所有违规行为。

(三) 人际交往

人际交往就是与人打交道,也就是与所有接触到的人员进行交流的能力。从社区矫正对象可能接触到的人员类别来说,包括同学、同事、邻居、家庭成员和陌生人。从评估指标应当具备的可测性来说,与陌生人的人际交往能力由于主体的不确定性,很难得到客观评价,因此不作为三级指标,人际交往的三级指标仅包括同学关系、同事关系、邻里关系和家庭关系。

(四) 经济收入

经济收入主要指社区矫正对象从社会获取经济收入的情况,对于在家庭中从事家务劳动的社区矫正对象,可以以其劳动所节省的家庭支出为衡量经济收入的指标来源。从社区矫正对象就业情况来说,包括意志上的就业意愿,能力上的规划能力、技能水平,行动上的收入水平。

(五) 消费理财

消费理财是指社区矫正对象掌管财富、合理消费的能力,是衡量社区矫正对象生活习惯的一个重要指标。可衡量的消费理财指标包括储蓄余额、理财收入和消费结构。

(六) 道德认知

道德认知可以分为道德认识和道德知识两部分,认识主要是指社区矫正对象思想中对于金钱、健康、亲情等价值的排序认识;知识则包括社区矫正对象在提高道德认识的过程中所掌握的知识,从评估指标的设计上来说,可以从对社会热点问题的分析、看法和对司法行政机关道德教育知识的掌握情况来设计。因此,道德认知从指标设计上来说,包括价值观排序、社会现象分析和道德知识掌握情况。

(七) 道德情感

道德情感核心在于"感受"和"共情",良好的道德情感应当是首先能够感受到他人的善意,体会到他人的痛苦,并将这种善意回复给他人,或将这样的痛苦联想到自身。因此,道德情感首先是社区矫正对象的自我责任感,然后扩大至家庭责任感和社会责任感。

（八）道德行为

道德行为是道德认知和道德情感的最终结果，也是最容易客观评价的部分，主要包括日常道德行为表现、被评定的见义勇为行为和负面的道德评价记录。

（九）认知能力

认知能力包括智力发展程度以及对自我的认知和社会的认知。

（十）控制能力

控制能力包括情绪控制能力和不良恶习控制力。

（十一）人格完整度

人格完整度包括适应环境力和挫折承受力。

专栏 8 − 3　社区矫正对象教育矫正质量评估体系三级指标		
指标层级	指标内容	选取原因
社区矫正对象矫正质量评估三级指标	正确认识犯罪危害	所有社区矫正对象都应做到的基础认知
	正确看待社区矫正	社区矫正对象应正确认识并接受社区矫正
	承认罪犯身份	社区矫正对象应承认犯罪事实
	真诚忏悔犯罪行为	社区矫正对象应有悔过决心并有现实表现
	积极减轻犯罪危害	社区矫正对象应承认罪错，积极获得谅解
	矫正期间没有重新再犯罪	自觉抵制违法、违纪行为，遵守法律法规
	没有被处以行政拘留及司法拘留	
	被司法行政机关警告处罚情况	自觉遵守社区矫正管理规章制度
	被司法行政机关轻微处罚情况	
	同学关系	社区矫正对象应有自觉与他人保持融洽、协调的关系，有一定的处理矛盾、冲突的能力
	同事关系	
	邻里关系	
	家庭关系	

续表

指标层级	指标内容	选取原因
社区矫正对象矫正质量评估三级指标	就业意愿	社区矫正对象应该具有自食其力的愿望
	就业规划能力	有具体的就业计划和打算，择业观念可行
	就业技能水平	掌握一定的劳动和就业技能
	经济收入水平	社区矫正对象参与社会竞争的结果
	储蓄余额	合理规划资金使用，能自我保障
	理财收入	能合理管理自己的金钱
	消费结构	形成恰当的消费观念，避免过度消费
	价值观排序	体现三观是否正确
	社会现象正确分析能力	对单项事项看法准确
	道德知识掌握情况	对思想道德教育的掌握情况
	自我责任感	对自身的掌控意愿
	家庭责任感	对家庭的服务意愿
	社会责任感	对社会的贡献
	日常道德行为表现	周边人群对社区矫正对象日常表现的评价
	被评定的见义勇为行为	重大道德闪光点
	负面道德评价记录	重大道德瑕疵
	智力发展程度	为社区矫正机构针对性教育提供基础数据
	自我认知情况	
	社会认知情况	对社会发展的认知理解情况
	适应环境力	社区矫正对象的心理健康程度
	挫折承受力	
	接受他人批判意见能力	社区矫正机构针对性教育提供基础数据
	共情能力	
	心理行为符合年龄特征情况	社区矫正对象的心理健康程度

任务 2.2 社区矫正对象教育矫正的评估指标权重

权重是针对某一指标在整体指标体系评价中重要程度的系数。构建科学的社区矫正对象教育矫正质量评估体系，还需要我们根据社区矫正对象教育矫正的各个项目（一级指标）的重要程度、作用，进行区别对待，赋予不同的权重。确定各项指标权重的根据，主要有三个方面：一是指标的信息含量，一般而言，指标所含信息量越大，权数就越高，反之越低。二是指标的敏感性，一般而言，敏感度越大的指标，权重就越高，反之则越低。三是指标的独立性，指标越不容易被替代，能够明显地增加评估的信息量，权重就越高，反之越低，甚至应该被剔除，不占有指标权重。

权重设定的方法有：根据考核者的主观经验直接给指标设定权重的主观经验法；有将所有指标根据一定标准按其重要性进行排队，设置权重的主次指标排队分类法；有聘请专家，对考核指标体系进行深入研究，由每位专家先独立地对考核指标设置权重，然后对每个考核指标的权重取平均值，作为最终权重的专家调查法；以及将指标分解成不同层次的组成因素，按照层次间的隶属关系以及因素间的优劣关系，形成一个多层次结构模型，然后按层分析，最终获得最低层因素相对于最高层指标的重要性权值的层次分析法（Analytic Hierarchy Process，简称 AHP）。

AHP 是美国运筹学 T. L. Satty 教授等人在 20 世纪 70 年代提出的一种将定性和定量分析相结合的多准则决策方法。这一方法在对复杂决策、解决问题的本质、影响因素以及内在关系进行深入分析之后构建一个层次结构模型，利用较少的定量信息，把决策思维过程数据化，从而为多准则、无结构性的复杂决策问题提供一种简便的决策方法。换句话说，就是将影响决策问题的相关因素分解为若干层次，用一种指标尺度对主观判断进行客观化，进行定量分析的决策方法。在这个过程中，将人的思维数据化、层次化，用具体的指标数字进行分析决策。在教育矫正质量评估中，矫正对象的社会危险性就是一种主观的判断。这种判断过程可能缺少客观的量化指标作为依据，通过设定评价指标则能够量化矫正对象的人身危险指数，判断矫正工作是否有效降低矫正对象的社会危险性、再犯可能性，为教育矫正质量评估的结果提供较为准确、客观的计算方法。[1]

在社区矫正对象教育矫正质量评估中，还应当根据立法规定、理论研究和实践操作情况，来给每个指标设定更加合理的权重，以便评估结果能够更加科学，能反映最真实的社区矫正对象教育矫正质量。

任务2.3　社区矫正对象教育矫正的评估标准

任务2.3.1　制定社区矫正对象教育矫正效果评估标准的要求

评估标准是衡量评估社区矫正对象教育矫正质量好坏的参照条件，也是划定评估结果等级的依据。只有科学、客观地判定社区矫正对象教育矫正效果的好坏，才能对社区矫正工作给予正确评价并改进。

一、评估标准要有普适性

评估标准不仅要能够对应社区矫正对象的共有特点，还应考虑到社区矫正对象之间的差异性。因此，要对社区矫正对象进行全面的调查分析，将不同社区矫正对象的矫正效果进行对比，并以此为基础确定评估标准，使评估标准具有普适性。

二、评估标准要具备完整性

社区矫正对象的教育矫正是一个系统工程，对其质量评定必须作为一个系统工作来考核，要素的缺失可能使整个评估结果发生偏差，也有可能导致单个指标的评估结果发生偏差，因此标准的要素不能漏项，这也是质量评估最为基本的要求。

三、评估标准要科学精简

社区矫正对象教育矫正效果评估设计社区矫正对象思想道德、人际交往、职业技能、心理健康等多方面的内容，对此进行测评是一个复杂的过程，应在调查研究和统计分析的基础上，剔除多余的、交叉重复的因素和环节，精练并确定满足评估全面需要的因素，保持标准整体的精简合理，提高评价

---

〔1〕 牛忠志、张奥林："社区矫正效果评价指标体系研究"，载《山东警察学院学报》2021年第3期。

功效。

四、评估标准要动态可调整

社区矫正对象教育矫正质量评估在有条件的情况下还可以进行跟踪评估，将评价标准从对"人身危险性"的大小逐渐过渡到"再社会化"的程度，这样可以更加契合教育矫正活动过程与特点。

任务 2.3.2　社区矫正对象教育矫正效果评估的结论

按照标准进行评定之后，要划分出社区矫正对象教育矫正质量的等级。借鉴一些社区矫正制度较为成熟的国家的做法，以社区矫正对象的再犯可能性大小为标准，结合其再社会化程度，可以将其分为 A、B、C 三类，其中 A 类为人身危险性小、回归社会趋向好的社区矫正对象，B 类为人身危险性较大、回归社会趋向较差的社区矫正对象，C 类为人身危险性大，回归社会趋向差的社区矫正对象。[1]

任务 3　社区矫正对象教育矫正质量评估的组织实施

任务 3.1　社区矫正对象教育矫正质量评估的步骤

社区矫正对象教育矫正质量评估是一项专业性和技术性很强的工作，不仅要能够对社区矫正对象教育矫正效果进行客观准确的评价，还要根据评估结果中反映出的问题对社区矫正工作进行调整。因此按照科学的程序组织实施教育矫正效果评估，对于保障评估的质量，达到评估目的有重要意义。一般来说，社区矫正效果评估应包括以下步骤：

一、准备评估

为了评估工作的开展顺利有序，保障评估质量，必须首先做好评估前的一系列准备工作，准备阶段大致包括：①明确评估目的。一是通过评估来发现问题，提高教育矫正的工作质量；二是通过评估判断是否满足解矫条件，

---

〔1〕　孙文红："我国社区矫正效果评估体系的评价与重构"，载《社会科学辑刊》2015 年第 5 期。

能够顺利融入社会，并对后续的矫正帮扶工作提供参考。②确定评估问题。即评估什么，将评估问题具体化。③设计评估方案、建立评估指标体系。准备好与评估有关的量表、调计量、文件等相关工具，并聘请专家和确定评估工作人员组成评估小组。

二、实施评估

此阶段是社区矫正对象教育矫正质量评估的实际考核、测评阶段，是整个评估程序中的中心环节。主要包括：①做好评估的宣传动员，使社区矫正对象充分认识教育矫正效果评估并能够完全配合。②组织评估人员学习掌握评估的方法和步骤，了解评估进程安排。③评估人员依照评估方案收集真实、准确的有关资料，整理资料并对资料进行分析、判断、定性，运用教育学、统计学、数学的有关理论和方法把各个分项评定结果汇总成整体的综合评价，形成评估意见。④评估人员在分析资料基础上，详细陈述评估发现的问题并形成评估报告。为了保证评估报告的质量，通常会邀请同行专家对评估报告进行评阅，检查评估方法、评估结论以及对策建议等内容。

三、总结调整

评估工作结束后，评估的组织者应就评估结果和评估过程中遇到的问题，如评估方案、评估指标体系的科学性、可行性，工具、技术的适用性，结论的准确性，程序的合理性等问题，逐一做出分析，以提高社区矫正对象教育矫正质量评估工作本身的科学性。及时公布与反馈评估信息，并对质量评估文件进行存档，还可以对社区矫正对象进行跟踪监测。如果评估的结果未达到预期的效果，则需要从质量评估中总结经验，寻找矫正工作中的偏差，并加以改进。

任务3.2　社区矫正对象教育矫正质量评估的方法

一、观察法

观察法是指评估人员通过一定的方式观察社区矫正对象的变化，从而评估相应的内容是否有效，包括观察其教育学习情况，观察其参加活动的情况和表现等。

（一）观察社区矫正对象教育学习情况

社区矫正对象在矫正期间，社区矫正机构会采取集中教育、分类教育、个别教育等方法向其讲解法治理念、道德观念、方针政策等内容，在教育的过程中评估人员可以通过观察他们的行为表现，评估矫正方法的有效性。

（二）观察社区矫正对象参与活动的情况和表现

评估人员可以通过观察社区矫正对象的积极性、自主性等表现，评估活动的有效性。例如社区矫正对象由原先抗拒到需要工作人员陪伴参与社区活动最后到自己主动参与的过程，可以看出社区矫正对象在逐渐适应社区矫正生活，朝着积极的方向发展。

（三）观察社区矫正对象日常生活

评估人员可以通过观察社区矫正对象在日常生活中的行为习惯、待人接物、技能培训等情况，评估社会教育的有效性。

在实践中，观察法在使用时多是由评估人员进行动态观察，因此评估人员的想法、经验以及专业性会对评估结果产生一定的影响。因此评估人员在使用观察法时应当保持中立的态度，避免"先入为主"的想法，保证评估的真实性。

二、问卷法

问卷法是指评估人员通过评估问卷了解有关情况的评估方法。在设计评估问卷时要注意反映社区矫正对象的法治理念、道德观念、行为特征、心理特征、素质特征、认知水平等情况。

专栏 8-4　社区矫正对象教育矫正质量评估问卷

说明：本次评估问卷共 50 道题，每个问题有三个选项，仅选择一个你认为最为确定的答案，作答时不要费太多时间思考。请在 1 小时内完成本套问卷。

姓名：　　　　　　　　　　　矫正机构：

1. 你认为犯罪（　　　）

A. 无危害　　　　　　　B. 对被害人有损害　　　　　C. 对被害人和社会均有损害

2. 你犯罪的原因是（　　　）

A. 被迫的　　　　　　　B. 执迷不悟　　　　　　　　C. 主观原因

3. 如果有余罪（　　　）

A. 拒不交待　　　　　　B. 暂不交待，被查后作交待　　C. 主动交待

---

4. 知道他人罪行（　　　）

A. 替他隐瞒　　　　　　　B. 需要提供情况时再说出来　C. 检举揭发

5. 你对附加刑（　　　）

A. 不执行　　　　　　　　B. 有条件的执行　　　　　　C. 完全执行

6. 假如看到他人抢劫财物时，你会（　　　）

A. 不理睬　　　　　　　　B. 报警　　　　　　　　　　C. 制止

7. 你对朋友或亲人的预谋犯罪（　　　）

A. 参与　　　　　　　　　B. 不理睬　　　　　　　　　C. 制止

8. 你对法律制度的态度（　　　）

A. 只要不违法就与自己无关　　　　　　　　B. 要认真学习

C. 要学习也要宣传

9. 对于致富的路子，你认为（　　　）

A. 不违法经营就不可能致富　　　　　　　　B. 靠机遇

C. 抓住机遇，勤劳致富

10. 你对乡规民约的认识是（　　　）

A. 不是法律不予理睬　　　　　　　　　　　B. 遵守就行了

C. 只要不与法制相冲突的就应该遵守

11. 你对道德的认识（　　　）

A. 只要不违法，违反道德规范没关系　　　　B. 可以考虑遵守道德规范

C. 法律规范和道德规范都要遵守

12. 你对于集体利益（　　　）

A. 为了自己的利益就可损害集体利益　　　　B. 事不关己，高高挂起

C. 要维护集体利益

13. 如果再犯罪，你将（　　　）

A. 无所谓　　　　　　　　B. 有所谓　　　　　　　　　C. 非常后悔，且要认真反思

14. 在公共场所（　　　）

A. 可以随地吐痰　　　　　B. 只要不罚款就可随地吐痰　C. 不可以随地吐痰

15. 对于献血行为，你认为（　　　）

A. 是做蠢事　　　　　　　B. 有报酬就可以献血　　　　C. 要积极参与

16. 对于捐款行为，你认为（　　　）

A. 有钱也不捐　　　　　　B. 有钱人才捐　　　　　　　C. 只要有条件就要积极捐款

17. 对于文明礼貌、言行举止，你认为（　　　）

A. 不关我的事　　　　　　　　　　　　　　B. 因为需要才履行

C. 要做到文明礼貌、言行举止规范

18. 一旦发现火灾、火情，你将（　　　）

A. 不关自己的事　　　　　B. 叫人救火　　　　　　　　C. 边救火边报警

19. 假如生活困难，你将（　　　）

A. 去骗他人的钱　　　　B. 向亲朋好友借钱　　　C. 靠劳动来创造财富

20. 当他人遭遇灾难，你感到（　　　）

A. 幸灾乐祸　　　　　　B. 同情　　　　　　　　C. 应该给予帮助

21. 对于学习，你认为（　　　）

A. 对成年人来说不需要学习　　　　　　　　　B. 有条件才学习

C. 在实践中努力学习

22. 对于子女的学习，你会（　　　）

A. 无所谓　　　　　　　B. 适当过问　　　　　　C. 很关注，很关心

23. 对于长辈，你将（　　　）

A. 无法赡养　　　　　　B. 有钱才赡养　　　　　C. 必须赡养

24. 对于家庭，你认为（　　　）

A. 无所谓　　　　　　　B. 有所谓　　　　　　　C. 要尽到责任

25. 一旦朋友感情破裂，你认为应该（　　　）

A. 报复　　　　　　　　B. 断交　　　　　　　　C. 找出原因，尽量和好

26. 对待邻居，你会（　　　）

A. 打他们的主意　　　　B. 不相往来　　　　　　C. 搞好关系，相互帮助

27. 一旦遇到被别人侵害，你将（　　　）

A. 以牙还牙，进行报复　　　　　　　　　　　B. 忍气吞声

C. 寻求法律途径解决

28. 假如你被收监，你会（　　　）

A. 要挟政府　　　　　　B. 认命算了　　　　　　C. 分析原因，加强改造

29. 对于公益劳动，你认为（　　　）

A. 没有必要认真参加　　　　　　　　　　　　B. 为了不受处罚而劳动

C. 应该积极参加，从劳动中来改造自己，养成劳动习惯

30. 社会劳动和公益劳动相比，你认为（　　　）

A. 公益劳动是惩罚，社会劳动有报酬　　　　　B. 毫不相干

C. 有联系

31. 对于劳动技术掌握，你认为（　　　）

A. 年纪不小，难以掌握　　　　　　　　　　　B. 找了工作再说

C. 边实践边学

32. 对于享受问题，你认为（　　　）

A. 先享受再劳动　　　　B. 边劳动边享受　　　　C. 先劳动再享受

33. 解矫后，对于人生你将（　　）

A. 过一天算一天　　　　B. 老老实实待在家里　　C. 做事勤快，做人诚实

34. 对当前的社会生活，你认为（　　）

A. 没有好人，没有好事　　　　　　　　B. 有人可能瞧不起释放人员

C. 只要不违法，坚定信心，一切都会改变

35. 对于生产安全问题，你认为（　　）

A. 只要保自己安全，其他不重要

B. 为了提高生产效率，生产安全就次之了

C. 既要提高生产效率，又要注意生产安全

36. 如果你是驾驶员，一旦出现紧急交通问题，你将（　　）

A. 他人安危与自己关系不大　　　　　　B. 首先保护好自己的车

C. 首先要保护别人的生命和财产安全

37. 对于弱者，你认为（　　）

A. 抛弃　　　　　　　　B. 同情　　　　　　　　C. 要帮助

38. 对于强者，你认为（　　）

A. 嫉妒　　　　　　　　B. 望尘莫及　　　　　　C. 羡慕

39. 对于国家公职人员和领导，你认为（　　）

A. 没有好的　　　　　　　　　　　　　B. 与我无关

C. 可能个别有问题，但主流是好的

40. 对于前途，你感到（　　）

A. 无信心　　　　　　　B. 不知道　　　　　　　C. 有信心

41. 一旦遇到想不通的事情，你会（　　）

A. 自杀　　　　　　　　B. 生病　　　　　　　　C. 坚强起来，调整情绪

42. 如果受到家人冷落，你就会（　　）

A. 想不通，可能再犯罪　　　　　　　　B. 放任自流，不想它

C. 振作起来，面对现实，找出原因，改变现状

43. 人与人之间，你认为（　　）

A. 各行其是　　　　　　B. 谨慎对待　　　　　　C. 协调好关系

44. 对于赌博，你认为（　　）

A. 就是那么回事　　　　B. 不关我事　　　　　　C. 不是好事，不应该

45. 解矫后，你希望（　　）

A. 别人不要管你　　　　B. 靠别人帮助　　　　　C. 靠自己努力，也靠别人帮助

46. 对于就业问题，你认为（　　）

A. 与我无缘　　　　　　B. 靠社会安置　　　　　C. 自己争取与社会安置相结合

47. 城市与农村，你认为（　　）

A. 到农村去无出路　B. 到哪都无所谓　C. 根据自己情况，看哪里更适合自己

48. 对于经商，你认为（　　）

A. 都是奸商　　　　　　　　　　　　　B. 太难了

C. 创造条件，抓住机遇，善于经营就能搞好

49. 社区矫正对你来说（　　）

A. 感到耻辱　　　　　　B. 感到痛心　　　　　　C. 值得反思

50. 你认为自己刑满后再犯罪的可能性（　　）

A. 大　　　　　　　　　B. 很难说　　　　　　　C. 绝对不会

总得分：　　　　　　　　　评阅人：

年　月　日

三、心理测验法

心理测验法是根据客观的、标准化的程序来测量个体的某种行为以便判定个别差异的一种方法。[1]

在社区矫正对象进行教育矫正质量评估过程中，可以使用心理测验法评估其心理特征及变化情况。心理测验的内容主要包括智力测验、人格测验和心理健康状况测验，常用的测量工具主要有：韦克勒斯智力测验量表、艾森克个性问卷（EPQ）、卡特尔 16 项人格因素量表（16PF）、明尼苏达多项（相）人格调查表（MMPI）、症状自评量表（SCL－90）等通用量表。在国外，研究者根据矫正工作的需要，编制了一些专门的心理测验量表，例如，矫正态度测验、矫正行为测验、矫正人格评价测验、矫正环境评价测验，等等。[2]

在使用心理测验法时应当注意：其一，心理测验员应当具备专业素养。

---

〔1〕 章恩友主编：《中国监狱心理矫治规范化运作研究》，中国市场出版社 2004 年版，第 104 页。

〔2〕 吴宗宪主编：《国外罪犯心理矫治》，中国轻工业出版社 2004 年版，第 112 ~ 115 页。

比如言语表达流畅、自身要掌握表中所涉知识、严格遵守规章制度等；其二，心理测验内容更科学。内容的设计上要能涵盖行为人心理特征的各个方面，尤其要与测验工具相一致。其三，测验结果应具备合理性依据。结果所依据的事项一定要作出合理解释，不能胡乱编造事实。

四、座谈法

座谈法是指众多评估人员就评估事项一起座谈，展开讨论，以获得高质量评估结果的方法。座谈法是一种综合性的评估手段。在正式座谈之前，主要评估人员需要对评估材料做筛选，选取有针对性、有评估价值的材料。在正式座谈阶段，评估人员就现有材料，对社区矫正对象的心理健康状况、人格特征、矫正阶段表现等方面进行综合归纳，具体问题具体分析，形成综合评价，最后综合概括出评估结论。

在使用座谈法时需要注意：其一，在座谈过程中，要将所获信息互相对比验证，去除虚假信息。其二，得出的评估结论，应当是综合分析的结果，不得简单罗列检测、面谈等手段获取的各种孤立信息。

【课堂活动 8 – 1】

为加强对社区矫正对象的监督管理，有效防止社区矫正对象脱管、漏管和违法犯罪现象的出现，常熟市某司法所不断探索社区矫正日常监管模式，其中，季度考评在教育矫正中起到较好效果。

季度考评是通过电话沟通、当面汇报和每月走访相结合的方式对社区矫正对象进行季度考核，确保考核内容真实全面。适时邀请法庭、派出所等单位参与，对社区矫正对象矫正期间表现进行总结点评，在警示的同时给予正向激励。

请问，常熟市某司法所采用的"季度考评"与社区矫正对象教育矫正质量评估是否一样？有哪些区别？

【课堂活动 8 – 2】

部分试点地区一开始就重视矫正质量评估的探索和研究。目前社区矫正工作中对矫正效果评估的开展情况可以归纳为以下几种：一是有些试点地区制定了分阶段分级矫正规定，坚持综合考核与动态评价相结合、日常行为考核与司法奖惩相衔接的原则，以社区服刑人员认罪、悔罪、赎罪为主线，探索建立社区矫正评估体系；二是有些试点地区不仅制定了社区矫正对象考核奖惩暂行办法，还建立了对矫正对象的计分考核办法；三是在前两种的基础上还重视社区矫正对象的心理干预，引入了心理测评体系。如上海市具体做法如下：社区服刑人员接受社区矫正满 3 个月后进入分级矫正阶段。分级矫正阶段分为一级矫正、二级矫正与三级矫正共三种矫正级别。初次分级根据风险评估的结果确定。不同的矫正级别可相互调整，调整依据是社区服刑人员矫正效果评估或奖惩情况。

请问，目前为止社区矫正质量评估体系的构建是否完善，有哪些先进做法？

【思考题】

1. 社区矫正评估体系中风险评估、分类评估和教育矫正质量评估有什么区别？

2. 如果社区矫正对象在矫正期间内出现了重新犯罪情况，是否还有评估必要？

拓展 学习

宁夏出台社区矫正和安置帮教工作评价考核指标体系[1]

近日，宁夏司法厅印发《宁夏社区矫正和安置帮教工作评价考核指标体系（试行）》，这是创新改革发展"智慧社矫"的重要手段。

据了解，该体系分 4 个一级指标、13 个二级指标和 60 个三级指标。4 个一级指标包括重点性、基础性、日常性、创新性工作指标。13 个二级指标，主要源于司法部提出的社区矫正和安置帮教工作评价指标，指标权重与工作评价权重成正比，既反映出社矫安帮教育管理质量、再犯罪、智能化和队伍建设重中之重，又体现激励创新工作之取向。其中，社区矫正教育管理和再犯罪、智能化建设、队伍建设等四项重点性工作指标 46 分，重大事项报告、

---

〔1〕 参见："宁夏出台《社区矫正和安置帮教工作评价考核指标（试行）》设置 4 个一级指标 13 个二级指标 60 个三级指标"，载搜狐网，https://www.sohu.com/a/246037625_660595，最后访问时间：2022 年 10 月 22 日。

社会适应性帮扶、机构建设、阵地建设、经费保障等五项基础性工作指标 38 分，安全稳定、社区矫正案例选编、媒体宣传和舆情应对等三项日常性工作指标 16 分。60 个三级指标则是对 13 项二级指标的细化和量化，采取三种方式获取相关数据信息，其中，被评价考核对象自验申报数据 26 项，信息管理系统统计数据 20 项，平时掌握和督查情况数据 14 项。

　　评价考核以社区矫正执行主体各县（市、区）司法局自验申报、市司法局组织考评为主，以司法厅社矫局平时掌握和督查指导为辅完成。为确保评价考核的时效性，结合当前工作节奏快的实际，确定评价考核的时段为上年 9 月底至本年度 9 月底。评价考核结果与司法部社区矫正和安置帮教工作评价指标对应，按要求上报司法部，其他的按要求纳入自治区平安宁夏建设、法治建设重要内容，纳入自治区政府绩效考核指标，纳入司法厅社区矫正和安置帮教工作目标责任考核。

社区矫正质量（效果）阶段评估表[1]					
姓名		性别		年龄	
矫正类型		矫正起止日期		矫正级别	
评估得分		矫正效果得分		阶段效果得分	
类指标	二级指标	三级指标		分值	得分
个体风险 （15分）	风险等级	低风险		15	
		一般风险		10	
		高度风险		0	
刑罚执行 情况 （10分）	刑法以及相关法律法规对缓刑、管制、假释、监外执行的规定的遵守（实际执行）情况	严格遵守法律法规相关规定，刑罚执行情况良好		10	
		偶有违反相关规定，经教育改正		5	
		多次违反相关规定或经教育拒不改正		0	
矫正期间 表现 （24分）	对社区矫正的认识和接受程度	认识正确，较易接受		2	
		认识模糊，有一定抵触		1	
		缺乏认识，拒绝接受		0	

---

　　[1]　"社区矫正质量效果阶段评估表"，载豆丁网，http://www.docin.com/p-109891887.html，最后访问时间：2018 年 8 月 2 日。

矫正期间表现（24分）	服从日常管理及遵纪守法	服从管理，严格遵纪守法	4	
		基本服从，但偶有违法经教育能改正	2	
		不服从管理或有严重违法违纪情况	0	
	接受个别教育，集中教育	按要求接受，态度认真	4	
		应付参加或有2次以下缺席经教育能改正	2	
		不接受教育或基本未完成教育计划	0	
	遵守请销假制度	严格遵守法律法规相关规定，刑罚执行情况良好	4	
		违反1次经教育能改正	2	
		违反2次以上	0	
	完成公益活动	正常完成，态度认真	4	
		就会基本完成或规定不参加	2	
		未完成公益活动	0	
	思想汇报及沟通	按规定认真完成或善于接受规劝	2	
		就会完成或很难接受规劝	1	
		基本未完成	0	
	参加就业技能培训	积极参加或无需参加培训	4	
		被动参加且未完成培训计划	2	
		不愿参加培训	0	
参加矫正期间奖惩情况（15分）	日常行为奖励	被评为社区矫正积极分子	10	
		获得日常行为的记功	8	
		获得日常行为的表扬	5	
		未获得任何日常行为奖励或处罚	0	
		被处以日常行为警告	−5	
		被处以日常行为记过	−10	
	司法奖励	获得减刑	5	
		未获得司法奖励	0	

矫正阶段反应（24分）	思想法制教育效果	罪错认识和法律意识	认罪态度诚恳，具备一定法律意识	2	
			罪错认识、法律意识较为模糊	1	
			不认罪悔罪，法律意识淡薄	0	
		对被害人和社会的反应	愧疚，愿意主动补偿	2	
			一般，可以被动补偿	1	
			无视，坚决不愿补偿	0	
		人生态度	积极乐观	2	
			消极气馁	1	
			自暴自弃	0	
	人际关系改善改善	婚姻家庭关系	和睦稳定	2	
			轻微冲突	1	
			重大冲突、纠纷或无亲属	0	
		交友状况	社交健康正常	2	
			比较孤立无朋友	1	
			与不良人员有交往	0	
		社会邻里关系	和睦友善	2	
			较为淡漠	1	
			紧张，存在冲突	0	
	生活状况改善	经济来源	正常就业收入	3	
			低保救助或家庭资助	2	
			无稳定经济来源	0	
		住房条件	有独立居所	3	
			有居所地但不独立	2	
			居无定所	0	
		就业能力	较强，竞争上岗或自主创业	3	
			一般，推荐上岗或过渡性	3	
			差，无法就业	0	
	心理矫正	心理健康状况	正常	3	
			存在较轻程度心理问题，接受心理辅导	2	
			确认存在心理障碍	0	

外界综合评价（12分）	有悔改表现，认真接受矫正，能适应生活	是（12分）	考证组意见（权重75%）	
		不能确定（6分）		
		否	家属意见（权重25%）	
说明	1. 将评估表得分中的实际得分相加就是最终的"评估得分"，填入"评估得分"栏。 标准：当评估得分低于55分（不包括55分）时，可认为矫正质量效果"差"，当评估得分处在55～75分（不包括75分）的范围时，可认为矫正质量效果"一般"，当评估得分在75分以上时，可以认为矫正质量效果"好"。 2. 将"评估得分"减去"个体风险"这个类指标的得分，得出"矫正效果得分"，填入"矫正效果得分"栏。 3. 将此次评估表的评估得分减去上次评估表的评估得分，即为"阶段效果得分"，填入"阶段效果得分"栏。			

评估小组成员：　　　　　　　　　　　　评估日期：

社区矫正对象教育矫治效果评估操作办法

社区矫正对象教育矫治效果评估由社区矫正对象自评和社区矫正工作者考评两个部分组成。具体评估工作在各级社区矫正工作机构的指导下，由司法所负责实施，司法所应该在社区矫正对象解矫前得出评估结果。

一、自评

社区矫正对象教育矫治效果自评。主要反映社区矫正对象临近解矫时，在法纪观念、道德观念、行为特征、心理特征、素质特征、认知水平等方面的状态。（采用量表A，共设计50个问题，每个问题有A、B、C三个答案，依次反映从高到低的状态，选A为0分，选B为1分，选C为2分，原始分值为100分）

二、社区矫正工作者考评

（一）教育矫治六要素评估

结合社区矫正对象日常表现情况，根据教育矫治六要素（认罪悔罪、服

从管教、行为规范、教育学习、公益活动和心理健康）对社区矫正对象的教育矫治状况进行评估。（具体评分标准见量表 B）

（二）矫治阶段考核结果量化分析（N 为社区矫正对象实际参与考核的月数）

对社区矫正对象日常考核得分进行量化分析，将日常考核部分除以参与考核的时间，公式为：矫治阶段考核量化评估得分 = 考核总分 × 12 ÷ N。

（三）社区矫正工作者考评得分

其计算方式如下：社区矫正工作者考评得分 =（教育矫治六要素评估分 + 矫治阶段考核量化评估分）÷ 2。

三、计分结果折算标准分

自评权重 20%，社区矫正工作者评议权重 80%，将标准分相加得出教育矫治效果评估总得分。

四、教育矫治效果评估等级划分标准

根据评估得出的量化结果，按如下标准划分出教育矫治效果评估由高到低各等。教育矫治效果评估结果应及时载入社区矫正对象《社区矫正期满鉴定表》。

（一）A 等：80 分及以上（教育矫治效果明显，再犯罪可能性低）；

（二）B 等：60 ~ 79 分（教育矫治效果一般，再犯罪可能较低）；

（三）C 等：60 分以下（教育矫治效果较差，有再犯罪可能）。

附件 1：社区矫正对象教育矫治效果评估问卷 A

附件 2：社区矫正对象教育矫治六要素评估表 B

附件：社区矫正对象教育矫治六要素评估表（B）						
社区矫正对象姓名：				矫正机构：		
标　准	子项内容	分值等次				得分
		好	较好	一般	差	
认罪悔罪 （共 16 分）	承认犯罪事实	3 分	3 分	2 分	1 分	
	服从法院判决	3 分	2 分	2 分	1 分	
	认清犯罪危害	3 分	3 分	2 分	1 分	
	查找犯罪原因	3 分	3 分	2 分	1 分	
	悔罪自新认识	4 分	3 分	1 分	1 分	

标　准	子项内容	分值等次				得分
		好	较好	一般	差	
服从管教 （共18分）	增强法律意识	3分	3分	2分	1分	
	遵守监管规定	4分	3分	2分	1分	
	自觉接受规定	3分	3分	2分	1分	
	消除犯罪思想	4分	3分	2分	1分	
	积极靠拢政府	4分	3分	2分	1分	
行为规范 （共18分）	行为规范意识	4分	3分	2分	1分	
	基本行为规范	5分	3分	2分	1分	
	文明礼貌规范	5分	3分	2分	1分	
	消除犯罪恶习	4分	3分	2分	1分	
教育学习 （共18分）	学习态度	6分	5分	3分	2分	
	学习表现	6分	5分	3分	2分	
	学习成绩	6分	5分	3分	2分	
公益活动 （共18分）	参与态度	6分	5分	3分	2分	
	服从纪律	6分	5分	3分	2分	
	完成任务	6分	5分	3分	2分	
心理健康 （共12分）	认知水平	2分	2分	1分	1分	
	人际关系	2分	2分	1分	1分	
	情绪意志	2分	2分	1分	1分	
	社会责任	2分	2分	1分	1分	
	改造心理	2分	2分	1分	1分	
	适应能力	2分	2分	1分	1分	
总得分：			评估人：			
				年　　月　　日		

参考文献

著作类：

1. 张建明、吴艳华主编：《社区矫正实务》，中国政法大学出版社 2021 年版。

2. 连春亮主编：《社区矫正理论与实务》，中国人民大学出版社 2021 年版。

3. 刘斌主编：《罪犯教育》，中国政法大学出版社 2020 年版。

4. 高莹主编：《矫正教育学》，教育科学出版社 2007 年版。

5. 周娟等编著：《社区矫正对象警示教育》，中国人民大学出版社 2021 年版。

6. 芦麦芳主编：《社区矫正教育》，法律出版社 2016 年版。

7. 欧渊华：《社区服刑人员教育矫正理论与实务》，中国法制出版社 2016 年版。

8. 盛高璐编著：《社区服刑人员矫正教育实务》，中国政法大学出版社 2016 年版。

9.《思想道德与法治（2021 年版）》编写组编：《思想道德与法治》，高等教育出版社 2021 年版。

10. 吴宗宪主编：《社区矫正导论》，中国人民大学出版社 2020 年版。

11. 张凯、姜祖桢主编：《社区矫正概论》，法律出版社 2022 年版。

12. 王爱立、姜爱东主编：《中华人民共和国社区矫正法释义》，中国民主法制出版社 2020 年版。

13. 陈耀鑫主编：《上海市社区矫正"三分矫正"工作实务指南》，上海人民出版社 2019 年版。

14. 刘邦惠等：《社区服刑人员的心理矫治》，科学出版社 2015 年版。

15. ［苏联］安·谢·马卡连柯：《论共产主义教育》，人民教育出版社 1962 年版。

16. ［美］克莱门斯·巴特勒斯：《矫正导论》，孙晓霈等译，中国人民公安大学出版社 1991 年版。

17. 《毛泽东选集》第 1 卷，人民出版社 1968 年版。

18. 张厚粲主编：《大学心理学》，北京师范大学出版社 2015 年版。

19. 章恩友主编：《中国监狱心理矫治规范化运作研究》，中国市场出版社 2004 年版。

20. 吴宗宪编著：《国外罪犯心理矫治》，中国轻工业出版社 2004 年版。

21. 赵卫宽主编：《罪犯教育》，中国政法大学出版社 2016 年版。

22. 王雪峰主编：《罪犯教育学》，法律出版社 2019 年版。

期刊类：

1. 牛忠志、张奥林："社区矫正效果评价指标体系研究"，载《山东警察学院学报》2021 年第 3 期。

2. 孙文红："我国社区矫正效果评估体系的评价与重构"，载《社会科学辑刊》2015 年第 5 期。

3. 张东平："论罪犯教育矫正的专业化"，载《中共青岛市委党校青岛行政学院学报》2013 年第 2 期。

4. 申琪："社区矫正教育制度的实践、不足及完善路径分析"，载《长治学院学报》2020 年第 4 期。

5. 吴军："浅论社区服刑人员个别教育"，载《佳木斯职业学院学报》2018 年第 11 期。

6. 苏春景、赵茜："中国与英国社区矫正教育比较分析"，载《比较教育研究》2016 年第 8 期。

网络资源：

1. 秦心福："社区矫正对象分类管理和个别化矫正"，载搜狐网，https：∥www.sohu.com/a/442553547_660595，最后访问日期：2021年1月5日。

2. 李红霞："浅析做好社区矫正教育帮扶工作的几点思考"，载搜狐网，https：∥www.sohu.com/a/435233431_660595，最后访问日期：2021年11月30日。

学位论文：

1. 刘汉青："河北省社区矫正教育管理工作实践探索研究"，首都经济贸易大学2019年硕士学位论文。

2. 梁栋："思想政治教育视域下的社区矫正教育研究"，西北工业大学2019年博士学位论文。